# 财务大数据分析

主　审：袁　园
主　编：胡争艳　夏红雨
副主编：黄芝花　邓亚琼　陈　娜　黄永录　阮筱棋　李凤娥
参　编：李姝娟　李　艳　高瑜琴　罗　湘　谢　娟　昌建强　申文明

北京理工大学出版社
BEIJING INSTITUTE OF TECHNOLOGY PRESS

版权专有　侵权必究

### 图书在版编目（CIP）数据

财务大数据分析 / 胡争艳，夏红雨主编. -- 北京：北京理工大学出版社，2024.7.
ISBN 978-7-5763-4396-0

Ⅰ. F275

中国国家版本馆 CIP 数据核字第 2024ZN0207 号

**责任编辑**：芈　岚　　**文案编辑**：芈　岚
**责任校对**：刘亚男　　**责任印制**：施胜娟

**出版发行** / 北京理工大学出版社有限责任公司
**社　　址** / 北京市丰台区四合庄路 6 号
**邮　　编** / 100070
**电　　话** /（010）68914026（教材售后服务热线）
　　　　　　（010）68944437（课件资源服务热线）
**网　　址** / http://www.bitpress.com.cn

**版 印 次** / 2024 年 7 月第 1 版第 1 次印刷
**印　　刷** / 三河市天利华印刷装订有限公司
**开　　本** / 787 mm × 1092 mm　1/16
**印　　张** / 16.25
**字　　数** / 332 千字
**定　　价** / 85.00 元

图书出现印装质量问题，请拨打售后服务热线，本社负责调换

# 前　言

大数据技术的应用与发展已渗透到了社会各领域，对教育的未来发展也产生了深远影响。2021年，教育部发布《职业教育专业目录（2021年）》，高等职业教育财务会计类专业名称除会计信息管理外均冠以"大数据"字样。党的二十大报告提出要加快建设数字中国，构建现代化产业体系。2023年，在北京召开的世界数字教育大会以"数字变革与教育未来"为主题，阐述了对学生进行数字化知识、能力与素质培养的重要性。随着新一轮科技革命和产业革命的深入发展，以大数据技术为代表的数字技术愈发成为驱动人类社会思维方式、组织架构和运作模式发生根本性变革以及全方位重塑的引领力量，为高职财会教育创新路径、重塑形态、推动发展等提供了新的机遇与挑战。在此背景下，从事财务分析的专业人才亟须熟练掌握大数据分析技术，为企业的精细化管理、靶向化治理和科学化决策提供财务信息与技术保障。因此，培养学生掌握财务大数据分析的知识、技能和素养，是大数据时代财务分析课程教学的重要任务。

本教材由专业教师与企业专家共同编写，鲜明体现了"校企双元"特征，主要面向高职院校财经类专科学生，将财务分析基础知识、大数据技术和应用案例等深度融合，实现专业知识、分析技术等向实际工作应用能力的转化。本教材主要讲授财务大数据的概念、方法和运用方面的知识，从管理、技术和实践应用三个角度，培养学生利用大规模数据进行信息分析、获取知识、支持管理决策的能力。本教材基于DBE（Date Business Economics）财务大数据实践教学平台，从企业中高层的经营管理者角度，以及财务经理、财务总监的角度出发，提供了企业经营管理的案例背景，让学生从企业经营者角度和企业投资者角度进行费用、销售、资金等财务分析，进而在大数据财务分析中发现企业经营中存在的问题、潜在的风险，并提出改善措施。

本教材按照企业实际工作任务设计内容，以财务大数据分析的工作过程"数据采集—数据清洗—数据集成—数据可视化呈现—数据多维度分析"为路径，安排教材项目任务。沿着"财务比率—投资决策—经营决策—费用分析—销售分析—资金分析"的路线逐步深入，不仅有财务比率分析，更有多维度的业务分析，如从销售分析延伸到客户分析—产品分析—价格分析等；通过数据挖掘从显性指标到隐性指标分析，得出准确、全面的分析结论，提升学生的业务能力。本教材共分八个项目：

项目一"财务大数据认知",项目二"数据采集",项目三"数据预处理",项目四"数据可视化",项目五"大数据+财报分析",项目六"大数据+费用分析",项目七"大数据+销售分析",项目八"大数据+资金分析"。

本教材坚持立德树人的根本任务,有机融入"理工思想",引导学生学习大数据等相关新技术,激发他们迎难而上、积极进取的学习精神;培育学生"勤学、俭朴、乐观、诚信、合作、自律、敬业、专长、创新"的理工情怀;打破学科壁垒,将大数据技术与财务分析深度融合,引导财会类专业学生培养大数据思维,应用大数据技术分析企业财务问题,真正实现会计的预测、决策、分析、评价功能,推动财务会计向管理会计转型,促进复合型会计人才的培养。

本教材由湖南理工职业技术学院胡争艳、夏红雨担任主编,袁园担任主审,黄芝花、邓亚琼、陈娜、黄永录、阮筱棋、李凤娥(湖南信息职业技术学院)担任副主编,参与编写的还有李姝娟、李艳、高瑜琴、罗湘、谢娟、昌建强、申文明(湘潭捷诚财务咨询有限公司)。

"财务大数据分析"课程2023年立项为湖南省在线精品课程,教材编写团队同步开发了重点内容讲解微课、业务操作视频、实训平台展示视频等资源,并通过二维码予以展示,学生可通过移动终端扫码学习,提高学习效率和效果。同时,本教材配套DBE财务大数据分析实践教学平台试用,向读者提供了一个仿真的大数据技术与财务分析深度融合的训练平台。

本教材配套实训平台DBE财务大数据实践教学平台由新道科技股份有限公司提供,感谢新道科技股份有限公司对本教材出版给予的大力支持。

感谢湖南理工职业技术学院教材出版基金的资助。

《财务大数据分析》是一门新设课程的教材。由于编者水平有限,加之时间仓促,教材中难免存在疏漏和不妥之处,我们会在后续及时进行修订更新,敬请广大读者批评指正。

在线精品课程

编者

# 目　　录

## 项目一　财务大数据认知 ………………………………………………… 1
### 任务一　大数据基础认知 ………………………………………… 2
### 任务二　财务大数据认知 ………………………………………… 8

## 项目二　数据采集 ………………………………………………………… 18
### 任务一　数据采集原理与工具认知 …………………………… 19
### 任务二　上市公司财报数据采集 ……………………………… 25

## 项目三　数据预处理 ……………………………………………………… 35
### 任务一　数据清洗 ……………………………………………… 36
### 任务二　数据集成 ……………………………………………… 46

## 项目四　数据可视化 ……………………………………………………… 58
### 任务一　数据可视化认知 ……………………………………… 58
### 任务二　数据可视化设计 ……………………………………… 66

## 项目五　大数据+财报分析 ……………………………………………… 86
### 任务一　财务报告分析 ………………………………………… 87
### 任务二　盈利能力分析 ………………………………………… 98
### 任务三　偿债能力分析 ………………………………………… 113
### 任务四　营运能力分析 ………………………………………… 128
### 任务五　发展能力分析 ………………………………………… 137

## 项目六　大数据+费用分析　150

　　任务一　费用整体分析　151
　　任务二　销售费用分析　157
　　任务三　管理费用分析　160
　　任务四　财务费用分析　168

## 项目七　大数据+销售分析　178

　　任务一　销售收入整体分析　179
　　任务二　销售收入客户维度分析　189
　　任务三　销售收入产品维度分析　199
　　任务四　销售收入价格维度分析　207

## 项目八　大数据+资金分析　215

　　任务一　资金存量分析　216
　　任务二　资金来源分析　229
　　任务三　债务分析与预警　241

## 参考文献　249

## "财务大数据分析"课程育人设计

| 项目 | 任务 | 育人元素 | 课程育人设计（实施路径） |
|---|---|---|---|
| 项目一<br>财务大数据认知 | 任务一 大数据基础认知<br>任务二 财务大数据认知 | 爱国情怀<br>数据思维 | 通过介绍我国信息技术和大数据的发展，使学生充分了解我国的先进科学技术，增加学生对祖国的热爱之情和民族自豪感。通过大数据的含义、特征、分类、思维、应用场景体验等的介绍，培养学生的大数据思维。通过大数据分析平台的安装、运行界面的熟悉，对大数据的特征和结构进一步了解，培养学生的大数据思维 |
| 项目二<br>数据采集 | 任务一 数据采集原理与工具认知<br>任务二 上市公司财报数据采集 | 合规意识<br>法治观念 | 通过数据采集学习，使学生认识到必须诚信依法获取数据，增强学生互联网环境下的守法意识。引导学生正确认识职业道德的重要性和职业道德缺失的危害性，明确职业规范，培养规矩意识和法治理念 |
| 项目三<br>数据预处理 | 任务一 数据清洗<br>任务二 数据集成 | 工匠精神 | 通过数据清洗和数据集成实训，培养学生严谨细致、精益求精的工匠精神 |
| 项目四<br>数据可视化 | 任务一 数据可视化认知<br>任务二 数据可视化设计 | 数据思维 | 通过分析云可视化工具的应用，培养学生的大数据思维。通过设计可视化看板，培养学生将数据进行可视化呈现的能力以及用数据说话的能力 |
| 项目五<br>大数据+财报分析 | 任务一 财务报告分析<br>任务二 盈利能力分析<br>任务三 偿债能力分析<br>任务四 营运能力分析<br>任务五 发展能力分析 | 团队协作<br>风险意识 | 成立学习小组，协作完成分析报告。以价值观为引领，充分调动学生学习的主观能动性，增强团队协作能力，培养创新思维。通过水平分析和垂直分析，对标标杆企业进行盈利能力、偿债能力、营运能力和发展能力等财务指标分析，增强学生的风险意识 |
| 项目六<br>大数据+费用分析 | 任务一 费用整体分析<br>任务二 销售费用分析<br>任务三 管理费用分析<br>任务四 财务费用分析 | 节约意识<br>责任意识 | 通过案例教学、小组讨论，渗透职业道德、责任意识教育，培养学生节约成本、控制费用的意识 |
| 项目七<br>大数据+销售分析 | 任务一 销售收入整体分析<br>任务二 销售收入客户维度分析<br>任务三 销售收入产品维度分析<br>任务四 销售收入价格维度分析 | 创新思维 | 通过引导学生洞悉数据背后的创新源动力，明确其自身的责任和使命，着力培养其创新思维和创新意识 |
| 项目八<br>大数据+资金分析 | 任务一 资金存量分析<br>任务二 资金来源分析<br>任务三 债务分析与预警 | 计划意识 | 通过经营分析和预测，让学生学会有准备、有规划、科学合理地安排各种事情 |

# 项目一  财务大数据认知

## 【知识目标】

1. 了解大数据的定义、特征、分类、发展及思维等相关知识。
2. 了解财务大数据的含义、特征及大数据对财务工作的影响。
3. 了解财务大数据的典型应用场景和财务大数据分析的流程。

## 【技能目标】

1. 能够识别结构化数据、非结构化数据和半结构化数据。
2. 能够阐释财务大数据的典型应用场景。

## 【素质目标】

1. 培养学生的爱国情怀和精益求精的工匠精神。
2. 引导学生紧跟时代发展趋势，利用数字化思维看待和处理身边事物。
3. 拓展财会青年视野、更新知识储备，培育财会青年树立直面财务大数据、用好财务大数据的目标和信心。

## 【知识图谱】

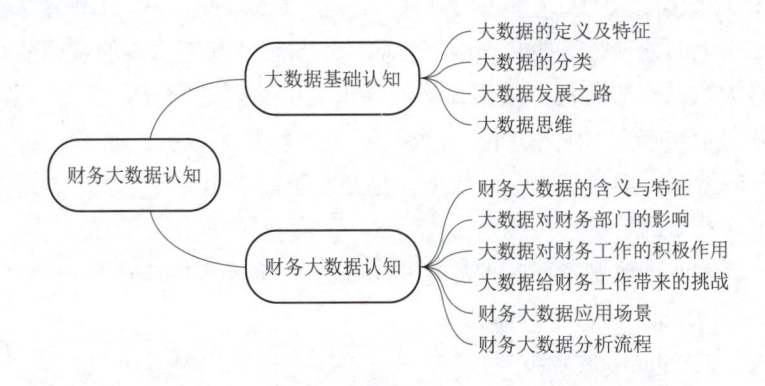

```
                            ┌── 大数据的定义及特征
              ┌─大数据基础认知─┤── 大数据的分类
              │              ├── 大数据发展之路
              │              └── 大数据思维
财务大数据认知─┤
              │              ┌── 财务大数据的含义与特征
              │              ├── 大数据对财务部门的影响
              └─财务大数据认知─┤── 大数据对财务工作的积极作用
                             ├── 大数据给财务工作带来的挑战
                             ├── 财务大数据应用场景
                             └── 财务大数据分析流程
```

## 任务一　大数据基础认知

大数据是什么

### ◆ 任务描述

随着信息时代的持续发展，大数据的应用已经十分广泛，涵盖医疗、交通、体育、金融、零售等各行各业，大数据已经融入我们工作和生活的方方面面，它正在改变着世界。在当前的互联网领域中，企业已成为大数据应用的主体。随着企业开始利用大数据，我们每天都会看到大数据新的、奇妙的应用在帮助企业获益。但对大多数人而言，大数据依然很神秘。

### [任务布置]

请以小组为单位，寻找身边的一些企业，详细了解企业在运营过程中运用了哪些大数据。

### ◆ 工作准备

#### 一、大数据的定义及特征

（一）大数据的定义

大数据（Big Data 或 Mega Data），或称为巨量资料，指的是需要新处理模式才能具有更强的决策力、洞察力，以及流程优化能力的海量、高增长率和多样化的信息资产，是大的数据量与现代信息技术环境相结合而涌现的结果。它是一种规模大到在获取、存储、管理、分析方面远超出传统数据库软件工具能力范围的数据集合，通常以多元的形式从许多来源搜集庞大的数据组，往往具有多样性。比如，零售企业销售数据库中的数据来源可能是社交网络、电子商务网站、顾客来访记录等。

从上述定义可以看出：其一，大数据中的"大"，不仅仅是指数据量的积累，还指大数据要实现由"大"的量的积累到"大"的质的变化。其二，大数据中的数据不是传统意义上的数据，这些数据因集合而产生价值，具有可观的利用前景。其三，要想使这些大数据产生价值和效用，必然要求这些数据之间存在意义和结构上的关联，这样才具有分析价值。其四，大数据不是"死"的数据，而是"活"的数据，不是"假"的数据，而是"真"的数据，是必须予以应用并产生实际效用的数据。

（二）大数据的特征

大数据具有四个典型特征，即大量（Volume）、多样（Variety）、高速（Velocity）和价值（Value），即"4V"，具体如图 1-1 所示。

（1）大量（Volume）。

大数据的特征首先就是数据规模大。随着互联网、物联网、移动互联技术的发展，人和事物的所有轨迹都可以被记录下来，数据量呈现出爆发性增长。

|  |  |  |
|---|---|---|
| 数据量的存储单位从过去的GB到TB，甚至达到PB、EB | 大量 Volume | 数据类型复杂多样，包括结构型数据、非结构型数据、源数据、处理数据等 |
|  | 多样 Variety |  |
| 大数据采集、处理计算速度较快，能满足实时数据分析需求 | 高速 Velocity | 原始数据经过采集、清洗、深度挖掘、数据分析后有较高商业价值 |
|  | 价值 Value |  |

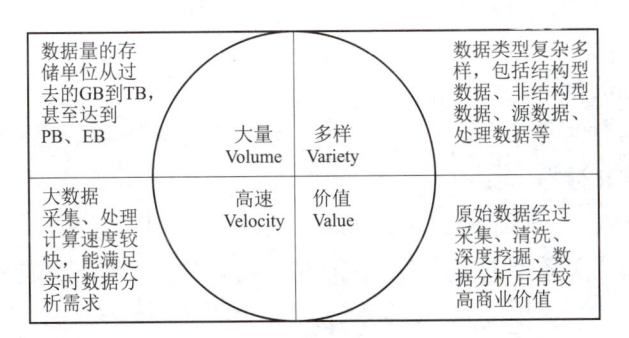

图 1-1　大数据的特征

（2）多样（Variety）。

数据来源的广泛性，决定了数据形式的多样性。多样性主要体现在数据来源多、数据类型多和数据之间关联性强这三个方面。

数据来源多，企业所面对的传统数据主要是交易数据，而互联网和物联网的发展，带来了诸如社交网站、传感器等多种来源的数据。来源于不同应用系统和不同设备的数据的多样性，决定了大数据形式的多样性，包括结构化数据、非结构化数据和半结构化数据。

数据类型多，并且以非结构化数据为主。传统的企业中，数据都是以表格的形式保存。而大数据中有80%是图片、音频、视频、网络日志、链接信息等非结构化数据。

数据之间关联性强，频繁交互。如游客在旅游途中上传的照片和日志，就与游客的位置、行程等信息有很强的关联性。

（3）高速（Velocity）。

数据的增长速度和处理速度是大数据高速性的重要体现。与报纸、书信等传统载体生产传播数据的方式不同，在大数据时代，大数据的交换和传播主要是通过互联网和云计算等方式实现的，其生产和传播的速度非常迅速。另外，大数据还要求处理数据的响应速度要快，例如，上亿条数据的分析必须在几秒内完成。数据的输入、处理与丢弃必须立刻见效，几乎无延迟。

（4）价值（Value）。

大数据的核心特征是价值。其实，价值密度的高低和数据总量的大小呈反比，即数据价值密度越高，数据总量越小；数据价值密度越低，数据总量越大。任何有价值信息的提取依托的都是海量的基础数据，当然目前大数据背景下存在未解决问题，即如何通过强大的机器算法更迅速地在海量数据中完成数据的价值提纯。

大数据最核心的价值是预测。大数据是一次颠覆性的技术变革，其战略意义在于对数据进行专业化处理，云计算等为数据资产提供了技术支持手段，而数据才是真正有价值的资产。对于海量数据进行存储和分析，把数学算法运用到海量数据中来预测事情发生的可能性。大数据已经渗透到各行业和业务职能领域，逐渐成为重要的生产因素。

## 二、大数据的分类

大数据的类型主要有结构化数据、非结构化数据和半结构化数据三类。

### （一）结构化数据

能够用数据或统一的结构加以表示的信息，称为结构化数据，如数字、符号等。结构化数据一般用关系型数据库表示和存储，是表现为二维形式的数据。其一般特点是：数据以"行"为单位，一行数据表示一个实体的信息，每一行数据的属性是相同的。常见的结构化数据库有：Oracle，MySQL，SQL Server。

### （二）非结构化数据

非结构化数据是指其字段长度可变，并且每个字段的记录又可以由可重复或不可重复的子字段构成的数据，是数据结构不规则或不完整、没有预定义的数据模型，不方便用数据库二维逻辑表来表现。非结构化数据包括所有格式的办公文档、文本、图片、各类报表、图像和音频（视频）信息等。

IDC（Internet Data Center，互联网数据中心）的一项调查报告指出：企业中80%的数据都是非结构化数据或半结构化数据，这些数据每年都按指数增长60%。大量财务公告、研究报告乃至政策信息都是以非结构化数据的形式存在的，如网页、PDF，这些内容数据不是标准的数据表格或者XML格式，需要数据采集后对内容进行进一步的提取、清洗、加工工作，也就是将非结构化数据半结构化和结构化。

### （三）半结构化数据

半结构化数据相对复杂，是介于完全结构化数据（如关系型数据库）和完全无结构化数据（如声音、图像文件等）之间的数据，它一般是自描述的，数据的结构和内容混在一起，没有明显的区分。它属于同一类实体，但可以有不同的属性，即使它们被组合在一起，这些属性的顺序也并不重要。常见的半结构化数据有XML和JSON。

大数据的核心价值是预测，即通过对海量数据进行存储和分析，运用数学算法预测事情发生的可能性。人们对于海量数据的运用将预示着新一波生产率增长和消费者盈余浪潮的到来。大数据是继云计算、物联网之后IT（Internet Technology，互联网技术）产业又一次颠覆性的技术变革。云计算为数据资产提供了技术支持手段，但数据才是真正有价值的资产。大数据技术的战略意义在于对数据进行专业化处理。若没有互联网、云计算、物联网、移动终端与人工智能组合的环境，大数据就毫无价值。

## 三、大数据发展之路

最早提出"大数据"时代已经到来的机构是全球知名咨询公司麦肯锡。

1980年，著名未来学家阿尔文·托夫勒（Alvin Toffler）便在《第三次浪潮》一书中，将大数据热情地称颂为"第三次浪潮的华彩乐章"。

### （一）进入 21 世纪，大数据飞速发展

2005 年，Hadoop（分布式系统基础架构）项目诞生，后因技术高效性，被 Apache Software Foundation（Apache 软件基金会）引入，成为开元应用。

2008 年年末，"大数据"得到部分美国知名计算机科学研究人员的认可，《自然》杂志专刊提出 Big Data 概念。

2009 年，印度、美国和欧洲的一些领先研究机构进一步研究"大数据"，引发"大数据"研究的高潮。

2010 年，肯尼斯·库克尔发表大数据专题报告，"大数据"词语诞生。2011 年，大数据力量显现，其内容得到丰富，相关研究也得以进一步发展。

2012 年，美国第一家大数据软件公司上市；联合国出台《大数据白皮书》；阿里巴巴全面推进"数据分享平台"战略。大数据价值得到进一步挖掘。

2015 年，国务院正式印发《促进大数据发展行动纲要》，标志着大数据正式上升为国家战略。

2016 年，我国大数据"十三五"规划出台，旨在推动大数据在工业研发、制造、产业链全流程及服务业的发展。

2017 年 1 月，工信部发布了《大数据产业发展规划（2016—2020 年）》，进一步明确了促进我国大数据产业发展的主要任务、重大工程和保障措施。

2017 年 10 月，党的十九大报告指出：加快建设制造强国，加快发展先进制造业，推动互联网、大数据、人工智能和实体经济深度融合。

2020 年，大数据被正式列为新型生产要素。

2021 年，《"十四五"发展规划》中指出，要完善大数据标准体系建设。

### （二）大数据与信息技术深度融合

大数据离不开云处理，云处理为大数据提供了可扩展的基础设备，是产生大数据的平台之一。自 2013 年开始，大数据技术逐步实现和云计算技术的深度融合。

物联网、云计算、移动互联网、车联网、手机、平板电脑、PC（个人计算机）以及遍布地球各个角落的各种各样的传感器，无一不是数据来源或者承载的方式，包括网络日志、射频识别（RFID）、传感器网络、社会网络、社会数据、互联网文本和文件、互联网搜索索引、天文学、大气科学、生物地球学、军事侦察、医疗记录、大规模的电子商务等。

### （三）大数据发展趋势：大数据自助服务

大数据的服务优势如图 1-2 所示。大数据为使用各类报表的部门提供自助式的报表服务，在基于大数据存储的基础上，提供大数据的统一查询服务平台。该平台具有良好的可扩展性，可以快速满足不同数据查询、展现的需求。

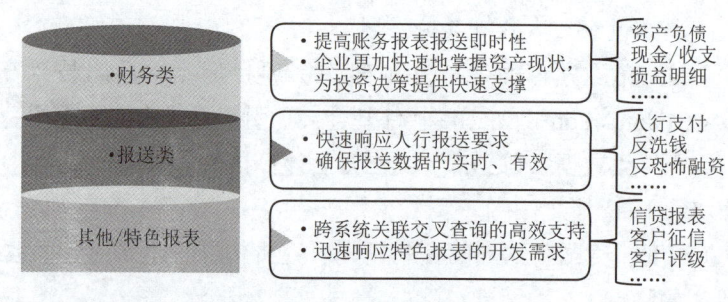

图 1-2 大数据的服务优势

### （四）常用的大数据分析工具

#### 1.DBE 财务大数据实践教学平台

DBE 财务大数据实践教学平台是结合 Python 数据获取、数据清洗、MySQL 数据存储、商业可视化分析软件、数据挖掘等多类大数据工具的综合软件，采用案例化教学模式呈现企业财务内部经营分析、外部投资决策实战应用场景等，是目前最为全面的分析软件之一。

#### 2.RapidMiner

RapidMiner 通过可视化程序进行操作，能够手动运作、分析和建模。它通过开源平台、机器学习和模型部署来提高数据工作效率。统一的数据科学平台可加速从数据准备到实现分析的工作流程，极大地提高技术人员的效率，是最易于使用的预测分析软件之一。

#### 3.Microsoft Power BI

Microsoft Power BI 同时提供本地和云服务。它最初是作为 Excel 插件引入的，不久便凭借其强大的功能开始普及。目前，它被视为商业分析领域的软件领导者。它提供了数据可视化和 BI 功能，使用户可以轻松地、以更低的成本实现快速、明智的决策，用户可协作并共享自定义的仪表板和交互式报告。

## 四、大数据思维

随着大数据技术的发展，很多大数据的技术专家、战略专家、未来学者等，开始提出、解读并丰富大数据思维概念的内涵和外延。总体来说，大数据思维包括整体思维、容错思维和相关思维。

### （一）整体思维

社会科学研究社会现象的总体特征。以往，采样一直是主要的数据获取手段，这是人类在无法获得总体数据信息条件下的无奈选择。在大数据时代，人们可以获得与分析更多的数据，甚至是与之相关的所有数据，而不再依赖采样，从而可以带来更全面的认识，可以更清晰地发现样本无法揭示的细节信息。

正如奥地利数据科学家舍恩伯格所言，我们总是习惯把统计抽样看作文明得以建立的牢固基石，就如同几何学定理和万有引力定律一样。但是，统计抽样其实只是为了在技术受限的特定时期，解决当时存在的一些特定问题而产生的，其历史不足一百年。如今，技术环境已经有了很大的改善。在大数据时代进行抽样分析就像是在汽车时代"骑马"一样。大数据与小数据的根本区别在于大数据采用整体思维方式，小数据强调抽样。在某些特定的情况下，我们依然可以使用样本分析法，但这不再是我们分析数据的主要方式。

也就是说，在大数据时代，随着数据收集、存储、分析技术的突破性发展，人们可以更加方便、快捷、动态地获取研究对象有关的所有数据，而不再因诸多限制不得不采用样本研究方法。相应地，思维方式也应该从样本思维转向总体思维，从而能够更加全面、立体、系统地认识总体状况。

### （二）容错思维

在小数据时代，由于收集的样本信息量比较少，所以必须确保记录下来的数据尽量结构化、精确化，否则，分析得出的结论在推及总体时就会南辕北辙，因此必须十分注重精确思维。然而，在大数据时代，得益于大数据技术的突破，大量的非结构化、异构化数据能够得到储存和分析，一方面提升了人们从数据中洞见并获取知识的能力，另一方面也对传统的精确思维造成了挑战。

舍恩伯格指出，执迷于精确性是信息缺乏时代和模拟时代的产物。只有 5% 的数据是结构化且能适用于传统数据的。如果不接受混乱，剩下 95% 的非结构化数据都无法利用，只有接受不精确性，我们才能打开一扇从未涉足的世界的窗户。也就是说，在大数据时代，思维方式要从精确思维转向容错思维。当拥有海量即时数据时，绝对的精准不再是追求的主要目标，适当忽略微观层面上的精确度，容许一定程度的错误与混杂，反而可以在宏观层面拥有更好的知识和洞察力。

### （三）相关思维

在小数据时代，人们往往执着于现象背后的因果关系，试图通过有限的样本数据来剖析其中的内在机理。小数据的另一个缺陷就是有限的样本数据无法反映出事物之间的普遍性的相关关系。而在大数据时代，人们可以通过大数据技术挖掘出事物之间隐蔽的相关关系，获得更多的认知与洞见，运用这些认知与洞见就可以帮助人们捕捉现在和预测未来，而建立在相关关系分析基础上的预测正是大数据的核心议题。

通过关注线性的相关关系以及复杂的非线性相关关系，可以帮助人们看到很多以前不曾注意的联系，还可以掌握以前无法理解的复杂技术和社会动态，相关关系甚至可以超越因果关系，成为人们了解世界的更好视角。舍恩伯格指出，大数据的出现让人们放弃了对因果关系的渴求，转而关注相关关系，人们只需知道"是什么"，而不用知道"为什么"。我们不必非得知道事物或现象背后的复杂深层原因，而只需要通过大数据分析获知"是什么"就意义非凡，这会给我们提供非常新颖且有价值的观点、信息和知识。也就是说，在大数据时代，思维方式要从因果思维转向相关思维，才能更好地分享大数据带来的启发。

## 任务实施

1. 成立学习小组。

2. 以小组为单位实地参观考察制造企业、商业企业和服务企业，详细了解各类企业在运营过程中具体运用了哪些大数据。

## 任务二　财务大数据认知

大数据在财务管理中的应用

大数据时代财务分析的特点

### 任务描述

以小组为单位，选择一家熟悉的企业，通过现场参观、专家访谈、现场或网络查阅资料，了解企业财务大数据的主要内容和用途等，分析该企业采用财务大数据相比于传统方式的优势。

### 工作准备

#### 一、财务大数据的含义与特征

（一）财务大数据的含义

财务大数据是将大数据管理贯穿申请、审批、交易、报账、支付、核算、报告等所有环节，快速进行财务信息的归档、存储、核算、查阅等服务，实现无纸化管理和规范化、统一化、自动化的信息管理，全面分析财务、税务相关指标，帮助企业进行经营、投资决策、风险预警、成本管控和税务自查。

（二）财务大数据的特征

传统财务数据主要以财务报告数据为主，包括资产负债表、利润表、现金流量表、股东权益变动表以及报表附注等相关的财务数据。大数据给企业带来了更大的风险与挑战：大数据不仅扩大了企业财务数据的范畴，而且也对企业财务数据的处理、分析及反馈提出了更高的要求。财务大数据除了涵盖传统的财务报告数据之外，还包含宏观数据、行业数据，以及企业供应链等相关数据；同时，财务大数据的数据类型除了结构化数据之外，还包括非结构化数据和半结构化数据。

随着大数据时代的来临，企业财务管理不再仅仅局限于财务自身领域的一隅之地，而是渗透到企业的各个领域，如研发、生产、人力资源、销售等。可以说大数据时代的来临扩大了财务管理的影响力和作用范围，财务部门从原本单纯的财务管理活动向数据的收集、整理、处理、分析方向转变。

具体而言，相比于传统财务数据，财务大数据的特征主要体现在以下四个方面：

1. 数据来源的广度与深度发生改变

大数据时代下，财务管理的范围被极限扩大。财务管理数据来源在广度上发生的变化是除了原来的管理范围，还管理着很多非财务数据，包括销售信息、研发信息以及人力资源信息等。

财务管理数据来源在深度上发生的变化是财务管理数据由原来的结构化数据向非结构化数据、半结构化数据转变。结构化数据是由传统的运营系统产生的，这部分数据大多存储在关系型数据库中；非结构化和半结构化数据的来源较为广泛，如来自传感器的各种数据，移动电话的GPS（Global Positioning System，全球定位系统）定位数据，实时交易信息、行情数据信息，用户的网络单击量，顾客的搜索路径、浏览记录、购买记录等。在开展财务管理的过程中，非结构化和半结构化数据直接影响了财务数据的构成。

#### 2.数据处理由原来的集中式计算结构向分布式计算结构转变

大数据时代，不仅企业数据量呈现出指数级增长趋势，而且企业数据分析处理的时效性要求也更高，传统的财务处理方式已不能满足大数据下的企业财务管理之需。大数据下的财务数据处理需要由原来的集中式计算结构，转为分布式或者扁平式的计算结构。

目前主流的三大分布式计算结构分别为Hadoop、Storm和Spark。Hadoop是分布式系统基础架构，可以轻松地集成结构化、半结构化甚至非结构化数据集。Storm是分布式实时计算系统，它以全内存计算方式处理源源不断流进来的消息，处理之后再将结果写入某个存储。而Spark则是基于内存计算的开源集群计算系统，能够更快速地进行数据分析。这三种计算结构在财务数据处理方面各有优势，同时也各有自身的劣势。在选择财务数据计算结构时，企业应根据自身的具体情况进行判别。

#### 3.数据分析从数据仓库向深度学习进行转变

财务数据分析工作是企业在信息管理方面的重要内容。早期的会计电算化主要是面向操作型的，从会计凭证、账簿到报表都没有可靠的历史数据来源，自然也就不能将财务信息转换为可用的决策信息。随着信息处理技术的应用，企业可以利用新的技术实现财务数据的联机分享，还可利用统计运算方法和人工智能技术对数据仓库进行横向和纵向的分析，从而将大量的原始数据转化为对企业有用的信息，提高企业决策的科学性和可操作性。

例如，苏宁电器构建了ERP（Enterprise Resource Planning，企业资源计划）系统，其中在物流系统中将库存商品基础数据（包括产品编号、名称、型号、计划单价等）、商家基本数据（包括商家编号、名称、地址、电话、邮编、行账号等）与财务信息系统中的数据进行连接；资金流系统中的保理、保险、银行客户的基本数据、支付结算方式编码、货币编码、利率编码等与财务信息系统中的数据进行共享。这些措施在一定程度上使苏宁电器实现了财务数据共享和深度分析。

#### 4.数据输出形式由图表化转向可视化

在以前的财务数据输出工作中，企业大多采用图表的形式来报告财务信息，如财务报表等。在大数据背景下，企业改变了以往的信息输出形式，将复杂的财务数据转化为直观的图形。更进一步地，企业可以综合采用图形、表格和视频等方式将数据进行可视化呈现，从而更好地将信息传达给企业内部及外部的使用者，为企业决策提供数据支持。

例如，社交网络中的语音、图像、视频、日志等文件都是可视化的财务数据输出形式。1号店、淘宝等电商平台就记录或收集了网上交易量、顾客感知、品牌意识、产品购买和社会互动等行为数据，以可理解的图形、图片等方式直观呈现出企业在不同时间轴上的财务数据变化趋势。

## 二、大数据对财务部门的影响

### （一）促进财务部门职能转变

从传统核算类工作转向管理类工作。传统财务人员职责定位是负责整理凭证、管理账目、编制报表、档案归档等核算类工作；而大数据时代财务人员的职责定位是负责利用大数据核算业绩、监察内控、管理预算、管理投资等管理类工作。财务数据类型也不仅仅局限于历史的、结构化的报表数据，而是大量非结构化、碎片化的外部数据，尤其是与管理决策密切相关的非财务数据。大数据对财务工作的影响具体如表1-1所示。

表1-1 大数据对财务工作的影响

| 影响性质 | 影响关键点 | 初始状态 | 结果状态 |
| --- | --- | --- | --- |
| 当前已有影响 | 数据状态变化 | 信息孤岛 | 信息海洋 |
|  | 检查数量变化 | 少量抽查 | 全面排查 |
|  | 干预时点变化 | 事后监督 | 实时监测 |
|  | 主导人员变化 | 技术人员 | 财务业务人员 |
|  | 会计职责变化 | 数据收集 | 数据分析 |
|  | 会计方法变化 | 经验方法 | 数据规律 |
|  | 运行形态变化 | 业财分离 | 业财融合 |
| 未来可能影响 | 会计分期变化 | 年月分期 | 日时分期 |
|  | 治理结构变化 | 组织多层 | 组织扁平 |
|  | 记账基础变化 | 权责发生 | 权责发生+收付实现 |

### （二）模糊财务部门与业务部门的界限

在大数据技术应用下，企业各职能部门之间的信息孤岛将被打破，建立起互联互通的内部数据共享中心，企业将拥有更多样、更全面的数据来源，实现业务与财务一体化。对业务部门来说，通过利用财务成本核算数据、消费者调查数据、竞争对手数据等可以支撑业务更好地发展；对财务部门来说，了解业务部门的商业逻辑和生成、销售的具体流程，有助于财务更好地为企业战略管理服务。

### （三）从后端走向前端

在传统模式下，财务部门主要起到总结作用，即对企业过去一年的利润情况和资产负债情况分析并报告，主要解决信息不对称问题，对企业未来发展的作用不显著；在大数据时代，财务数据更加广泛、及时，财务部门开始成为"探照灯"，利用大数据为企业洞察、预测未来，支撑战略层面的管理决策。

## 三、大数据对财务工作的积极作用

### （一）提升财务数据质量

在传统模式下，基于谨慎性原则，大部分企业采用历史成本计量，极少允许上调资产价值。但市场的瞬息万变导致财务报表与企业真实的经营情况偏差大，无法反映真实的情况。在大数据时代，财务人员与审计人员可以获得市场上多方面来源的信息，相互验证，使数据变得更加准确、透明和公开，实现财务报表的编制在遵循谨慎性原则的同时也更加公允。

### （二）提高财务管理效率

在传统模式下，一般按月汇总报告信息，难以实现财务数据的实时统计和分析；在大数据时代，能够实时一体化汇总企业决策所需的信息，如库存数据、生产数据、销售数据、资金运作数据等，为财务决策带来更加高效的数据支持。

### （三）提高财务管理维度

在传统模式下，以会计信息为基础，会计信息强调企业经营结果，是经过处理后的间接信息，难免出现信息滞后现象；大数据时代，信息来源不再局限于企业内部经营记录，可以完全掌握企业生产经营各个环节的资料及外部相关信息，为企业决策提供更加全面的信息保障。

### （四）降低财务风险

在传统模式下，企业无法有效收集和处理有关经营情况、宏观环境、外部市场和竞争对手动向等财务工作需要的内外部信息，存在因信息不对称带来的经营风险和财务风险；大数据时代可以为财务工作提供及时、准确、全面的信息支持，有助于应对内外部可能发生的变化，确保将财务风险降到最低。

## 四、大数据给财务工作带来的挑战

### （一）对财务人员的能力提出更高要求

**1. 数据采集能力**

大数据时代，各类业务信息都能及时地在网上展示并更新，财务人员必须通过互联网、智能系统或云端等提取信息，对专业知识与信息技术提出更高要求。

**2. 数据分析能力**

技术进步和大数据的普遍使用增加了财务分析的难度，对财务人员处理半结构化、非结构化数据的能力提出更高要求。

**3. 数据呈现能力**

财务转型要求财务人员利用财务信息优势更多地参与决策，需要财务人员选择合适的可视化呈现技术，有效传递财务信息。

### （二）增加信息保密难度

**1. 数据集成**

非结构化数据处理常用的蚁群算法存在固有缺陷，导致大数据技术在数据集成的拓扑领域面临保密性的挑战。

**2. 数据控制**

数据控制依赖各类交易密码，而密码本质也是数据的组合，只能阻挡盗窃的暂时性行为，未超出技术本身存在的惰性。

### （三）给财务安全带来考验

**1. 外部黑客攻击**

现阶段财务软件侧重功能开发，较少顾及安全问题，面临黑客攻击后出现系统瘫痪、数据丢失等财务风险。

**2. 内部能力不足**

财务人员获取与处理信息的能力参差不齐，任何一个环节的失误都会对财务安全造成威胁；财务转型过程中，很可能存在内部控制的漏洞，企业内控存在失效的可能性。

## 五、财务大数据应用场景

大数据应用场景本质上是数据的业务应用场景，是数据和数据分析在企业经营活动中的具体表现。财务大数据的典型应用场景包括全面预算、成本管控、资金管理、投资决策、财务分析等。

### （一）全面预算

财务大数据环境下，全面预算依赖的数据类型不仅包括传统预算中的财务数据，而且包括音频、视频、地理位置、天气以及温度等非结构化数据，通过对这些数据的分析可以提升全面预算的准确性。

例如，在编制采购预算时，财务人员可以深入分析大数据中隐藏的信息，科学选择原材料供应商；同时，还可以评价下级部门的采购预算是否合理，以便更好地编制企业全面预算。与此同时，由于大数据使传统的自上而下传递预算任务的顺序发生改变，自下而上的预算审批顺序也因此发生变化，从而使得全面预算编制周期明显缩短。此外，在编制资金预算时，依托大数据分析，管理者能够判断预算资金是否合理，以防各部门虚报或瞒报预算资金。

### （二）成本管理

成本管理是企业内部控制中最重要的部分，贯穿于企业经营的各个环节。成本管理有利于降低成本，提高经济效益。企业要获取更高的净利润，需要从生产成本和人力成本等多方面进行管控。传统成本管理更偏重产品的生产成本管理和生产过程管理，相对忽视了其他诸如产品开发、采购、销售等过程的成本管理。

在大数据时代，财务管理人员能够及时采集企业生产制造成本、流通销售成本等各种类型的数据,并将这些海量数据应用于企业成本控制系统,通过准确汇集、分配成本,分析企业成本费用的构成因素,区分不同产品的利润贡献程度并进行全方位的比较与选择,从而为企业进行有效的成本管理提供科学的决策依据。

例如,通过对生产线上数以千计的传感器和电子监控捕获的视频和照片信息进行分析,能实时监控企业生产流程,及时发现和处理突发事件,从而有效控制企业经营成本。

### (三) 资金管理

资金管理是大型企业集团财务管理的核心内容,对企业战略发展和风险控制有重要的影响。大数据的出现影响着资金管理的工作方式,原有的资金管理流程也会随之改变。

例如,一笔资金支付业务,原来的流程可能是业务部门提出资金需求,财务部门进行账务处理,然后流转到出纳。出纳制单后,再通过企业内部的审核流程,最终在银行付款。财务分析人员可能在周或月度结束后,从财务系统中取得数据,然后对本企业支付用途进行统计分析。而在大数据时代,业务部门和财务部门几乎能同时进行处理。财务记账也不再需要拿到银行流水单再进行账务处理,而事后的统计分析工作也可以在支付的同时就得以统计。大数据简化了原来的流程,缩短了业务处理时间。

同时,大数据打破了原有的工作边界,资金管理不再只是关注资金的信息,而是要扩大范围,将企业内部各个职能部门都考虑在内,甚至包含上下游企业、竞争对手等,从而实现全流程、信息一体化的工作平台。

### (四) 投资决策

财务大数据的应用给企业的投资决策提供了海量的、可供决策的数据,从而支撑企业制定相对合理且科学的投资决策,提升企业投资决策的效率和效果。

一方面,首先,企业可建立专门的大数据收集平台,针对决策相关的数据进行收集、处理与提取,以提升数据获取的准确性、相关性与及时性。其次,构建大数据云计算平台,实时对大数据进行分析。再次,利用数据挖掘功能对信息与结果之间的相关性进行分析。最后,根据分析结果对较大概率能获得收益的项目进行投资。

另一方面,企业也可通过建立量化投资模型帮助决策者处理海量数据,使决策者能够在短时间内对影响投资结果的因素进行多角度的分析,包括经济周期、市场、未来预期、盈利能力、心理因素等,进而根据模型分析结果做出投资决策,大大提高投资效率。企业也可通过大数据建立数学模型对不同的风险因素进行组合分析,使其能在较短时间内迅速识别潜在的风险并进行精确的量化分析,进而实现对投资项目的风险控制。

### (五) 财务分析

大数据时代,财务分析数据的来源除了内部财务账表这种以货币计量的结构化数据外,还有各类非结构化数据、半结构化数据等,并且可用的外部数据也越来越多。

大数据时代的财务分析偏重相关分析，即从某一相关事务的变化去分析另一相关事务是否发生变化，如没有变化或者变化不合常规，再分析其影响因素，以解释没有变化或者变化不合常规是否合理。比如，由于收入变化了，因此要分析利润是否发生变化，如果利润没有变化或者变化不合常规，那么再分析成本、费用是否发生变化，并通过分析成本、费用变化是否合理来判断利润没有变化或变化不合常规是否合理。

### 六、财务大数据分析流程

从本质上看，大数据技术就是从类型各异或内容庞大的数据中快速有效地获取有价值的信息并加以分析。大数据应用于财务场景的关键技术主要有：数据采集、数据预处理与集成、数据分析与挖掘以及数据的呈现与应用。

#### （一）数据采集

由于数据源的不同，大数据采集的方法也不同。常见的大数据采集方法有以下几大类。

**1. 数据库采集**

传统企业会使用 MySQL、MicrosoftSQLServer 或 Oracle 等关系型数据库来存储数据。而随着大数据时代的到来，Redis、MongoDB 和 HBase 等非关系型数据库也常用于数据的存储。企业可在采集端部署大量数据库，以支持完成大数据的采集工作。

**2. 系统日志采集**

系统日志采集主要是收集企业业务平台日常产生的大量日志数据，供离线和在线的大数据分析系统使用。

**3. 网络数据采集**

网络数据采集是指通过网络爬虫或网站公开应用程序编程接口（Application Programming Interface，API）等方式从网站上获取数据信息的过程。这种方式可将网络中的非结构化数据、半结构化数据从网页中提取出来，存储在本地的存储系统中。

**4. 感知设备数据采集**

感知设备数据采集是指通过传感器、摄像头和其他智能终端，自动采集信号、图片或录像来获取数据。

#### （二）数据预处理与集成

数据预处理与集成就是对已经采集到的数据进行适当的处理或清洗（去噪），之后再进一步集成存储。

数据预处理技术主要有数据清理、数据集成和数据转换。其中数据清理可以将一些噪声数据和异常数据剔除，同时纠正可能存在的数据不一致情况。数据集成是将来自不同数据源的数据合并在一起，从而形成一致的数据存储。数据转换则是将数据转换成能支持数据分析模型的形式，以使数据分析结果更准确、更有意义。

### （三）数据分析与挖掘

经过数据采集、预处理与集成后，便可进入数据分析与挖掘的环节。数据分析与挖掘的目的是从一大批看似杂乱无章的数据中把有用的信息提炼出来，从而找出所研究对象的内在规律。在实际应用中，数据分析与挖掘可帮助人们做出判断，以便采取适当行动。

常见的数据分析与挖掘方法有聚类分析、时间序列分析、关联分析、回归分析、支持向量机、决策树等。

### （四）数据的呈现与应用

面对海量的数据，如何将其清晰明朗地展现给用户是大数据处理面临的巨大挑战。虽然对大数据处理来讲，数据分析与挖掘才是其核心所在，但是数据使用者所关心的通常是数据展示的结果。由于大数据在进行结果分析的时候会存在海量数据或关联关系极为复杂等特点，因此，如何通过图形、图像以及动画等技术和方法展示大数据就显得尤为重要。

可视化技术不仅能够迅速且有效地简化与提炼数据，还能让用户从复杂的数据中更快、更好地获取新发现。在大数据时代，利用形象的图形向用户展示结果已经成了一种理想的数据展示方式。

## ◆ 任务实施

各学习小组分别选择一家熟悉的企业，按照编制调研计划、进行调研实施、完成调研分析等步骤开展财务大数据应用调研工作；在指导教师和相关专家的指导下，进行财务数据采集、数据处理、数据建模与分析、数据可视化呈现等相关操作，真切地体验财务大数据应用场景。

## ◆ 项目小结

本项目为学生引入大数据的相关概念及基础知识，让学生掌握大数据时代背景下大数据的特征；掌握财务大数据的概念及特征；了解财务大数据的典型应用场景和财务大数据的分析流程；通过学习大数据、财务大数据及相关知识，让学生进一步明确单纯的大数据并不能产生较大的价值，而是需要通过数据的整合、过滤清洗、数据建模等一系列操作，得到有价值的信息，从而合理地分配资源，并对未来企业的发展进行模拟和预测，以应对未来发展的变化。

## ◆ 同步练习

### 一、单项选择题

1.最早提出"大数据"时代已经到来的机构是（　　）。
A. IBM　　　　B. 中兴新云　　　　C. 麦肯锡　　　　D. 联想集团

2. 大数据的数据类型种类不包括（　　）。
A. 结构化数据　　　　　　　　B. 完全结构化数据
C. 半结构化数据　　　　　　　D. 非结构化数据
3. 关于大数据思维下列哪个描述是错误的（　　）。
A. 因果思维　　　　　　　　　B. 总体思维
C. 相关思维　　　　　　　　　D. 容错思维

## 二、多项选择题

1. 大数据的产生离不开（　　）。
A. 互联网的运行　　　　　　　B. 让万物互联的物联网
C. 各类传感器　　　　　　　　D. 大数据计算技术
2. 大数据的特征有（　　）。
A. 海量的数据规模　　　　　　B. 多样的数据类型
C. 快速的数据流转　　　　　　D. 价值密度高
3. 大数据对财务部门的影响主要有（　　）。
A. 大数据可促进财务部门职能转变
B. 大数据模糊财务部门与业务部门的界限
C. 促使财务从前端走向后端，从事后核算转向事前预测决策
D. 提升财务数据质量，提高财务管理效率
E. 提高财务管理维度，信息来源不再局限于企业内部经营记录
4. 大数据对财务领域带来的挑战主要有（　　）。
A. 对财务人员的能力提出更高要求　　B. 增加信息保密难度
C. 降低财务风险　　　　　　　　　　D. 给财务安全带来考验
E. 财务管理更加高效

## 三、判断题

1. 大数据指的是需要新处理模式才能具有更强的决策力、洞察力和流程优化能力的海量、高增长率和多样化的信息资产。（　　）
2. 声音、图像、文字、视频、音乐等都属于大数据。（　　）

## 项目评价

| 同步练习（20 分） | | | 得分： |
|---|---|---|---|
| 计分标准：<br>得分 =2× 单项选择题正确个数 +3× 多项选择题正确个数 +1× 判断题正确个数 ||||
| 学生自评（30 分） | | | 得分： |
| 计分标准：初始分 =2×A 的个数 +1×B 的个数 +0×C 的个数<br>　　　　　得分 = 初始分 /26×30 ||||
| 专业能力 | 评价指标 | 自测结果 | 要求<br>（A 掌握；B 基本掌握；C 未掌握） |
| 大数据基础认知 | 1. 大数据的定义；<br>2. 大数据的特征；<br>3. 大数据的分类；<br>4. 大数据发展之路；<br>5. 大数据思维 | A□ B□ C□<br>A□ B□ C□<br>A□ B□ C□<br>A□ B□ C□<br>A□ B□ C□ | 理解大数据的定义，掌握大数据的特征、分类，了解大数据发展及思维等相关知识 |
| 财务大数据认知 | 1. 财务大数据的含义；<br>2. 财务大数据的特征；<br>3. 大数据对财务部门的影响；<br>4. 财务大数据应用场景；<br>5. 财务大数据分析流程 | A□ B□ C□<br>A□ B□ C□<br>A□ B□ C□<br>A□ B□ C□<br>A□ B□ C□ | 理解财务大数据的含义，了解财务大数据的特征、大数据对财务工作的影响、财务大数据的典型应用场景和财务大数据的分析流程 |
| 职业道德思想意识 | 1. 爱国情怀；<br>2. 精益求精；<br>3. 数字思维 | A□ B□ C□<br>A□ B□ C□<br>A□ B□ C□ | 具有爱国情怀和精益求精的工匠精神。紧跟时代发展趋势，利用数字化思维看待和处理身边事务 |
| 小组评价（20 分） | | | 得分： |
| 计分标准：得分 =10×A 的个数 +5×B 的个数 +3×C 的个数 ||||
| 团队合作 | A□ B□ C□ | 沟通能力 | A□ B□ C□ |
| 教师评价（30 分） | | | 得分： |
| 教师评语 ||||
| 总成绩 | | 教师签字 | |

# 项目二　数据采集

## 【知识目标】

1. 了解网络爬虫的相关概念及常见的网络爬虫工具。
2. 了解网络爬虫采集数据的基本原理。
3. 掌握如何使用 Python 获取数据，并应用到上市公司财报采集实战之中。

## 【技能目标】

1. 会从上海证券交易所仿真网站上爬取数据。
2. 能够根据爬取目标修改 Python 爬虫代码。
3. 利用 Python 获取数据，进行上市公司财报采集实战。

## 【素质目标】

1. 培养学生计算机知识的基本素质，能够利用 Python 语言进行简单的编辑，初步引入数据分析的基本知识。
2. 培养学生具备基本的程序逻辑素养，拓展财会青年视野，更新知识储备。
3. 树立隐私数据保护意识，既要保护自己公司的隐私数据，也不能破坏其他公司的隐私数据。

## 【知识图谱】

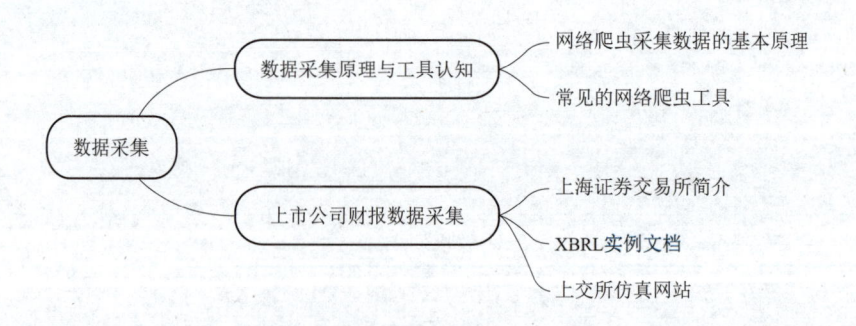

```
                              ┌── 网络爬虫采集数据的基本原理
              数据采集原理与工具认知 ──┤
              │                └── 常见的网络爬虫工具
数据采集 ─────┤
              │                ┌── 上海证券交易所简介
              上市公司财报数据采集 ──┼── XBRL实例文档
                              └── 上交所仿真网站
```

## 任务一　数据采集原理与工具认知

### ▌任务描述

财务分析师将对浦发银行的财务状况进行分析，准备使用 Python 网络爬虫采集相关数据。首先他需要构建财务大数据分析环境，在计算机上安装与运行 Python。

### ▌工作准备

数据采集是每个数据分析项目的第一个步骤。在数据分析的道路上，数据采集是重中之重。数据采集的质量直接决定了后续的分析是否准确。

财务大数据的数据来源包括来自组织机构的内部数据和组织机构外的数据。内部数据有财务数据和业务数据等，外部数据有来自互联网的各类公告、新闻等，如图 2-1 所示。

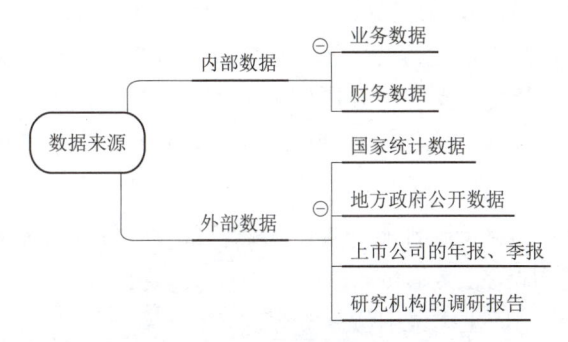

```
                 ┌── 业务数据
        ┌─内部数据┤
        │        └── 财务数据
数据来源─┤
        │        ┌── 国家统计数据
        │        ├── 地方政府公开数据
        └─外部数据┤
                 ├── 上市公司的年报、季报
                 └── 研究机构的调研报告
```

**图 2-1　财务大数据的数据来源**

不同来源的数据有不同的获取方法。众所周知，在大数据时代，互联网中的各种数据是非常重要的企业外部数据。获取这些数据常需要采用一种名为网络爬虫的技术。

### 一、网络爬虫采集数据的基本原理

#### （一）网络爬虫的概念

网络爬虫（Web Crawler），也称网络蜘蛛（Spider），是一种能够自动浏览万维网的网络机器人，或者说是一种从网络中提取和保存信息的自动化程序。大数据时代，网络爬虫广泛应用于数据采集领域。通过编写网络爬虫程序或使用具有网络爬虫功能的工具，数据分析师可以从互联网的浩瀚网页中大规模、自动化地获取分析所需要的数据。

#### （二）与网络爬虫有关的概念

**1.URL**

统一资源定位系统 URL（Uniform Resource Locator）是互联网的万维网（WWW）服务程序上用于指定信息位置的表示方法，可指定文件资源所在地址，即网址。它最初是由英国计算机科学家蒂姆·伯纳斯·李（Tim Berners-Lee）发明用来作为万维网的地址，现在已经被万维网联盟编制为互联网标准 RFC1738。

例如，https：//www.baidu.com 就是个 URL，其中包含了协议类型、域名等。

（1）协议类型。

URL 中的 https 是协议类型，它表明客户端与服务器之间基于 https 协议来传送和解析网页数据。https 是一种安全的万维网协议，广泛用于网络中有安全要求的通信服务，如电子商务中的交易支付等。

网络通信的协议有很多种类型，除了 https 协议外，还有 SMTP（简单邮件传输协议）、FTP（文件传输协议）等。不同协议能够为网络用户提供不同的网络服务。

（2）域名。

URL 中的 www.baidu.com 是网络中提供网页访问服务的服务器地址，称为域名。通过域名，用户可以准确定位到要访问的网络中的那台服务器。

### 2.客户端

客户端（Client）也称为用户端，是指与服务器相对应的、为客户提供本地服务的程序。除了一些只在本地运行的应用程序之外，客户端一般安装在普通的客户机上，需要与服务端互相配合运行。互联网发展以后，较常用的用户端包括如万维网使用的网页浏览器、收寄电子邮件时的电子邮件客户端，以及即时通信的客户端软件等。对于这一类应用程序，需要网络中有相应的服务器和服务程序来提供相应的服务，如数据库服务、电子邮件服务等，在客户机和服务器端需要建立特定的通信连接，来保证应用程序的正常运行。

主要功能：请求访问文本或图像等资源。

行为过程：根据目标 URL，编制请求报文并发送，获取资源。

### 3.Web 服务器

Web 服务器（Web Server）一般指网站服务器，是指驻留于互联网上某种类型计算机的程序，可以向浏览器等 Web 客户端提供文档，也可以放置网站文件，让全世界浏览；还可以放置数据文件，让全世界下载。

Web 服务器也称为 WWW（World Wide Web）服务器，主要功能是提供网上信息浏览服务。Web 服务器是可以向发出请求的浏览器提供文档的程序。

（1）服务器是一种被动程序：只有当 Internet 上运行其他计算机中的浏览器发出的请求时，服务器才会响应。

（2）最常用的 Web 服务器是 Apache 和 Microsoft 的 Internet 信息服务器（Internet Information Services，IS）。

（3）Internet 上的服务器也称为 Web 服务器，是一台在 Internet 上具有独立 IP 地址的计算机，可以向 Internet 上的客户机提供 WWW、Email 和 FTP 等各种 Internet 服务。

（4）Web 服务器是指驻留于互联网上某种类型计算机的程序。当 Web 浏览器（客户端）连到服务器上并请求文件时，服务器将处理该请求并将文件反馈到该浏览器上，附带的信息会告诉浏览器如何查看该文件（即文件类型）。服务器使用 HTTP（超文本传输协议）与客户机浏览器进行信息交流，这就是人们常把它们称为 HTTP 服务器的原因。Web 服务器不仅能够存储信息，还能在用户通过 Web 浏览器提供的信息的基础上运行脚本和程序。

主要功能：提供资源响应。

行为过程：接收请求，按照既定规则返回相应文件资源。

### （三）网络爬虫基本原理

爬虫是模拟用户在浏览器或者某个应用软件上的操作，并把用户操作的过程和操作背后的原理相结合，编写程序模拟此过程，最终实现自动化采集数据的一种程序。

当我们在浏览器中输入一个 URL 后，浏览器是如何将网页显示到屏幕上的呢？简单来说，浏览器做了四个操作，浏览网页的本质行为如图 2-2 所示。

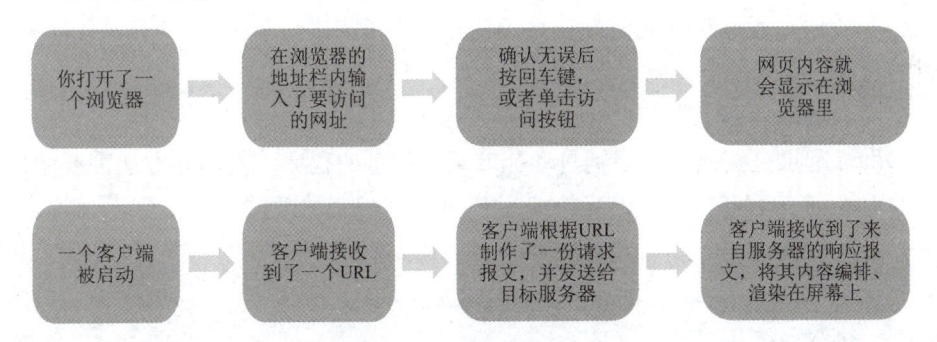

图 2-2 浏览网页的本质行为

（1）查找 URL 中域名对应的 IP 地址。

（2）向 IP 地址对应的服务器发送请求。

（3）服务器响应请求，发回网页内容。

（4）浏览器解析网页内容，显示网页。

网络爬虫要模拟浏览器向服务器发送请求，其基本工作流程如下。

（1）确定数据源：一个或多个网站的某些页面的某部分信息。

（2）构造并发送请求：根据数据源页面的 URL 和请求报文，构造 HTTP 请求并模拟真实的浏览器向服务器发送请求。

（3）获取响应数据：如果上一步的请求能够成功，则爬虫将获取到服务器响应报文中的响应数据，这些数据可能是 HTML、图片、视频等类型。

（4）解析、处理、保存数据：对获取到的数据做进一步的解析、提取和处理，得到目标数据，再将处理好的数据进行保存，以供后续进行其他的处理。

### 二、常见的网络爬虫工具

常见的网络爬虫工具主要有以下几种：

### （一）火车采集器

火车采集器是一款专业的互联网数据抓取、处理、分析和挖掘软件，它可以灵活迅速地抓取网页上散乱分布的数据信息，并通过一系列的分析处理，准确挖掘出所需数据。

### （二）集搜客

集搜客是一款简单易用的网页信息抓取软件，它能够抓取网页文字、图表及超链接等多种网页元素，还能提供数据挖掘攻略、行业资讯和前沿科技等。集搜客在采集网页数据时，不论是采集静态网页还是动态网页，都可以可视化定义抓取规则，不需要使用网络嗅探器从底层分析网络通信消息；同时，它还支持开发者接口，支持模拟十分复杂的鼠标和键盘动作，并支持一边操作一边抓取。

### （三）八爪鱼

八爪鱼是一款通用的网页数据采集器，它突破了网页数据采集的传统思维方法，即使没有编程基础的用户也可以使用八爪鱼采集数据。八爪鱼采集器可以采集互联网的公开数据，通过从不同网站中快速提取规范化数据，帮助用户实现数据采集、编辑的自动化及规范化，降低人工操作成本。

### （四）Python 爬虫

Python 爬虫是按照一定规则自动抓取网页信息的程序。使用此方法需要用户有一定的 Python 编程基础，能够自行编写 Python 代码爬取数据。

## 任务实施

### 一、浏览器打开网址

打开 Python 官方网站（www.python.org）如图 2-3 所示。

图 2-3　Python 官方网站

### 二、Python 安装包下载

Python 最好在 Google Chrome（谷歌浏览器）下运行，若计算机是 Windows64 位，请双击并安装 ANACONDA 64 位安装包。如果是 32 位，请安装 32 位安装包。如果电脑是 Mac，可通过官网下载对应的 Mac 安装包。通过右键单击"这台电脑（或我的电脑）"按钮查看属性，即可查看本机是 64 位还是 32 位。我们以 64 位操作系统为例，安装包下载如图 2-4 所示。

图 2-4　安装包下载

### 三、安装 Python 3.12.3

系统选择如图 2-5 所示。

图 2-5　系统选择

双击下载的安装包 Python-3.12.3.exe，注意要勾选"Add python.exe to PATH"。单击"Customize installation"选项进入下一步，安装准备如图 2-6 所示。

图 2-6　安装准备

### 四、可选功能对话框，单击 Next

默认选项如图 2-7 所示。

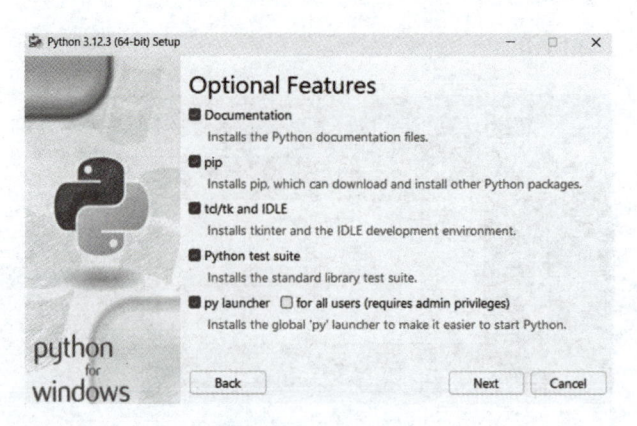

图 2-7　默认选项

### 五、选择存储文件夹，单击 Install

安装路径如图 2-8 所示。

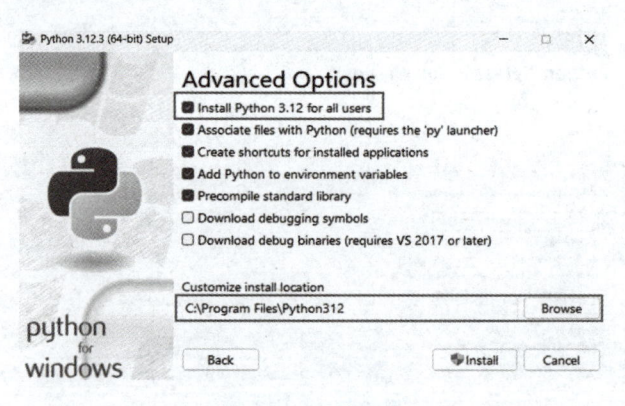

图 2-8　安装路径

### 六、开始安装

安装过程如图 2-9 所示。

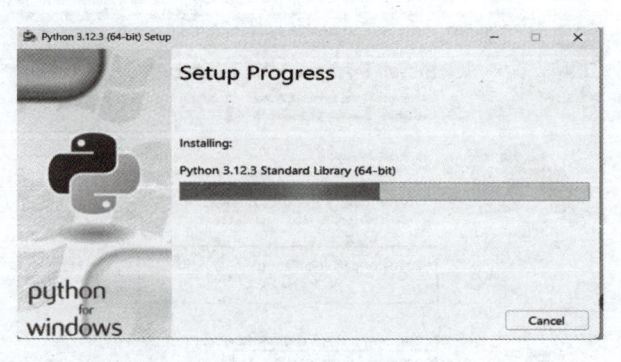

图 2-9　安装过程

### 七、单击 Close 结束安装

安装完成如图 2-10 所示。

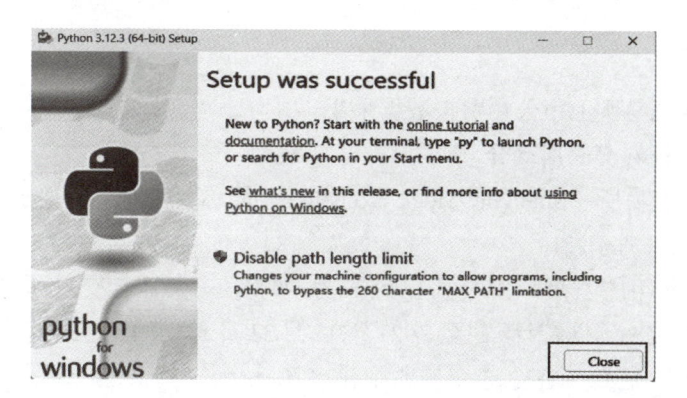

图 2-10　安装完成

## 八、输入命令

单击"开始"选项，在搜索框中输入"cmd"，按 Enter 键，启动"命令提示符"，输入"Python"，输入命令如图 2-11 所示。

图 2-11　输入命令

安装成功。

# 任务二　上市公司财报数据采集

上市公司数据采集

## 【任务描述】

财务分析师利用 Python 网络爬虫技术采集上市公司浦发银行和招商银行的财报数据。

## 【任务布置】

2.2.1 上交所网站查看。
2.2.2 单企业财报数据采集。
2.2.3 多企业财报数据采集。
2.2.4 多企业多表数据采集。

## 🔷 工作准备

上海证券交易所上市公司财报数据采集

### 一、上海证券交易所简介

上海证券交易所（Shanghai Stock Exchange，简称上交所）创立于 1990 年 11 月 26 日，位于上海浦东新区。

经过 30 多年的发展，上交所已经成为全球第三大证券交易所和全球最活跃的证券交易所之一。据统计，截至 2021 年 12 月 31 日，沪市上市公司总数达 2 037 家，总市值 519 698 亿元，在全球交易所中排名第三。

### 二、XBRL 实例文档

可扩展商业报告语言（Extensible Business Reporting Language，XBRL），是一种基于可扩展标记语言（Extensible Markup Language，XML）的标记语言，主要用于商业和财务信息的定义和交换，是目前应用于非结构化信息处理，尤其是财务信息处理的有效技术。

中国证监会于 2003 年开始推动 XBRL（Extensible Business Reporting Language，可扩展商业报告语言）在上市公司信息披露中的应用。上交所对 XBRL 技术一直非常关注，并进行了广泛深入的研究。在证监会的支持和指导下上交所积极参与相关标准制定，并成功将 XBRL 应用到上市公司定期报告摘要报送系统中，在国内交易所率先实现了 XBRL 的实际应用，并得到 XBRL 领域国际专家的充分认可。随后，上交所成功实现了全部上市公司定期公告的全文 XBRL 信息披露，并探索部分临时公告的信息披露应用。同时，上交所还制定了公募基金信息披露 XBRL 分类标准，并配合证监会在全行业推广应用。目前，XBRL 已成为上交所上市公司信息披露监管的有力工具。

### 三、上交所仿真网站

由于程序自动爬取数据会对服务器带来访问压力，因而大部分网站都会建立反爬机制，以此拒绝爬虫程序的访问。例如，有的网站设有监测程序，若短时间内有大量来自同一 IP 段或同一 IP 地址的机器频繁访问该网站，该网站就会判断这些机器的访问为异常访问，进而暂时封闭这些机器的访问权限，从而导致这些机器无法访问该网站，也因此会导致爬虫程序无法获取到数据。

基于此原因，本教材数据采集使用 DBE 财务大数据实践教学平台教学专用版的上交所仿真网站，该仿真网站可以支持多人同时进行报表数据采集。

## 🔷 任务实施

### ◆ 任务 2.2.1 上交所网站查看

（1）单击"数据采集"—"数据准备"—"上交所网站"选项，在上交所 XBRL 网站查看，如图 2-12 所示。

图 2-12　上交所 XBRL 网站查看

（2）单击"开始任务"按钮，如图 2-13 所示。

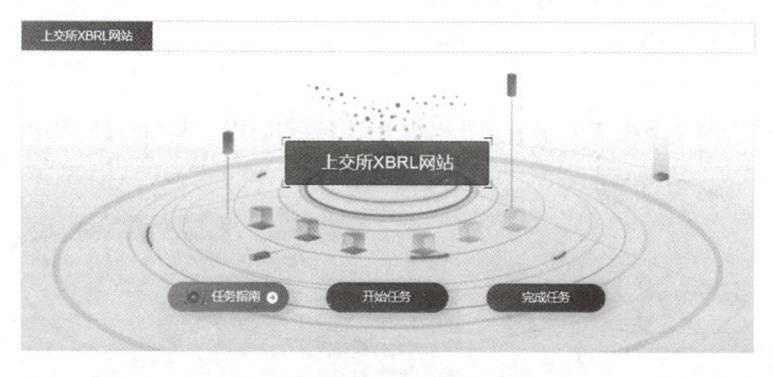

图 2-13　开始任务

（3）打开新道财务大数据仿真上海证券交易所网站，如图 2-14 所示。

图 2-14　新道财务大数据仿真上海证券交易所网站

（4）单击某个公司，可以查看公司的基本信息、股本机构、前十大股东、资产负债表、利润表、现金流量表等，如图 2-15 所示。

财务大数据分析

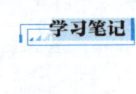

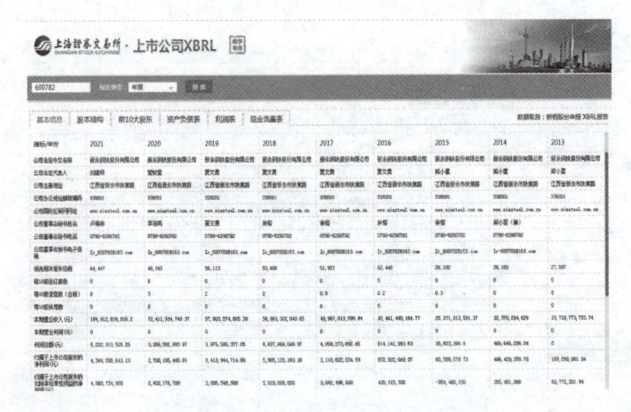

图 2-15 查看公司的基本信息

◆ 任务 2.2.2 单企业财报数据采集

任务：利用大数据技术，在 XBRL 教学网站采集浦发银行 2019 年第 1 季度基本信息。

（1）单击单企业报表采集，单击"开始任务"按钮，如图 2-16 所示。

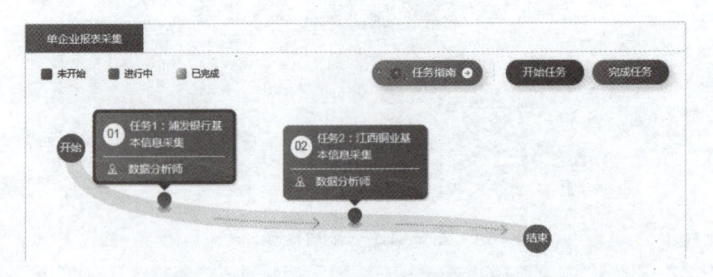

图 2-16 开始任务

（2）系统会打开 Python 代码编译界面，查看单企业数据采集示例代码，如图 2-17 所示。

图 2-17 查看单企业数据采集示例代码

（3）采集浦发银行2019年第1季度数据，在code里修改代码，定义要采集的企业为浦发银行，输入该企业的以下信息：交易代码、企业简称。

修改code里内容为：（"600000"，"浦发银行"）

修改year=［"2019"］。

修改report_period_id=［"4000"］。

注意：括号、双引号、逗号都需要在英文状态下输入。

（4）单击"运行"按钮，执行采集代码，采集成功，如图2-18所示。

图2-18　执行采集代码

（5）单击"下载"按钮，可以将采集到的信息下载为Excel表格，如图2-19所示。

图2-19　采集到的信息下载为Excel表格

注意事项：练习过程中如代码修改错误，可单击"重置"按钮，将代码重置为初始代码。

单击界面左侧"操作步骤"按钮，可以查看任务的详细操作步骤，方便操作，如图2-20所示。

图2-20　查看任务的详细操作步骤

### ◆ 任务 2.2.3 多企业财报数据采集

任务：采集浦发银行与招商银行 2015—2016 年的资产负债表。

（1）单击"多企业报表采集"，—"开始任务"选项，如图 2-21 所示。

（2）系统会打开 Python 代码编译界面，查看多企业数据采集示例代码，如图 2-22 所示。

（3）采集浦发银行与招商银行 2015—2016 年的资产负债表。

修改 code =［("600000"," 浦发银行 ")，("600036"," 招商银行 ")］

修改 year=［"2015","2016"］

修改 report_period_id =［"5000"］。

注意：括号、双引号、逗号都需要在英文状态下输入。

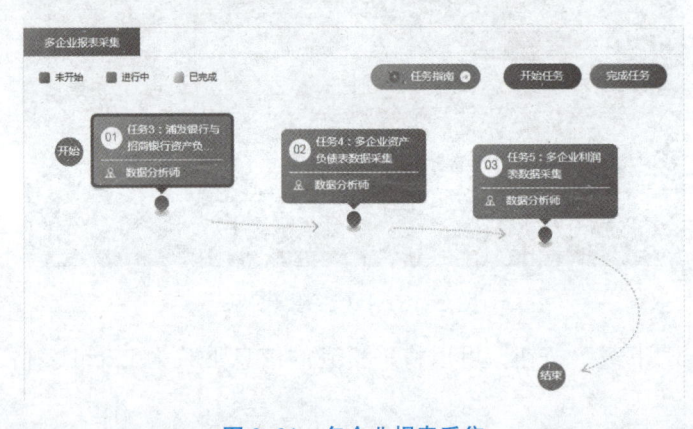

图 2-21　多企业报表采集

图 2-22　查看多企业数据采集示例代码

（4）单击"运行"按钮，执行采集代码，采集成功，如图2-23所示。

图2-23　执行采集代码

（5）单击"下载"按钮，可以将采集到的信息下载为Excel表格，如图2-24所示。

图2-24　将采集到的信息下载为Excel表格

（6）将采集的结果数据Excel表下载后上传提交到作业。

◆ 任务2.2.4　多企业多表数据采集

任务：采集浦发银行与招商银行2015—2016年资产负债表和利润表。

（1）单击"多企业多表采集"—"开始任务"选项，如图2-25所示。

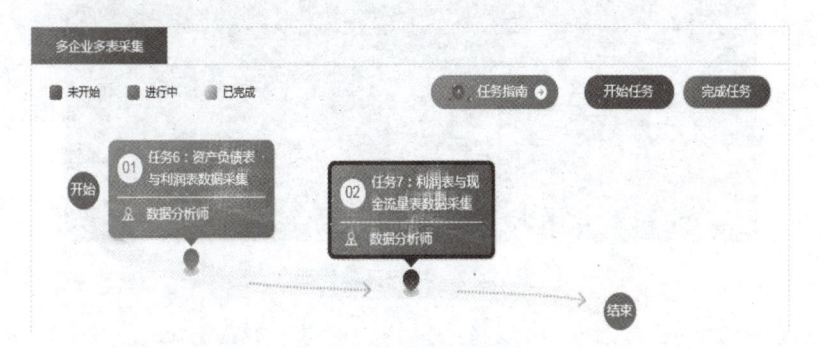

图2-25　多企业多表采集

（2）系统会打开Python代码编译界面，查看多企业多表数据采集示例代码，如图2-26所示。

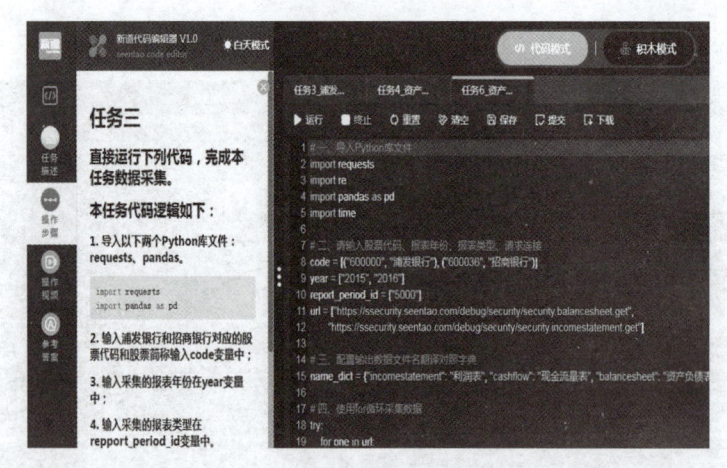

图 2-26 查看多企业多表数据采集示例代码

（3）采集浦发银行与招商银行 2015—2016 年资产负债表和利润表。

修改 code = [（"600000"," 浦发银行 "）,（"600036"," 招商银行 "）]

修改 year = [ "2015", "2016" ]

修改 report_period_id = [ "5000" ]

修改 url = [ "https：//ssecurity.seentao.com/debug/security/security.balancesheet.get",
"https：//ssecurity.seentao.com/debug/security/security.incomestatement.get" ]。

注意：括号、双引号、逗号都需要在英文状态下输入。

（4）单击"运行"按钮，执行采集代码，采集成功，如图 2-27 所示。

图 2-27 执行采集代码

（5）单击"下载"按钮，可以将采集到的信息下载为 Excel 表格，浦发银行 & 招商银行 _ 资产负债表采集结果如图 2-28 所示，浦发银行 & 招商银行 _ 利润表采集结果如图 2-29 所示。

| A | B | C | D | E | F | G | H | I | J | K |
|---|---|---|---|---|---|---|---|---|---|---|
| 报表ID | 交易代码 | 货币资金 | 结算备付金 | 拆出资金 | 交易性金融资产 | 应收票据 | 应收帐款 | 预付帐款 | 应收保费 | 应收分保帐款 |
| 60000050002016 | 600000 | 0.00 | 0.00 | 118892000000.00 | 48993000000.00 | 0.00 | 0.00 | 0.00 | 0.00 | 0.00 |
| 60000050002015 | 600000 | 0.000 | 0.000 | 137806000000.000 | 51274000000.000 | 0.000 | 0.000 | 0.000 | 0.000 | 0.000 |
| 60003650002016 | 600036 | 0.00 | 0.00 | 200251000000.00 | 43333000000.00 | 0.00 | 0.00 | 0.00 | 0.00 | 0.00 |
| 60003650002015 | 600036 | 0.000 | 0.000 | 185693000000.000 | 0.000 | 0.000 | 0.000 | 0.000 | 0.000 | 0.000 |

图 2-28　浦发银行 & 招商银行 _ 资产负债表采集结果

| A | B | C | D | E | F | G | H | I |
|---|---|---|---|---|---|---|---|---|
| 报表ID | 交易代码 | 营业总收入 | 营业收入 | 金融资产利息收入 | 已赚保费 | 手续费及佣金收入 | 营业总成本 | 营业成本 |
| 60000050002016 | 600000 | 0.00 | 160792000000.00 | 214814000000.00 | 0.00 | 43236000000.00 | 0.00 | 91132000000.00 |
| 60000050002015 | 600000 | 0.0000 | 146550000000.0000 | 228254000000.0000 | 0.0000 | 29313000000.0000 | 0.0000 | 80483000000.0000 |
| 60003650002016 | 600036 | 0.00 | 209025000000.00 | 215481000000.00 | 0.00 | 66003000000.00 | 0.00 | 131307000000.00 |
| 60003650002015 | 600036 | 0.0000 | 201471000000.0000 | 234722000000.0000 | 0.0000 | 57798000000.0000 | 0.0000 | 127223000000.0000 |

图 2-29　浦发银行 & 招商银行 _ 利润表采集结果

（6）将采集的结果数据 Excel 表格下载后上传提交到作业。

## 项目小结

本项目重点讲述了数据获取的相关知识，主要涉及网络爬虫采集数据的基本原理和如何使用 Python 采集上市公司财报数据。学生通过本项目的学习，了解 Python 的相关知识以及相关基础代码的编写，理解 Python 程序的处理过程，为后续利用 Python 进行数据分析打下基础。通过利用 Python 技术获取上市公司相关数据，了解网络爬虫的相关知识，并深刻理解数据获取的相关步骤和现实意义，达到知行合一的目的。

## 同步练习

### 一、单项选择题

1. Python 可以使用什么符号给变量进行赋值？（　　）
A."== "　　　　B."="　　　　C.">"　　　　D."is"

2. 下面不属于 Python 特性的是（　　）。
A. 简单易学　　B. 开源免费　　C. 属于低级语言　　D. 高可移植性

### 二、多项选择题

1. 数据采集的准备流程有（　　）。
A. 编写数据　　　　　　　　B. 观测目标采集网站的信息
C. 数据库表结构设计　　　　D. 采集脚本逻辑设计

2. 常见的 Python 数据类型包括但不限于（　　）。
A. 数字　　　　　　　　B. 字符串
C. 列表　　　　　　　　D. 字典　　　　　　　　E. 元组

### 三、判断题

1. Python 代码只能一次性采集一家企业的报表数据。（　　）

2. 开放数据是指开放给所有人的数据。（　　）

3. 上交所 XBRL 财报页面的 Python 采集脚本里，'code=［　］'的方括号里定义的数据是企业的证券交易代码等信息。（　　）

## 技能训练

采集任意 4 家企业 2018—2020 年度所有报告类型的基本信息表、资产负债表、利润表、现金流量表。完成以上任务后,将采集的结果数据下载,并汇总到一份 Excel 表格中提交作业。

## 项目评价

| 同步练习(15 分) | | | 得分: |
|---|---|---|---|
| 计分标准:<br>得分 =2× 单项选择题正确个数 +4× 多项选择题正确个数 +1× 判断题正确个数 ||||
| 学生自评(35 分) | | | 得分: |
| 计分标准:初始分 =2×A 的个数 +1×B 的个数 +0×C 的个数<br>　　　　得分 = 初始分 /20×35 ||||
| 专业能力 | 评价指标 | 自测结果 | 要求<br>(A 掌握;B 基本掌握;C 未掌握) |
| 数据采集原理与工具认知 | 1. 网络爬虫的相关概念;<br>2. 网络爬虫的基本原理;<br>3. 常见的网络爬虫工具 | A□ B□ C□<br>A□ B□ C□<br>A□ B□ C□ | 了解网络爬虫的相关概念及常见的网络爬虫工具。掌握网络爬虫采集数据的基本原理 |
| 上市公司财报数据采集 | 1. 仿真网站上爬取数据;<br>2. 修改 Python 爬虫代码;<br>3. 获取上市公司财报数据 | A□ B□ C□<br>A□ B□ C□<br>A□ B□ C□ | 会从上海证券交易所仿真网站上爬取数据,能够根据爬取目标修改 Python 爬虫代码,会利用 Python 获取数据,进行上市公司财报采集实战 |
| 技能训练 | 在仿真网站上获取上市公司财报数据 | A□ B□ C□ | 采集任意 4 家企业的 2018—2020 年度所有报告类型的基本信息表、资产负债表、利润表、现金流量表 |
| 职业道德思想意识 | 1. 保护意识;<br>2. 工匠精神;<br>3. 创新意识 | A□ B□ C□<br>A□ B□ C□<br>A□ B□ C□ | 树立隐私数据保护意识,既要保护自己公司的隐私数据,也不能破坏其他公司的隐私数据 |
| 小组评价(20 分) ||| 得分: |
| 计分标准:得分 =10×A 的个数 +5×B 的个数 +3×C 的个数 ||||
| 团队合作 | A□ B□ C□ | 沟通能力 | A□ B□ C□ |
| 教师评价(30 分) ||| 得分: |
| 教师评语 ||||
| 总成绩 || 教师签字 ||

# 项目三　数据预处理

## 【知识目标】

1. 理解数据预处理的概念。
2. 了解数据预处理的主要内容。
3. 了解常见的数据预处理工具。
4. 掌握数据清洗常见问题及处理顺序。
5. 理解数据关联和数据合并的意义。

## 【技能目标】

1. 能够依据案例资料进行数据清洗操作。
2. 能够依据案例资料进行数据关联操作。
3. 能够依据案例资料进行数据合并操作。

## 【素质目标】

1. 通过数据清洗和数据集成操作，最终获得有价值的数据集，培养数据挖掘思维。
2. 强化学生与时俱进、努力掌握先进技术的职业素养。

## 【知识图谱】

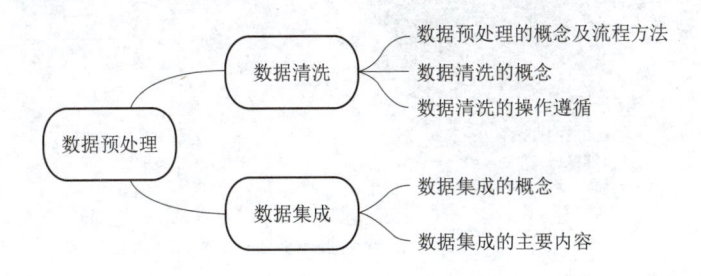

数据预处理
- 数据清洗
  - 数据预处理的概念及流程方法
  - 数据清洗的概念
  - 数据清洗的操作遵循
- 数据集成
  - 数据集成的概念
  - 数据集成的主要内容

# 任务一　数据清洗

**数据清洗**

### 📘 任务描述

欣荣公司是一家销售办公用品、办公家具和办公电子设备的公司，旗下有多家直营店，每月月底，各直营店都会向财务部提供本月的订单详情表。现在公司的财务分析师手上有一份汇总了多年订单信息的订单详情表。财务分析师需要对汇总订单详情表进行客户群体分布分析、受欢迎商品分析、收入利润情况分析。在做分析之前，财务分析师需要对原始数据表进行数据清洗。

### 📘 工作准备

#### 一、数据预处理的概念及流程方法

（一）数据预处理的概念

数据预处理（Data Preprocessing）是指在主要的处理以前对数据进行的一些处理。简而言之，数据预处理就是一种数据挖掘技术，本质是为了将原始数据转换为可以理解的格式或者符合挖掘的格式。数据预处理的目的有两个：一是提高数据的质量；二是让数据更好地适应特定的挖掘技术或工具。在数据挖掘过程中，数据预处理工作量占到整个过程的 60% 以上。

数据预处理方法包括数据清洗、数据集成、数据转换、数据归约等。这些数据处理技术在数据挖掘和数据分析之前使用，大大提高了数据挖掘模型的质量，减少了实际挖掘和分析所需要的时间。从数据准备到数据分析的一系列过程，如图 3-1 所示。

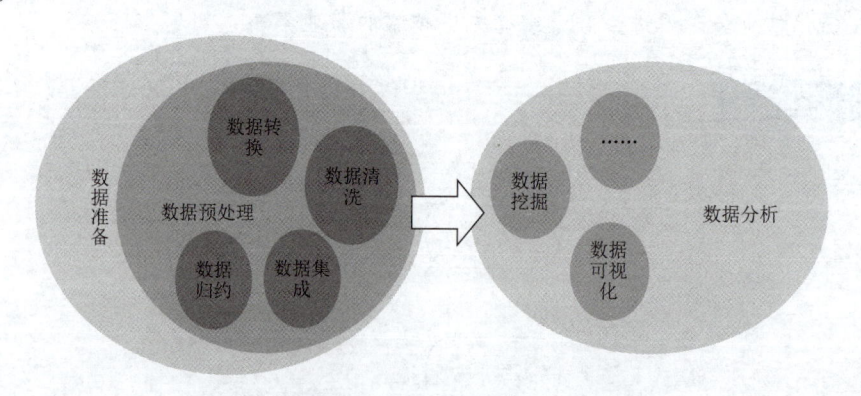

图 3-1　从数据准备到数据分析的一系列过程

（二）数据预处理的主要内容

数据预处理的技术主要有数据清洗、数据集成、数据转换和数据归约。

1. 数据清洗

数据清洗是对脏数据进行去除噪声和无关数据的处理，通过填补缺失值、光滑噪声数据、识别或删除离群点，并解决不一致性来"清理"数据，以达到格式标准化、异常数据清除、错误纠正、重复数据清除等目的。

2. 数据集成

数据集成是把不同来源、格式、特点、性质的数据在逻辑上或物理上有机地集中，即将多个数据源中的数据合并成数据集，从而为企业提供全面的数据共享。

3. 数据转换

数据挖掘过程中，使用的数据挖掘模型有时对于数据类型有特定的要求，因此需要对数据进行适当转换。数据转换是把原始数据进行规范化、离散化、稀疏化处理，转换成为适合数据挖掘的形式。

4. 数据归约

数据归约是用可替代的、较小的数据表示形式替换元数据，得到信息内容的损失最小化。数据挖掘时往往数据量非常大，进行挖掘分析需要很长时间，数据归约技术可以用来得到数据集的归约表示，它小得多，且可以保持原数据的完整性，其结果与归约前结果相同或几乎相同。数据归约的方法一般包括：维度归约、数量归约、数据压缩等。

通过数据预处理技术提高数据质量，从而提高数据挖掘结果的质量。这些技术不相互排斥，可以一起使用。例如，数据清洗可能涉及纠正错误数据的转换，可以通过把一个数据字段的所有项都变换成公共格式再进行数据清理。

（三）常见的数据预处理工具

（1）专业图形化工具：如 Pentaho Data Integration-Kettle、IBM DataStage、InfoSphere Information Server 等。

Pentaho Data Integration-Kettle（PDI）是一款开源的 ETL 工具，可以用它来对数据进行抽取、清洗和转换操作，从而获得我们想要的数据。

IBM DataStage 是一个数据集成软件平台，能够帮助企业从散布在各个系统的复杂异构信息中获得更多价值。

InfoSphere Information Server 提供了一个统一的平台，使公司能够了解、清理、变换和交付值得信赖且上下文丰富的信息。Informatica 平台是一套完善的技术，可支持多项复杂的企业级数据集成计划，包括企业数据集成、大数据管理、数据质量、数据治理、主数据管理、数据安全和云数据集成等。借助 Informatica 全面、统一、开放且经济的数据管理平台，组织可以在改进数据质量的同时，访问、发现、清洗、集成并交付数据，以提高运营效率并降低运营成本。

（2）专业非图形化工具：Python、SQL、R。

（3）简单图形化工具：Tableau Prep、Alteryx、Right Data、OpenRefine（前身为 Google Refine）、Data Wrangler、Trifacta Wrangler。Trifacta Wrangler 和 Excel、

Open-Refine 不同，是一种对多种数据类型进行清洗的半自动化工具，数据类型包括文本和数值数据、二进制数据等。

## 二、数据清洗的概念

数据清洗（Data Cleaning）是对数据进行重新审查和校验的过程，是发现并纠正数据文件中可识别错误的最后一道程序，包括检查数据一致性、处理无效值和缺失值等。其目的在于删除重复信息、纠正存在的错误，并提供数据一致性，如图 3-2 所示。

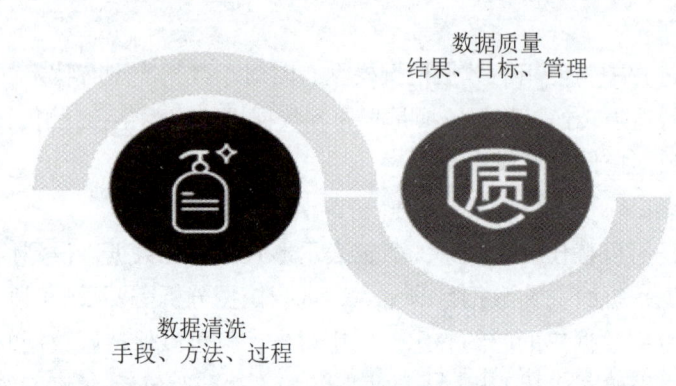

图 3-2 数据清洗

数据清洗就是把"脏"的数据"洗掉"。因为数据仓库中的数据是面向某一主题的数据的集合，这些数据从多个业务系统中抽取而来，而且包含历史数据，因此就避免不了有的是错误数据，有的数据相互之间有冲突，这些错误的或有冲突的数据显然是我们不想要的，即"脏数据"。我们要按照一定的规则把"脏数据""洗掉"，这就是数据清洗。

## 三、数据清洗的操作遵循

### （一）数据清洗的原因

"脏数据"的成因多种多样，首先最根本的原因就是数据的来源多样，使得数据的标准、格式、统计方法不一样。其次是录入和计算数据的代码有错误，这也是不可避免的。例如，录入错误、数据源多样性、不同人员录入、技术瑕疵、来源数据标准不一致、计算代码错误等。数据清洗占了数据分析师 80% 的工作时间。

### （二）数据清洗的常见问题与处理顺序

数据清洗的常见问题与处理顺序如图 3-3 所示。

### （三）数据清洗设计

数据清洗不是一次性工作，需要多次、多环节进行。因此，要做好数据清洗、保证数据质量，首先需要对整个数据处理的流程进行设计或了解，在了解数据处理流程后再在相应的环节设计数据清洗的流程，数据清洗设计 IPO 模型如图 3-4 所示。

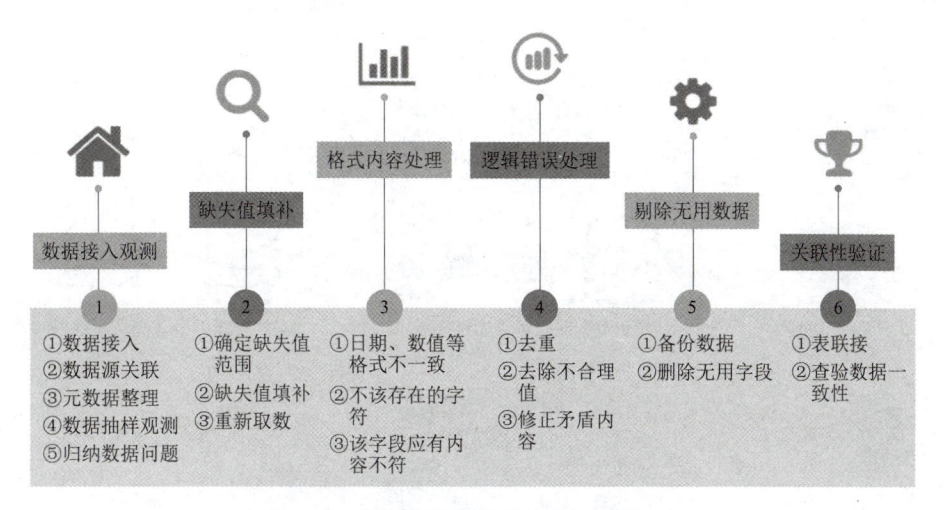

图 3-3　数据清洗的常见问题与处理顺序

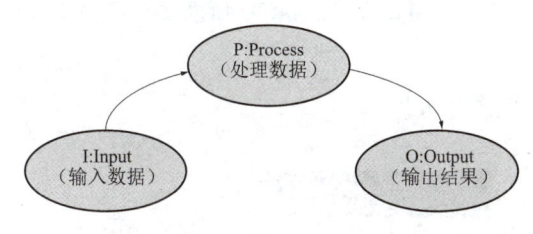

图 3-4　数据清洗设计 IPO 模型

## 1. 数据清洗遵循的原则

（1）少量数据时，先对数据进行合并、连接，再进行数据清洗。
（2）大数据源接入时，先按照统一标准清洗数据，再进行接入。
（3）当有多个计算层时，每个数据计算层先清洗再计算。
（4）分析结果发现存在数据问题时，向前溯源，新增、修订清洗规则。
数据清洗时的数据流程如图 3-5 所示。

## 2. 数据清洗设计原则

（1）一个清洗步骤用一条清洗规则。
（2）拆分清洗步骤时，每个步骤进行数据备份，方便出问题时退回。
（3）一般先做全局清洗（即对全部数据进行清洗），再做个别字段的清洗。
（4）清洗的输出结果不要直接放在正式数据流或正式文件中，可先用测试环境或临时文件充分验证后再放在正式环境中。

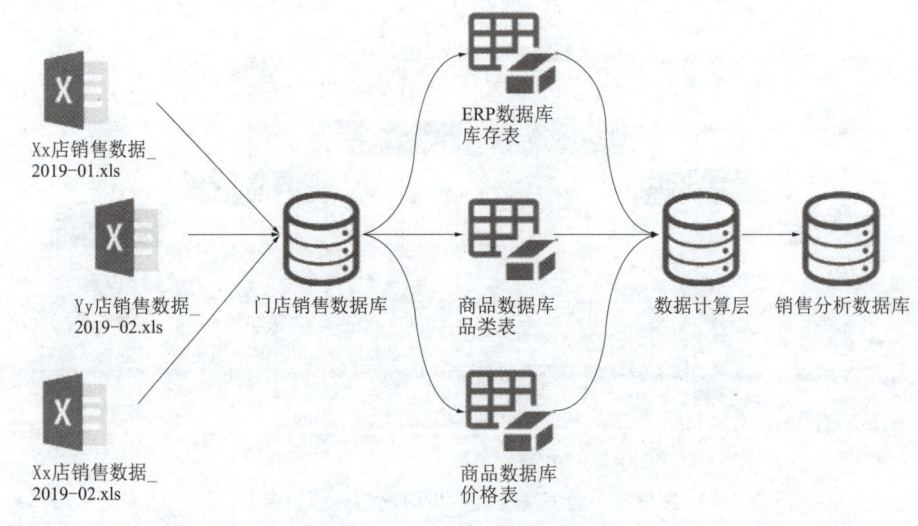

图 3-5　数据清洗时的数据流程

### （四）数据清洗流程

数据清洗的流程如图 3-6 所示。

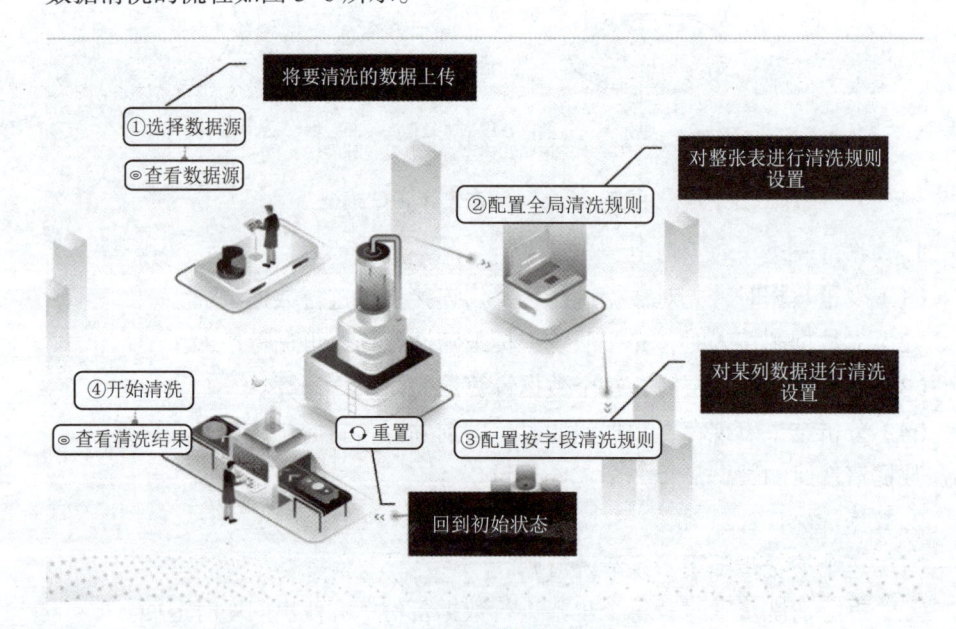

图 3-6　数据清洗的流程

## 任务要求

财务分析师对汇总订单详情表（见图 3-7）进行特殊字符清洗和格式内容清洗，为进行客户群体分布分析、受欢迎商品分析和收入利润情况分析做好准备。

图3-7 汇总订单详情表

（一）特殊字符清洗

3.1.1 对汇总订单详情表中的"空格"进行清洗。

3.1.2 对汇总订单详情表中的"_"字符进行清洗。

3.1.3 对汇总订单详情表中"产品名称"字段中的"*"进行清洗。

3.1.4 对汇总订单详情表中"产品名称"字段中的"/""|""\"进行清洗。

（二）格式内容清洗

3.1.5 将汇总订单详情表中的"客户ID"字段进行拆分，分别为"客户名称"和"客户ID"。

3.1.6 将汇总订单详情表中的"产品名称"字段进行拆分，分别为"产品品牌"和"品名与规格"。

3.1.7 将"品名与规格"字段进行拆分，分别为"产品品名"与"产品规格"。

## 任务实施

### ◆ 任务3.1.1 对汇总订单详情表中的"空格"进行清洗

特殊字符清洗。

使用全局清洗规则对整张表的数据空值进行清洗。

**1. 选择数据源**

（1）单击"选择数据源"选项，在下拉列表中找到预置的数据，单击"保存"按钮。

（2）如果下拉列表中没有预置数据，可以前往资源下载处，先下载本任务所需数据，单击"上传数据"按钮，选择在资源下载处下载的数据，单击"保存"按钮。

（3）平台会提示"保存成功"。

提示：超市销售数据的预处理采用平台内置数据源，可到资源中进行下载，如图3-8所示。

**2. 配置清洗规则**

（1）单击"配置全局清洗规则"选项。

（2）勾选要使用的规则，如"空格（仅有）替换为0"，单击"保存"按钮。

（3）平台会提示"配置清洗规则成功"。

### 3. 数据清洗

（1）单击"开始清洗"按钮，平台提示"确定要开始清洗吗?"，单击"确定"按钮。

（2）平台提示"清洗中"，清洗结束后，平台会提示"清洗并上传成功"。

（3）单击"查看清洗结果"选项，对清洗结果进行阅览。

### 4. 下载数据并保存到本地计算机

（1）单击"下载"按钮。

（2）单击"返回"按钮，退回到数据清洗界面。

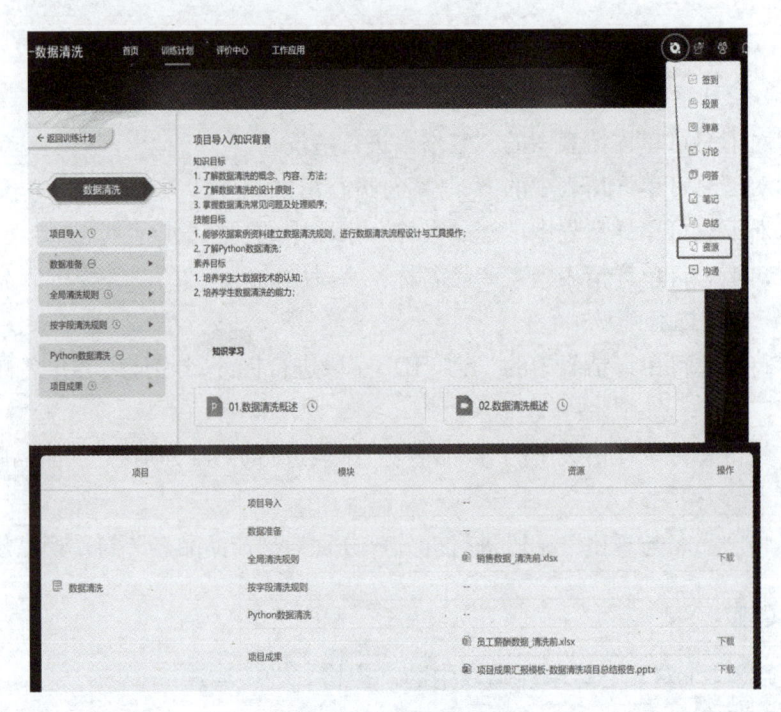

图 3-8 资源下载

◆ 任务 3.1.2 对汇总订单详情表中的"_"字符进行清洗

特殊字符清洗。

使用全局清洗规则对整张表中的"_"进行清洗。

### 1. 选择数据源

（1）将任务 3.1.1 操作结果上传到数据清洗系统中，单击"保存"按钮。

（2）平台会提示"保存成功"。

### 2. 配置清洗规则

（1）单击"配置全局清洗规则"选项。

（2）选择勾选要使用的规则，如"_（仅有）替换为0"，单击"保存"按钮。

（3）平台会提示"配置清洗规则成功"。

### 3. 数据清洗

（1）单击"开始清洗"选项，平台提示"确定要开始清洗吗？"，单击"确定"按钮。

（2）平台提示"清洗中"，清洗结束后，平台会提示"清洗并上传成功"。

（3）单击"查看清洗结果"选项，对清洗结果进行阅览。

### 4. 下载数据并保存到本地电脑

（1）单击"下载"按钮。

（2）单击"返回"按钮，退回到数据清洗界面。

◆ **任务 3.1.3 对汇总订单详情表中"产品名称"字段中的"*"进行清洗**

将数据表中的"*"清洗掉。

在开始操作之前，需要单击"重置"按钮，将数据清洗系统重置到初始状态。

### 1. 选择数据源

（1）单击"上传数据"按钮。

（2）将任务 3.1.2 操作结果上传，单击"保存"按钮。

### 2. 配置清洗规则

（1）单击"配置按字段清洗规则"选项。

（2）单击"添加规则"选项，选择"字符替换"选项清洗规则。

（3）单击规则下方的"+"，选择需要切分的字段，在弹出的窗口中选择"产品名称"选项，并单击右移（添加）按钮，单击"确定"按钮。

（4）填写"原内容"与"替换内容"，将"产品名称"中的"*"替换为空，单击"保存"按钮。

### 3. 数据清洗

（1）单击"开始清洗"选项。

（2）查看清洗结果。

### 4. 下载清洗数据并将数据保存至本地

（1）单击"下载"按钮。

（2）单击"返回"按钮。

◆ **任务 3.1.4 对汇总订单详情表中"产品名称"字段中的"/""\""|"进行清洗**

将汇总订单详情表中产品名称字段中的"/""\""|"清洗掉。

在开始操作之前，需要单击"重置"按钮，将数据清洗系统重置初始状态。

### 1. 选择数据源

（1）单击"上传数据"选项。

（2）将任务 3.1.3 操作结果上传，单击"保存"按钮。

### 2. 配置清洗规则

（1）单击"配置按字段清洗规则"选项。

（2）单击"添加规则"选项，选择"字符替换"清洗规则。

（3）单击规则下方的"+"按钮,选择需要切分的字段,在弹出的窗口中选择"产品名称",并单击右移（添加）按钮,单击"确定"按钮。

（4）填写"原内容"与"替换内容"。

a. 将"产品名称"中的"/"替换为空格。

b. 将"产品名称"中的"\"替换为空格。

c. 将"产品名称"中的"|"替换为空格（注意：此处需要输入一个空格）。

d. 单击"保存"按钮。

### 3. 数据清洗

（1）单击"开始清洗"选项。

（2）查看清洗结果。

### 4. 下载清洗数据并将数据保存至本地

1. 单击"下载"按钮。

2. 单击"返回"按钮。

◆ **任务 3.1.5 将汇总订单详情表中的"客户 ID"字段进行拆分，分别为"客户名称"和"客户 ID"**

将汇总订单详情表中的"客户 ID"字段拆分成"客户名称"与"客户 ID"。

在开始操作之前，需要单击"重置"按钮，将数据清洗系统重置到初始状态。

### 1. 选择数据源

（1）单击"上传数据"选项。

（2）将任务 3.1.4 操作结果上传，单击"保存"按钮。

### 2. 配置清洗规则

（1）单击"配置按字段清洗规则"选项。

（2）单击"添加规则"选项，选择"字段切分"清洗规则。

（3）单击规则下方的"+"按钮,选择需要切分的字段,在弹出的窗口中选择"客户 ID",并单击右移（添加）按钮,单击"确定"按钮。

（4）将"客户 ID"进行字段切分，切分分隔符为"_"，切分后名称为"客户名称"与"客户 ID"。

（5）单击"保存"按钮。

### 3. 数据清洗

（1）单击"开始清洗"选项。

（2）查看清洗结果。

### 4. 下载清洗数据并将数据保存至本地

（1）单击"下载"按钮。

（2）单击"返回"按钮。

客户 ID 清洗结果如图 3-9 所示。

| 客户名称 | 客户类型 | 城市 | 产品ID | 类别 | 子类别 | 产品名称 | 销售额 | 销售数量 | 折扣 | 利润 | 客户ID |
|---|---|---|---|---|---|---|---|---|---|---|---|
| 曾惠 | 公司 | 杭州 | 10002717 | 办公用品 | 用品 | Fiskars 剪刀, 蓝色 | 129.696 | 2 | 0.4 | -60.704 | 14485 |
| 许安 | 消费者 | 内江 | 10004832 | 办公用品 | 信封 | GlobeWeis 搭扣信封, 红色 | 125.44 | 2 | 0 | 42.56 | 10165 |
| 许安 | 消费者 | 内江 | 10001505 | 办公用品 | 装订机 | Cardinal 孔加固材料, 回收 | 31.92 | 2 | 0.4 | 4.2 | 10165 |
| 宋良 | 公司 | 镇江 | 10003746 | 办公用品 | 用品 | Kleencut 开信刀, 工业 | 321.216 | 4 | 0.4 | -27.104 | 17170 |
| 万兰 | 消费者 | 汕头 | 10003452 | 办公用品 | 器具 | KitchenAid 搅拌机, 黑色 | 1375.92 | 3 | 0 | 550.2 | 15730 |
| 俞明 | 消费者 | 景德镇 | 10001640 | 技术 | 设备 | 柯尼卡 打印机, 红色 | 11129.58 | 9 | 0 | 3783.78 | 18325 |
| 俞明 | 消费者 | 景德镇 | 10001029 | 办公用品 | 装订机 | Ibico 订书机, 实惠 | 479.92 | 2 | 0 | 172.76 | 18325 |
| 俞明 | 消费者 | 景德镇 | 10000578 | 家具 | 椅子 | SAFCO 扶手椅, 可调 | 8659.84 | 4 | 0 | 2684.08 | 18325 |

图 3-9　客户 ID 清洗结果

◆ **任务 3.1.6** 将汇总订单详情表中的"产品名称"字段进行拆分，分别为"产品品牌"和"品名与规格"

在开始操作之前，需要单击"重置"按钮，将数据清洗系统重置到初始状态。

**1. 选择数据源**

（1）单击"上传数据"选项。

（2）将任务 3.1.5 操作结果上传，单击"保存"按钮。

**2. 配置清洗规则**

（1）单击"配置按字段清洗规则"选项。

（2）单击"添加规则"选项，选择"字段切分"清洗规则。

（3）单击规则下方的"+"按钮，选择需要切分的字段，在弹出的窗口中选择"产品名称"，并单击右移（添加）按钮，单击"确定"按钮。

（4）将"产品名称"进行字段切分，切分分隔符为空格（输入一个空格），切分后名称为"产品品牌""品名与规格"。

（5）单击"保存"按钮。

**3. 数据清洗**

（1）单击"开始清洗"选项。

（2）查看清洗结果。

**4. 下载清洗数据并将数据保存至本地**

（1）单击"下载"按钮。

（2）单击"返回"按钮。

◆ **任务 3.1.7** 将"品名与规格"字段进行拆分，分别为"产品品名"与"产品规格"

在开始操作之前，需要单击"重置"，将数据清洗系统重置到初始状态。

**1. 选择数据源**

（1）单击"上传数据"选项。

（2）将任务 3.1.6 操作结果上传，单击"保存"按钮。

**2. 配置清洗规则**

（1）单击"配置按字段清洗规则"选项。

（2）单击"添加规则"选项，选择"字段切分"清洗规则。

(3)单击规则下方的"+"按钮,选择需要切分的字段,在弹出的窗口中选择"品名与规格",并单击右移(添加)按钮,单击"确定"按钮。

(4)将"品名与规格"进行字段切分,切分分隔符为","(英文状态下逗号),切分后名称为"产品品名"与"产品规格"。

(5)单击"保存"按钮。

### 3. 数据清洗

(1)单击"开始清洗"选项。

(2)查看清洗结果。

### 4. 下载清洗数据并将数据保存至本地

(1)单击"下载"按钮。

(2)单击"返回"按钮。

品名与规格清洗结果如图3-10所示。

| 客户名称 | 客户类型 | 城市 | 产品ID | 类别 | 子类别 | 产品品牌 | 销售额 | 销售数量 | 折扣 | 利润 | 客户ID | 产品品名 | 产品规格 |
|---|---|---|---|---|---|---|---|---|---|---|---|---|---|
| 曾惠 | 公司 | 杭州 | 10002717 | 办公用品 | 用品 | Fiskars | 129.696 | 2 | 0.4 | -60.704 | 14485 | 剪刀 | 蓝色 |
| 许安 | 消费者 | 内江 | 10004832 | 办公用品 | 信封 | GlobeWeis | 125.44 | 2 | 0 | 42.56 | 10165 | 搭扣信封 | 红色 |
| 许安 | 消费者 | 内江 | 10001505 | 办公用品 | 装订机 | Cardinal | 31.92 | 2 | 0.4 | 4.2 | 10165 | 孔加固材料 | 回收 |
| 宋良 | 公司 | 镇江 | 10003746 | 办公用品 | 用品 | Kleencut | 321.216 | 4 | 0.4 | -27.104 | 17170 | 开信刀 | 工业 |
| 万兰 | 消费者 | 汕头 | 10003452 | 办公用品 | 器具 | KitchenAid | 1375.92 | 3 | 0 | 550.2 | 15730 | 搅拌机 | 黑色 |
| 俞明 | 消费者 | 景德镇 | 10001640 | 技术 | 设备 | 柯尼卡 | 11129.58 | 9 | 0 | 3783.78 | 18325 | 打印机 | 红色 |
| 俞明 | 消费者 | 景德镇 | 10001029 | 办公用品 | 装订机 | Ibico | 479.92 | 2 | 0 | 172.76 | 18325 | 订书机 | 实惠 |
| 俞明 | 消费者 | 景德镇 | 10000578 | 家具 | 椅子 | SAFCO | 8659.84 | 4 | 0 | 2684.08 | 18325 | 扶手椅 | 可调 |

图3-10 品名与规格清洗结果

## 任务二 数据集成

### 📋 任务描述

**任务一**

欣荣公司的数据分析师对清洗后的超市销售数据表要从省份和大区的维度进行销售额统计,但数据表中只有"城市"的数据,没有省份和大区的数据,无法进行统计。为此,财务分析师需要进行业务数据关联,使超市销售情况表中的每一个城市都有对应的省份,每一个省份都有对应的所属大区。

**任务二**

A公司想对现有产品进行广告投放,增加产品推广力度,从而提高销售量。在选择广告代理商时,A公司把目标锁定华扬联众数字技术股份有限公司(简称"华扬联众")。财务分析师为了了解华扬联众的综合能力,需要将华扬联众的利润表与资产负债表进行关联，对其进行财务能力分析。A 公司还选择了引力传媒股份有限公司（简称"引力传媒"），作为横向对比分析对象。

## 工作准备

### 一、数据集成的概念

数据集成是指将多份数据进行合并，形成数据集的过程和方法，是一个数据整合的过程。通过整合各数据源，将拥有不同结构、不同属性的数据合并，存放在一个一致的数据存储中，以产生更高的数据价值和更丰富的数据。这些数据源可能包括多个数据库、数据立方或一般文件等数据集成。

数据集成最常见的两种方法是数据关联与数据合并。前者用于将不同数据内容的表格根据条件进行左右连接，后者用于将相同或相似数据内容的表格进行上下连接，如图 3-11 所示。

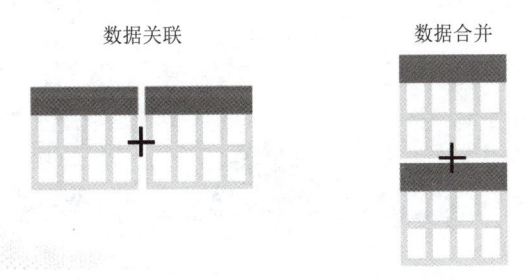

图 3-11 数据集成最常见的两种方法

### 二、数据集成的主要内容

#### （一）数据关联

数据关联是指将不同数据内容的表格根据条件来连接。数据关联的四种形式如图 3-12 所示。数据关联必须有关联条件，一般是指左表的主键或其他唯一约束字段（即没有重复值）与右表的主键或其他唯一约束字段相等（相同）。

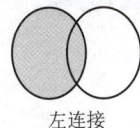

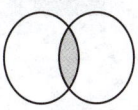

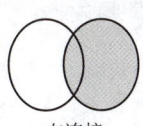

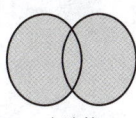

图 3-12 数据关联的四种形式

左连接：是以左表为基础，根据两表的关联条件将其连接起来。结果会将左表所有的数据条目列出，而右表只列出满足与左表关联条件的部分。左连接全称为左外连接，是外连接的一种，如图 3-13 所示。

内连接：只显示满足关联条件的左右两表的数据记录，不符合条件的数据不显示，如图 3-14 所示。

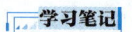

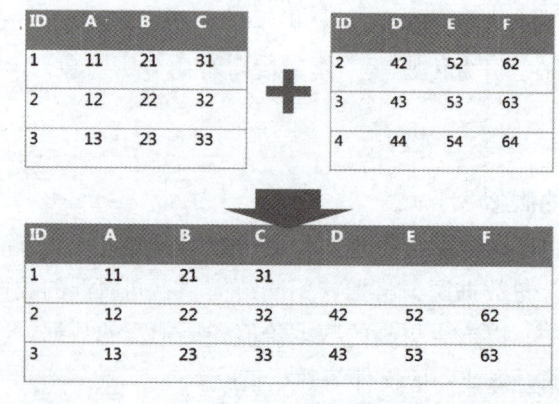

图 3-13  左连接

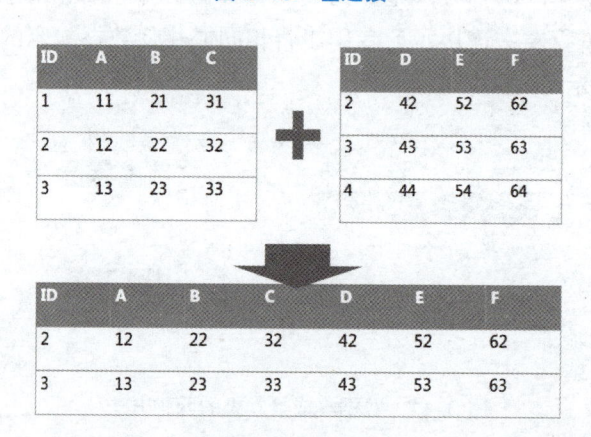

图 3-14  内连接

右连接：是以右表为基础，根据两表的关联条件将两表连接起来。结果会将右表所有的数据条目列出，而左表只列出满足与右表关联条件的部分。右连接全称为右外连接，是外连接的一种，如图 3-15 所示。

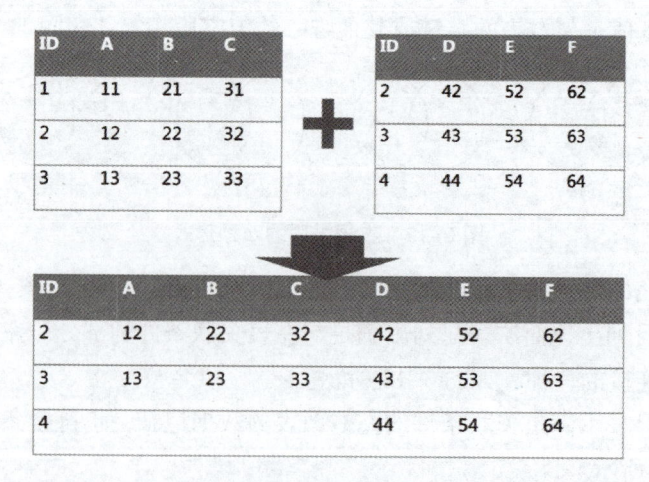

图 3-15  右连接

全连接：满足关联条件的左右表数据相连，不满足条件的各表数据均保留，无

学习笔记

对应数据的表内容为空，如图 3-16 所示。

| ID | A | B | C |
|---|---|---|---|
| 1 | 11 | 21 | 31 |
| 2 | 12 | 22 | 32 |
| 3 | 13 | 23 | 33 |

+

| ID | D | E | F |
|---|---|---|---|
| 2 | 42 | 52 | 62 |
| 3 | 43 | 53 | 63 |
| 4 | 44 | 54 | 64 |

| ID | A | B | C | D | E | F |
|---|---|---|---|---|---|---|
| 1 | 11 | 21 | 31 | | | |
| 2 | 12 | 22 | 32 | 42 | 52 | 62 |
| 3 | 13 | 23 | 33 | 43 | 53 | 63 |
| 4 | | | | 44 | 54 | 64 |

图 3-16　全连接

### （二）数据合并

数据合并也称数据追加，是指对多份数据字段几乎完全相同的数据进行上下连接。如同数据关联，数据合并也需要指定连接条件。两者不同的是，数据关联一般指定一个字段作为连接条件即可，而数据合并则涉及多列字段合并，需要指定一张表的每列字段对应另一张表的哪些字段，也就是需要将多个字段作为连接条件，如图 3-17 所示。

| ID | A | B | C |
|---|---|---|---|
| 1 | 11 | 21 | 31 |
| 2 | 12 | 22 | 32 |
| 3 | 13 | 23 | 33 |

+

| ID | A | B | C |
|---|---|---|---|
| 6 | 62 | 72 | 83 |
| 7 | 73 | 83 | 93 |
| 8 | 84 | 94 | 104 |

| ID | A | B | C |
|---|---|---|---|
| 1 | 11 | 21 | 31 |
| 2 | 12 | 22 | 32 |
| 3 | 13 | 23 | 33 |
| 6 | 62 | 72 | 83 |
| 7 | 73 | 83 | 93 |
| 8 | 84 | 94 | 104 |

图 3-17　数据合并

需要注意的是，数据合并中如果有唯一性数值的列，那么合并后的数据该列字段将不具有数值唯一性，即数据可能存在重复，也不会自动更新不一致的数据。

### 任务要求 1——业务数据关联

清洗后的超市销售数据表如图 3-18 所示，只有“城市”的数据，没有省份和大区的数据，为此，财务分析师做了两张表：城市表和省区表。城市表是城市和省区的对应表，超市销售情况表中的每一个城市都有对应的省区；省区表是省份和大区的对应表，每一个省份都对应了所属的大区。城市表和省区表如图 3-19 所示。

图 3-18　清洗后的超市销售数据表

图 3-19　城市表和省区表

将超市数据与地区数据进行关联，"超市销售情况表"上增加"省份"列和"地区"列，与"城市"列相匹配。

提示：城市表和省区表可在新道财务大数据平台"资源下载"中下载查看。

**任务实施 1——业务数据关联**

◆ **任务 3.2.1 上传销售与区域数据表**

在数据清洗任务中，我们将销售数据表进行了清洗，现在需要将清洗后的销售数据表与资源下载处下载到的"城市表""省区表""销售数据_清洗后"上传到分析云。

（1）在资源下载处，下载"城市表""省区表""销售数据_清洗后"。

（2）分别将三张表上传到分析云，如图 3-20 所示。

图 3-20　上传销售与区域数据表

◆ **任务 3.2.2 销售数据与销售区域关联**

**1. 新建关联数据集**

（1）在分析云的"数据准备"菜单下找到"新建"按钮，单击"新建"按钮。

（2）在弹出窗口中选择"关联数据集"选项。

（3）填写关联后的数据集名称：业务数据关联，如图 3-21 所示。

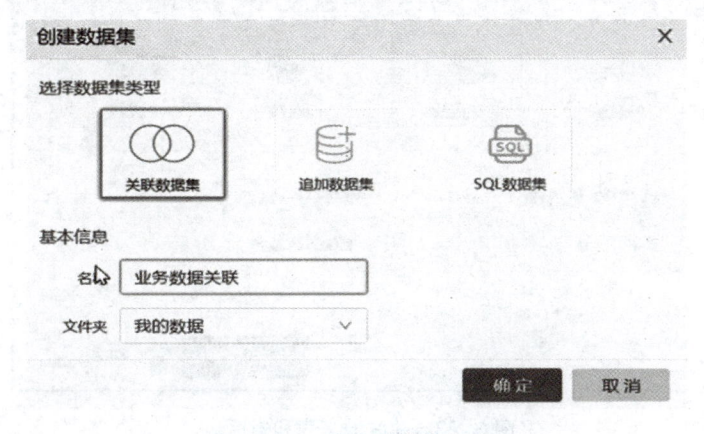

图 3-21　新建关联数据集

（4）选择数据集所在的文件夹位置：保存至"我的数据"。

（5）单击"确定"按钮。

### 2. 添加关联数据表

（1）将清洗后的销售数据表、城市表、省区表三张表分别拖曳放置到关联面板内。

（2）单击清洗后的销售数据表后再单击城市表，在连接条件里设置连接方式为"左连接"，关联字段为"城市＝城市"，关联销售数据表和城市表如图 3-22 所示。

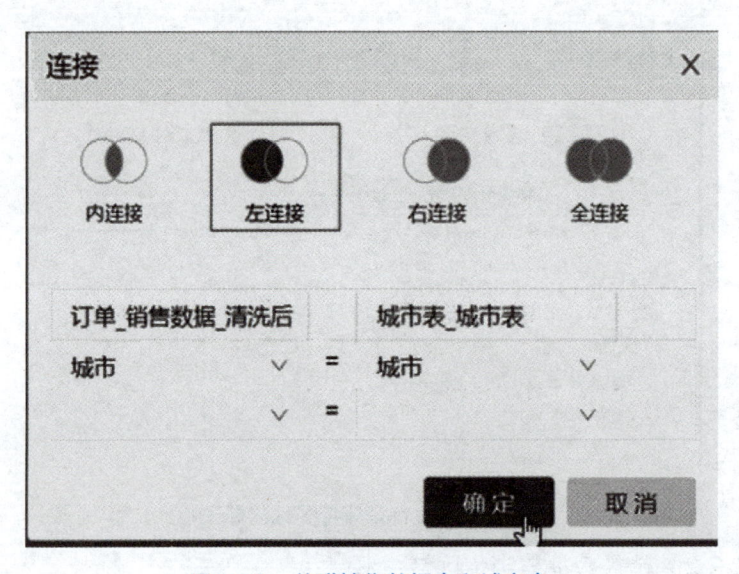

图 3-22　关联销售数据表和城市表

（3）单击城市表后再单击省区表，在连接条件里设置连接方式为"左连接"，关联字段为"省自治区＝省自治区"，关联城市表和省区表如图 3-23 所示。

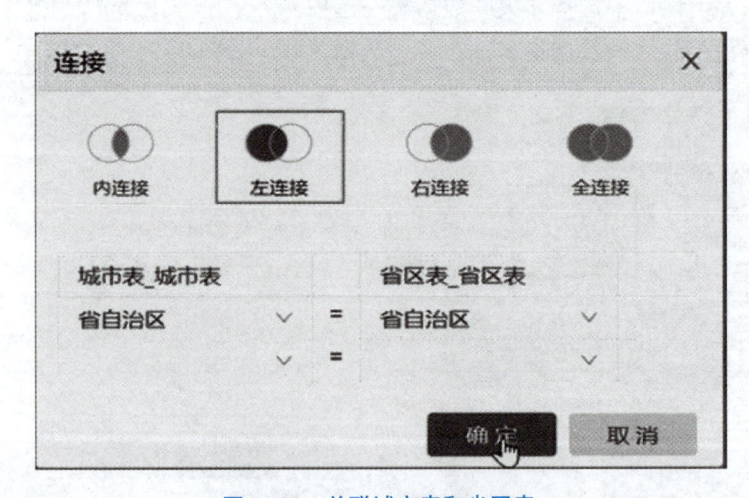

图 3-23　关联城市表和省区表

### 3. 检查数据集

（1）单击右上角的"执行"按钮。

（2）查看数据结果预览，检查数据是否正确。

（3）单击字段名称前的小图标，切换成"123"类型（备注：123代表数值型）。

### 4. 保存数据集

（1）再次单击"执行"按钮。

（2）单击"保存"按钮，结果如图3-24所示。

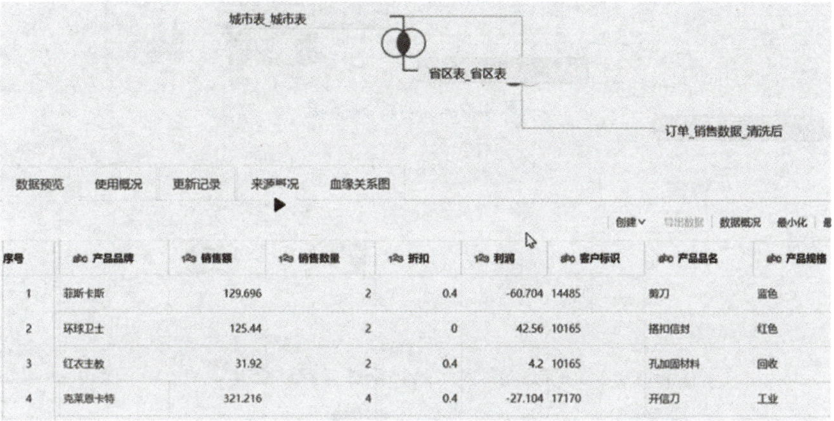

图3-24 保存数据集

### 任务要求2——财报数据关联

将华扬联众的利润表与资产负债表进行关联。

### 任务实施2——财报数据关联

#### 1. 上传华扬联众财报

（1）在资源下载处，下载"华扬联众财报"。

（2）将财报上传到分析云。

#### 2. 创建数据集

（1）在分析云的"数据准备"菜单下找到"新建"按钮。

（2）单击"新建"按钮。

（3）选择数据类型为"关联数据集"。

（4）将数据集命名为：华扬联众利润表与资产表合集，过程如图3-25所示。

#### 3. 数据关联

（1）分别拖曳资产负债表和利润表到数据预览区域。

（2）单击两个需要关联的表进行连接，选择"内连接"选项。

（3）关联条件：报表年份。

（4）单击"确定"按钮，过程如图3-26所示。

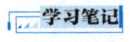

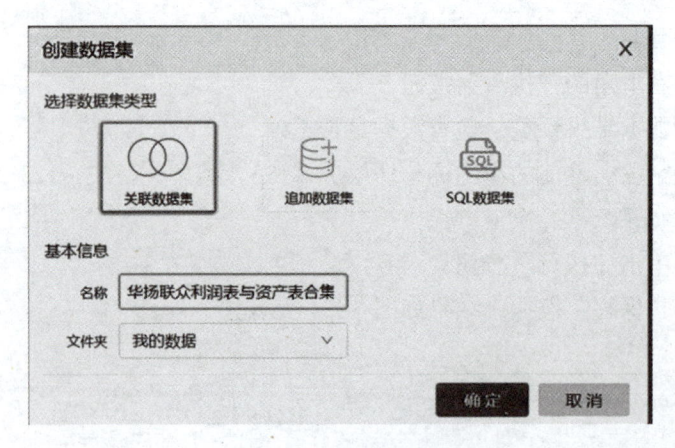

图 3-25 创建数据集

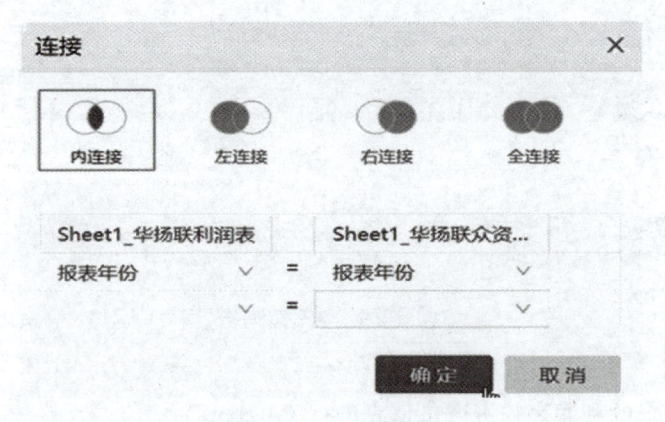

图 3-26 数据关联

4. 数据集保存

(1) 单击"执行"按钮。

(2) 单击"实时"选项中的数据物化。

(3) 单击"保存"按钮，结果如图 3-27 所示。

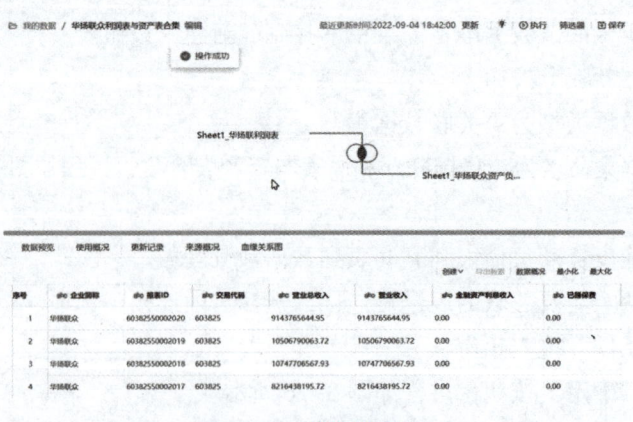

图 3-27 数据集保存

### 任务要求3——数据合并

将华扬联众与引力传媒的利润表合并。

### 任务实施3——数据合并

#### 1. 上传引力传媒的利润表与资产负债表

（1）在资源下载处，下载引力传媒的"利润表"和"资产负债表"。

（2）分别将利润表和资产负债表上传到分析云。

#### 2. 新建数据集

（1）在分析云的"数据准备"菜单下找到"新建"按钮，单击"新建"按钮。

（2）在弹出窗口中选择"追加数据集"。

（3）填写关联后的数据集名称：华扬联众与引力传媒利润表数据集。

（4）选择数据集所在的文件夹位置：保存至"我的数据"。

（5）单击"确定"按钮，过程如图3-28所示。

#### 3. 创建数据集

（1）将华扬联众利润表拖曳至右上方空白区域内。

（2）选择所需字段，可以全选，也可以按需选择。

（3）将引力传媒利润表拖曳至右上方空白区域内。

（4）选择所需字段，需要与华扬联众利润表所选字段进行匹配选择，如图3-29所示。

#### 4. 保存数据集

（1）单击右上角的"执行"按钮。

（2）查看数据结果预览，检查数据是否正确。

（3）单击"实时"按钮，单击"数据物化"选项，将数据表固定。

（4）单击"保存"按钮，结果如图3-30所示。

图3-28 新建数据集

学习笔记

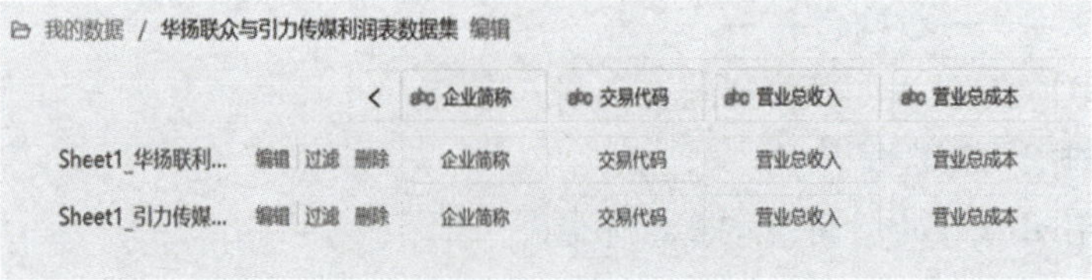


图 3-29　创建数据集

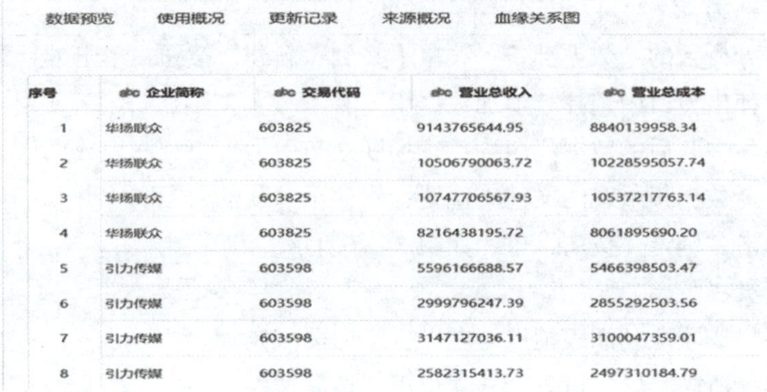
数据预览　使用概况　更新记录　来源概况　血缘关系图

| 序号 | 企业简称 | 交易代码 | 营业总收入 | 营业总成本 |
|---|---|---|---|---|
| 1 | 华扬联众 | 603825 | 9143765644.95 | 8840139958.34 |
| 2 | 华扬联众 | 603825 | 10506790063.72 | 10228595057.74 |
| 3 | 华扬联众 | 603825 | 10747706567.93 | 10537217763.14 |
| 4 | 华扬联众 | 603825 | 8216438195.72 | 8061895690.20 |
| 5 | 引力传媒 | 603598 | 5596166688.57 | 5466398503.47 |
| 6 | 引力传媒 | 603598 | 2999796247.39 | 2855292503.56 |
| 7 | 引力传媒 | 603598 | 3147127036.11 | 3100047359.01 |
| 8 | 引力传媒 | 603598 | 2582315413.73 | 2497310184.79 |

图 3-30　保存数据集

## 项目小结

本项目主要是帮助学生在明确数据清洗和数据集成的意义的基础上，做到能够运用数据分析工具进行数据清洗和数据集成。基于准确（高质量）数据进行的分析，才有可能获得可信的分析结果，基于这些分析结果，才有可能做出正确的决策。本项目采用案例实战的方式，详细讲述了数据清洗及数据集成的操作步骤。

## 同步练习

### 一、单项选择题

1. 以右表为基础，根据两表的关联条件将两表连接起来，这种连接方式是（　　）。

A. 内连接　　B. 全连接　　C. 左连接　　D. 右连接

2. 以下说法正确的是（　　）。

A. 数据清洗是一次性工作，只需完成一次

B. 数据来源具有多样性，无须进行关联性验证

C. 数据清洗时需要先观察数据

D. 数据中有缺失值的字段可以直接删除

3. 数据合并方式有（　　）。

A. 上下合并　　B. 内外合并　　C. 左右合并　　D. 前后合并

## 二、多项选择题

1. 数据清洗的处理步骤有（　　）。
   A. 数据接入观测　　B. 缺失值填补　　C. 剔除无用数据　　D. 逻辑错误处理
2. 数据集成最常见的两种方法是（　　）。
   A. 数据连接　　B. 数据关联　　C. 数据合并　　D. 数据整理

## 项目评价

| 同步练习（20分） | | | 得分： |
|---|---|---|---|
| 计分标准：<br>得分 =4× 单项选择题正确个数 +4× 多项选择题正确个数 ||||
| 学生自评（30分） | | | 得分： |
| 计分标准：初始分 =2×A 的个数 +1×B 的个数 +0×C 的个数<br>　　　　　得分 = 初始分 /22×30 ||||
| 专业能力 | 评价指标 | 自测结果 | 要求<br>（A 掌握；B 基本掌握；C 未掌握） |
| 数据预处理认知 | 1. 数据预处理的概念；<br>2. 数据预处理的主要内容；<br>3. 数据预处理工具；<br>4. 数据清洗常见问题；<br>5. 数据关联和数据合并 | A□ B□ C□<br>A□ B□ C□<br>A□ B□ C□<br>A□ B□ C□<br>A□ B□ C□ | 能够理解数据预处理的概念，了解数据预处理的主要内容和常见的数据预处理工具，掌握数据清洗常见的问题及处理顺序，理解数据关联和数据合并的意义 |
| 数据预处理实战 | 1. 数据清洗；<br>2. 数据关联；<br>3. 数据合并 | A□ B□ C□<br>A□ B□ C□<br>A□ B□ C□ | 能够依据案例资料进行数据清洗、数据关联和数据合并操作 |
| 职业道德思想意识 | 1. 爱岗敬业、认真严谨；<br>2. 遵纪守法、遵守职业道德；<br>3. 顾全大局、团结合作 | A□ B□ C□<br>A□ B□ C□<br>A□ B□ C□ | 专业素质、思想意识得以提升，德才兼备 |
| 小组评价（20分） | | | 得分： |
| 计分标准：得分 =10×A 的个数 +5×B 的个数 +3×C 的个数 ||||
| 团队合作 | A□ B□ C□ | 沟通能力 | A□ B□ C□ |
| 教师评价（30分） | | | 得分： |
| 教师评语 ||||
| 总成绩 | | 教师签字 | |

# 项目四　数据可视化

## 【知识目标】

1. 了解数据可视化。
2. 掌握分析云可视化工具。

## 【技能目标】

1. 能够根据指标特点选取合适的图形呈现。
2. 能够根据企业分析要求设计可视化看板。

## 【素质目标】

1. 培养学生将数据进行可视化呈现的能力。
2. 培养学生的数据思维以及用数据说话的能力。

## 【知识图谱】

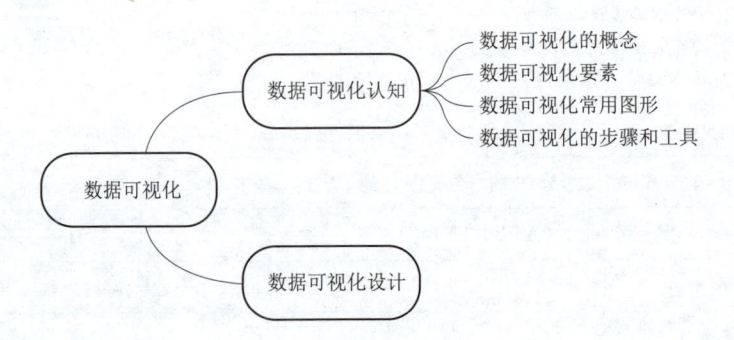

数据可视化
- 数据可视化认知
  - 数据可视化的概念
  - 数据可视化要素
  - 数据可视化常用图形
  - 数据可视化的步骤和工具
- 数据可视化设计

## 任务一　数据可视化认知

大数据可视化简介

### ▶ 任务描述

小白大学毕业后应聘到 AJHXJL 公司数据分析部工作，岗位是数据分析师，负责数据可视化的相关工作。为了在今后的工作中顺利完成部门主管交给他的任务，小白必须要先熟悉大数据可视化的相关知识，了解什么是数据可视化、数据可视化要素、数据可视化常用图形、数据可视化的步骤和工具，以及目前大数据可视化技术在哪些领域得到了广泛应用。

## 工作准备

### 一、数据可视化的概念

数据是一个广义的概念，其形式可以是数字，也可以是具有一定意义的文字、字母、图形、图像、视频和音频等。作为现实世界的一种映射，数据具有很强的实际意义。但数据本身并不会说话，如果我们不知道如何观察和分析数据，那么数据就只是一堆冰冷、枯燥且没有意义的数字或符号。

数据可视化是帮助我们观察数据的一种有效手段。借助数据可视化的图形化展示，人们可以清晰有效地传达信息和高效沟通。数据可视化通过实时、灵活、交互式的数据展示，为不同的用户提供多维度的数据分析和智能决策方案，包括"人、货、场"全场景的经营数据分析、财务报表可视化分析、用户行为分析、用户标签画像分析等，让用户从可视化中感知业务变化、洞察业务需求、智能预测未来。

### 二、数据可视化要素

一个优秀的数据可视化界面通常具备以下 8 个要素：需求准确、数据准确、屏幕准确、布局合理、图表合适、颜色合适、长度合理及可读性强。

#### （一）需求准确

需求准确是指在制作可视化看板前，弄清要为谁做数据可视化展示及从哪个角度做数据可视化展示，了解关键用户的真正需求是数据可视化的关键要素之一。

经常使用可视化看板的人包括董事长、总经理、各职能部门副总（副总经理）等，可视化看板展示数据的角度经常包括外部角度、内部角度、各职能部门角度等。企业不同管理层的不同数据可视化需求如图 4-1 所示。

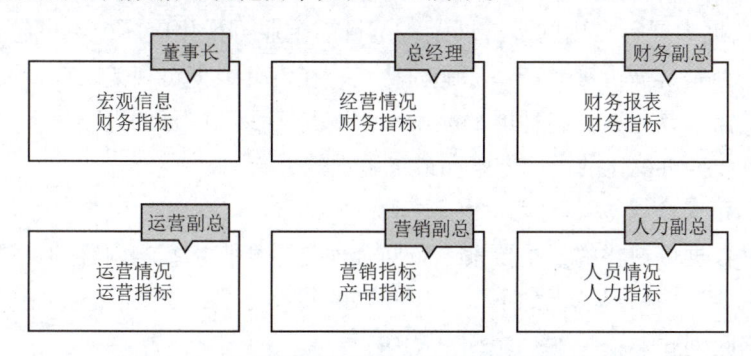

| 董事长 | 总经理 | 财务副总 |
|---|---|---|
| 宏观信息<br>财务指标 | 经营情况<br>财务指标 | 财务报表<br>财务指标 |

| 运营副总 | 营销副总 | 人力副总 |
|---|---|---|
| 运营情况<br>运营指标 | 营销指标<br>产品指标 | 人员情况<br>人力指标 |

图 4-1　企业不同管理层的不同数据可视化需求

#### （二）数据准确

数据准确是数据可视化的根本，只有在数据准确的前提下，才有可能讨论数据可视化。数据准确的内容包括但不限于数据正确、逻辑正确、数据单位正确、数据位置准确、数据颜色准确和数据大小准确等。

### 1. 数据正确

数据正确是可视化的底线与基础,没有一个客户会对一个数据不正确的可视化展示有兴趣。

### 2. 逻辑正确

逻辑正确是指数据间的逻辑关系要正确。实际操作中常有不同的数据统计口径,不同统计口径下的计算逻辑一定要正确。例如,集团的数据统计口径一般有两个:集团本部和集团合并,无论哪种方式,都要保证不同口径下数据计算逻辑的正确性。

### 3. 数据单位正确

财务数据的常用单位有元、千元、万元、亿元等,在可视化展示时,为方便阅读,常将图中的数值单位省略,再统一标注在图的右上角区域。

### 4. 数据位置准确

数据可视化界面中各数据的摆放位置要合理,这样可以提高数据看板的可读性和美观性,并突出重点数据。

### 5. 数据颜色准确

可视化看板中数据的颜色种类通常不要太多(一般不多于3种),颜色太多会降低数据的可读性。同时,要合理、准确地为各种数据选择颜色,例如,表示数据预警时,可采用较突出的颜色,以区别于普通数据,起到警示的作用。

### 6. 数据大小准确

数据大小准确是指可视化看板中的数据要设置为合理的大小,以增加用户的阅读体验感。

## (三)屏幕准确

屏幕准确是指包括 PC 端、移动端、PAD 端(平板计算机,Portable Android Device)、数据大屏等在内的多屏展示,是目前企业可视化应用中不可忽视的需求,适应多屏已经是数据可视化产品标配的功能。在设计数据可视化之前,一定要明确用户的多屏需求是什么、各种屏的显示分辨率是多少、屏幕的大小是多少,这些都会直接影响数据可视化的设计方案和最终呈现效果。

## (四)布局合理

布局是数据可视化的战略要素,布局合理与否会直接影响内容的可读性。考虑布局时,一要遵循用户从上到下、从左到右的阅读习惯,二要将核心指标数据与一般指标数据区别开来。

## (五)图表合适

数据可视化是将数据用图表表现出来,不同的数据要用不同的图表才能更好地将数据特征展示出来,展示合适的数据才能使数据解读更容易、更轻松,才会让用户从众多数据中看到重点,从而让数据的价值最大化呈现出来。因此,选择合适的图表是数据可视化的核心内容之一。

在数据可视化中选择合适的图表时,需要先了解每种图表的功能和特性,熟记什么样的数据用什么样的图表呈现最合适、最容易释放价值。

### (六)颜色合适

使用合适的颜色会使数据的呈现锦上添花。通常在进行数据可视化设计时,尽量选择与客户公司所倡导的颜色相近或一致的色彩作为主色,同时要注意一个数据展示页上的颜色不宜太多,保持3~5种即可。

### (七)长度合理

长度合理中的长度是指可视化图形中所显示的字符和数值的长度,包括图表坐标的字符长度或刻度值长度、图表区域的数值长度等。可视化图表中的数据长度要尽量控制在一定范围内,不要过长。例如,公司名字可用简称代替全称,数值要进行合理缩放(如以万元、亿元为单位表示金额),这样可使图形在数字可读的前提下,呈现得更加美观。

### (八)可读性强

数据可视化展示时,尽可能将数据通过可视化串联出一个完整的故事,从而增加数据的可读性。很多可视化软件中,通常会形象地将数据可视化看板称作"故事板""仪表盘"或"驾驶舱",其目的是将一系列数据组织成一个故事性很强的连续画面,通过"讲故事"的方式展示企业、展示数据及数据背后的价值。

## 三、数据可视化常用图形

数据可视化时,其界面元素多是由一些具体的图形来进行数据承载和展示,这些具体图形的选择和运用合理与否,会直接影响数据的可读性和可视化界面的整体风格。因此,了解常用图形的特点和适用情境是设计数据可视化看板的前提。下面介绍一些常用图形的特征和适用情境。

### (一)折线图

折线图是一种常见的图形。折线图适用于展示数据随着时间推移而变化的趋势,如某网站每天访问人数的变化、某段时间内商品销量或价格的波动、某段时间内的气温变化情况等。

### (二)柱形图和条形图

柱形图和条形图是一种非常常见的图形。柱形图和条形图适用于比较不同类别数据值的大小,如不同性别的人数、不同品牌的市场占有率、不同时期的资产负债率等。柱形图和条形图使用不同高度(垂直方向,柱形图)或不同长度(水平方向,条形图)的矩形条来表示不同大小的数值,例如,公司近五年资产总计柱形图示例如图4-2所示。

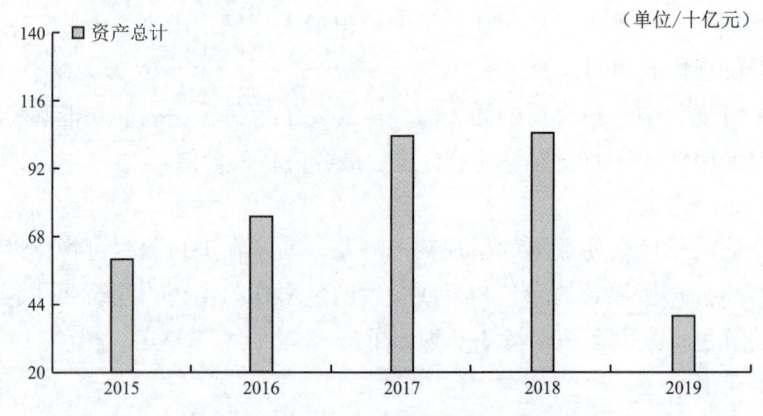

图 4-2　公司近五年资产总计柱形图示例

### （三）双轴图

双轴图适用于在一个图中同时分析两类相差较大的数据，如同时查看一组数值和一组百分比的时间趋势、同时查看一年中各月的降雨量和湿度等。双轴图的特点是同一个 $X$ 轴、多个（$\geq 2$）$Y$ 轴，多呈现为柱形图和折线图相结合的形式，公司近五年资产总计和资产负债率双轴图示例如图 4-3 所示。

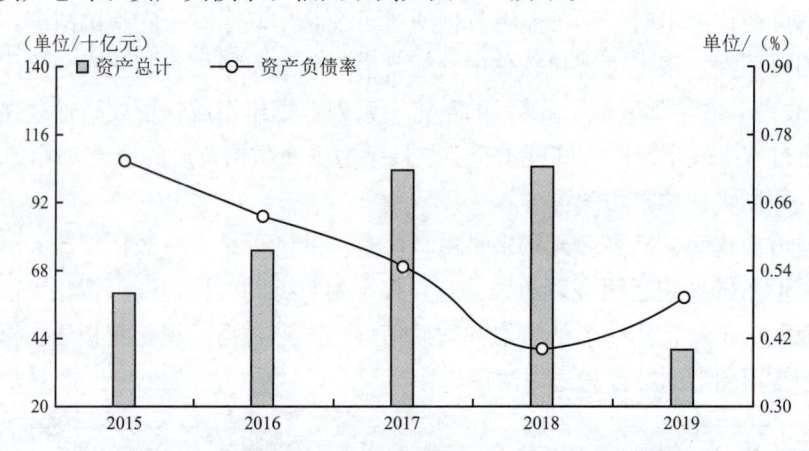

图 4-3　公司近五年资产总计和资产负债率双轴图示例

### （四）饼图和环形图

饼图和环形图主要适用于展现不同类别的数值相对于总数的占比情况，如各大浏览器市场份额占比、不同学历的员工人数占比、各大股东持股比例等。饼图和环形图中的每个扇区的弧长表示该类别的占比大小，所有扇区占比总和为 100%，饼图示例如图 4-4 所示。

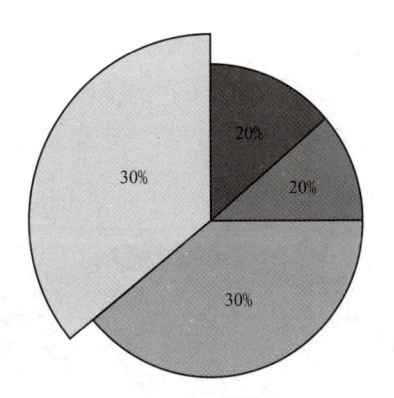

图 4-4 饼图示例

### （五）词云

词云（也称文字云）适用于突出显示一段文本中出现频率较高的"关键词"，使信息浏览者能清晰领略该段文本的主旨。如提取一段新闻的关键词语、提取公司年报的关键词语、提取年度热词等，词云图示例如图 4-5 所示。

图 4-5 词云图示例

### （六）漏斗图

漏斗图又叫倒三角图，常用于展示某数据相对于总数的占比。漏斗图将数据呈现为若干阶段，每个阶段的数据都是整体的一部分，所有阶段的数据总计为 100%，同时，一个阶段到另一个阶段的数据自上而下逐渐下降。

### （七）玫瑰图

玫瑰图是弗罗伦斯·南丁格尔发明的一种圆形的柱形图，又称南丁格尔玫瑰图、鸡冠花图、坐标区域图、极区图等。玫瑰图将柱形图转化为饼图形式，是极坐标化的圆形柱式图。与饼图不同的是，南丁格尔玫瑰图使用扇形的半径表示数据的大小，而图中各扇形的角度则保持一致。

### （八）仪表盘

仪表盘可以清晰地展示某个指标值所在的范围。由于仪表盘用一个单独的图形界面展现一个指标值，故而可帮助用户快速理解信息，仪表盘图示例如图4-6所示。

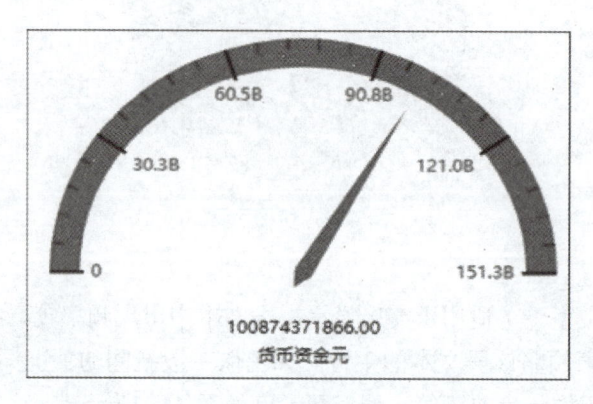

图4-6 仪表盘图示例

### （九）雷达图

雷达图是用二维图表的形式显示多变量数据的图形方法，它用从同一点开始的轴表示三个或更多个定量或变量的数据。通常，雷达图中的轴摆放的相对位置和角度是无信息的，雷达图示例如图4-7所示。

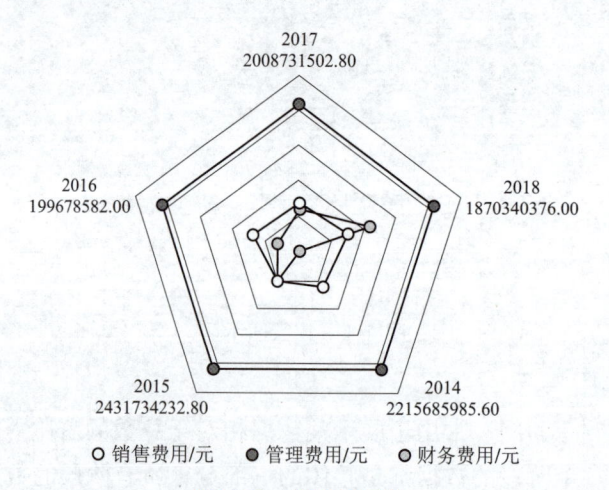

图4-7 雷达图示例

除上述图形外，还有地图、迁徙图、热力图、指标卡等多种图形，用户在进行可视化设计时可以根据需求进行选择。

## 四、数据可视化的步骤和工具

### （一）数据可视化的步骤

数据可视化的步骤一般可以分为以下五步，但在实际操作中，数据可视化是一个反复迭代的过程，需要反复打磨才能做出一个优秀的可视化作品。

1. 明确问题

当着手一项可视化分析任务时，第一步要明确待解决的问题，也就是明确希望通过数据可视化展示什么样的分析结果。清晰的问题和目标结果能够避免后续操作过程中出现偏离或不相关的分析。

2. 建立初步框架

明确了问题后，可以根据需要展现的数据选取基本的图形，并拟订可视化的展现形式，从而建立一个初步框架。

3. 梳理相关指标

要明确传达的信息，确定最能提供信息的指标。

4. 选取合适的图表类型

不同的图形所适用的情形也不同，因此，在选择图形时，应针对目标选择最合适的图表类型，这样才能有助于用户理解数据中隐含的信息和规律，从而充分发挥数据可视化的价值。

5. 添加引导信息

在展示数据可视化结果时，可以利用颜色、大小、比例、形状、标签、辅助线、预警设置等将用户的注意力引向图表中的关键信息。

（二）数据可视化工具

目前市面上的数据可视化工具有很多，下面介绍几款最常见的可视化工具。

1.Tableau

Tableau 是全球知名度很高的数据可视化工具，它具有丰富的数据源支持、灵活的可视化功能和强大的数据图表制作能力。与其他工具相比，Tableau 的可视化效果虽不华丽，但很出色，而且 Tableau 给用户提供了非常自由的图表制作选择。如果用户会写代码并且愿意花时间，那么基本都能做出想要的图表。总的来说，使用 Tableau，用户可以轻松地将数据转化成想要的形式。

2.Power BI

Power BI 是微软开发的商业分析工具，它可以很好地集成微软的其他办公软件。在 Power BI 中，用户可以自由地导入任何数据，如文档、网页和各类数据库文件。用户还可以在网页、手机应用上来查看 Power BI 数据。不过，目前 Power BI 主推的是个人分析，其在企业级部署和应用上缺少完善的整体解决方案，而且 Power BI 在安全性、性能、服务上也没有很好的竞争力。

3. 用友分析云

用友分析云是国内一款基于大数据、云计算技术的分析云服务，其致力于为企业提供专业的数据分析解决方案。目前，用友分析云支持 36 种可视化图形，并能根据用户的数据特点自动推荐合适的分析图形。用友分析云支持用户根据业务问题把可视化进行串联，形成自定义故事板，以便在公司内部分享分析结果。用友分析云还可以对不同的用户设置不同的预警值，通过邮件、微信、短信等媒介进行消息推送。

### 任务实施

以小组为单位，调查了解大数据可视化技术在以下领域的应用：
（1）可视化技术在农业生产中的应用。
（2）可视化技术在工业生产中的应用。
（3）可视化技术在金融业中的应用。
（4）可视化技术在医疗中的应用。
（5）可视化技术在教育中的应用。
（6）可视化技术在电子商务中的应用。
（7）可视化技术在天气预报、人工智能、卫星运行监测、航班运行、交通监控、城市基础设施监控、现代旅游等其他领域的应用。

## 任务二　数据可视化设计

可视化设计

### 任务描述

AJHXJL 公司管理层计划召开公司月度经营分析会议，要求财务分析师通过分析业务数据与财务数据，做出可视化看板进行汇报。

### 任务布置

（1）从资源处下载本项目数据，上传分析云。
（2）通过不同可视化效果，分别做出财务看板与经营看板可视化图表。
（3）利用分析云，挑选出六张可视化图形，组成一个看板。

### 任务实施

◆ 任务 4.2.1 上传数据

将 AJHXJL 公司的资产负债表、利润表和客户销售情况表上传到分析云。

1. 查找数据源

从资源下载处将"AJHXJL 资产负债表""AJHXJL 利润表""客户销售情况表"下载到本地，如图 4-8 所示。

图 4-8　查找数据源

**2. 上传数据**

（1）进入分析云界面，单击"数据准备"—"上传"选项。

（2）选择需要上传的文件及文件的工作表。

（3）选择要保存的数据集文件夹，单击"确定"按钮。

◆ **任务 4.2.2　数据关联**

将 AJHXJL 公司的利润表和资产负债表建立关联。

**1. 新建数据集**

（1）单击"数据准备"选项。

（2）单击"新建"按钮。

（3）选择数据类型为"关联数据集"。

（4）将数据集名称命名为：AJ 利润表 & 资产负债表合集。

**2. 数据关联**

（1）分别拖曳 AJHXJL 资产负债表和 AJHXJL 利润表到数据预览区域。

（2）单击两个需要关联的表进行连接，选择"内连接"选项。

（3）关联条件：报表日期。

（4）单击"确定"按钮，如图 4-9 所示。

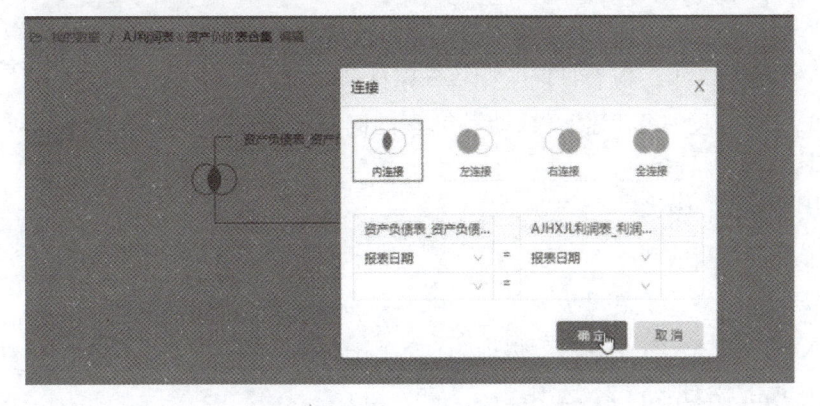

图 4-9　数据关联

### 3. 数据集保存

（1）单击"执行"按钮。

（2）单击"实时"选项中的数据物化。

（3）单击"保存"按钮，执行结果如图4-10所示。

图4-10 数据集保存

◆ **任务4.2.3 财务看板——营业收入趋势图**

### 1. 新建可视化

（1）进入故事板设计页面，单击"可视化"选项。

（2）单击"新建"按钮。

（3）将可视化命名为：营业收入趋势图。

### 2. 选择数据源

（1）可以选择自己在数据集成中完成的AJHXJL公司利润表与资产负债表合集。

（2）或选择系统内置数据（AJ利润表&资产负债表合集）。

### 3. 维度与指标的选择

（1）维度选择：年_报表日期。

（2）指标选择：营业收入。

### 4. 排序

（1）将维度"年_报表日期"标签升序排列。

（2）单击维度"年_报表日期"标签的向下箭头，选择"升序"选项，选择"年_报表日期"选项。

### 5. 选择可视化图形

图形选择：折线图。

### 6. 修改数据格式（启用千分位，小数点保留2位）

（1）单击指标"营业收入"选项。

（2）单击"数据格式"选项。

（3）千分位：启用。

（4）小数点：2。

## 7. 显示设置

（1）维度轴设置：标题为"年份"。

（2）数值轴设置：标题为"金额（元）"，如图 4-11 所示。

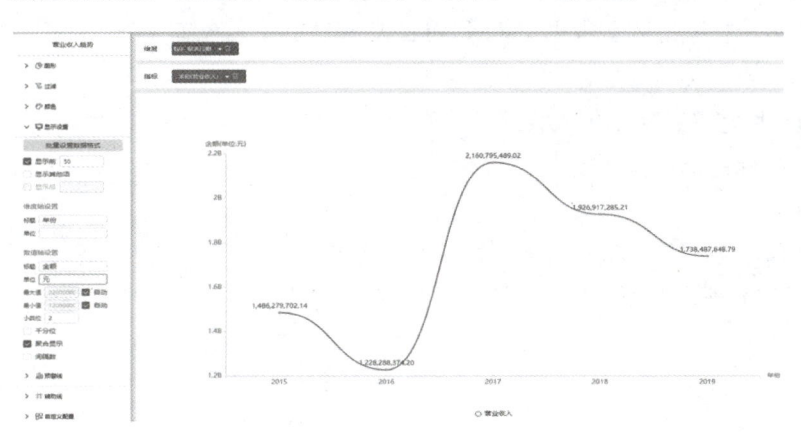

图 4-11　显示设置

## 8. 保存可视化

（1）单击"保存"按钮。

（2）单击"退出"按钮，回到故事板界面，执行结果如图 4-12 所示。

图 4-12　保存可视化

### ◆ 任务 4.2.4　财务看板——营业收入平均值

可以复制上一任务的可视化看板，在其基础上进行辅助线的设置，或按照下面步骤操作。

### 1. 新建可视化

（1）进入故事板设计页面，单击"可视化"选项。

（2）单击"新建"按钮。

（3）将可视化命名为：营业收入平均值。

**2. 选择数据源**

（1）可以选择自己在数据集成中完成的 AJHXJL 公司利润表与资产负债表合集。

（2）或选择系统内置数据（AJ 利润表＆资产负债表合集）。

**3. 维度与指标的选择**

（1）维度选择：年＿报表日期。

（2）指标选择：营业收入。

**4. 排序**

（1）将维度"年＿报表日期"标签升序排列。

（2）单击维度"年＿报表日期"标签的向下箭头，选择"升序"选项，选择"年＿报表日期"选项。

**5. 选择可视化图形**

图形选择：折线图。

**6. 修改数据格式（启用千分位，小数点保留 2 位）**

（1）单击指标"营业收入"选项。

（2）单击"数据格式"选项。

（3）千分位：启用。

（4）小数点：2。

**7. 显示设置**

（1）维度轴设置：标题为"年份"。

（2）数值轴设置：标题为"金额（元）"。

**8. 设置辅助线（将营业收入的平均值作为辅助线显示）**

（1）单击"辅助线"选项。

（2）将指标"营业收入"拖曳到辅助线下面，系统弹出"设置辅助线"窗口。

（3）辅助线计算方式：计算线选择"平均值"选项。

（4）颜色设置为红色（颜色可任意选择）如图 4-13 所示。

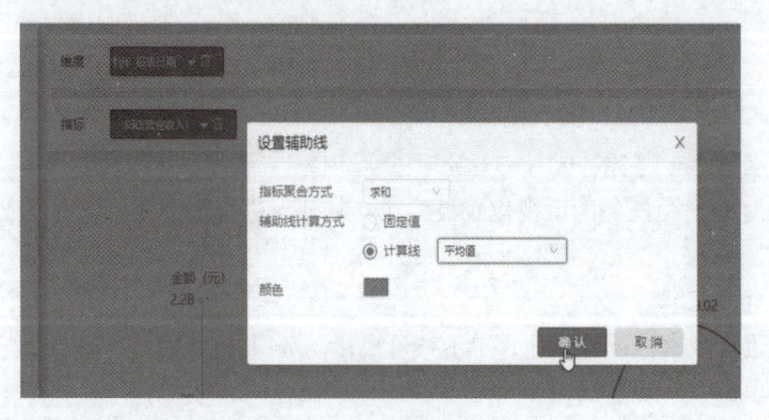

图 4-13　设置辅助线

## 9. 保存可视化

（1）单击"保存"按钮。

（2）单击"退出"按钮，回到故事板界面，执行结果如图 4-14 所示。

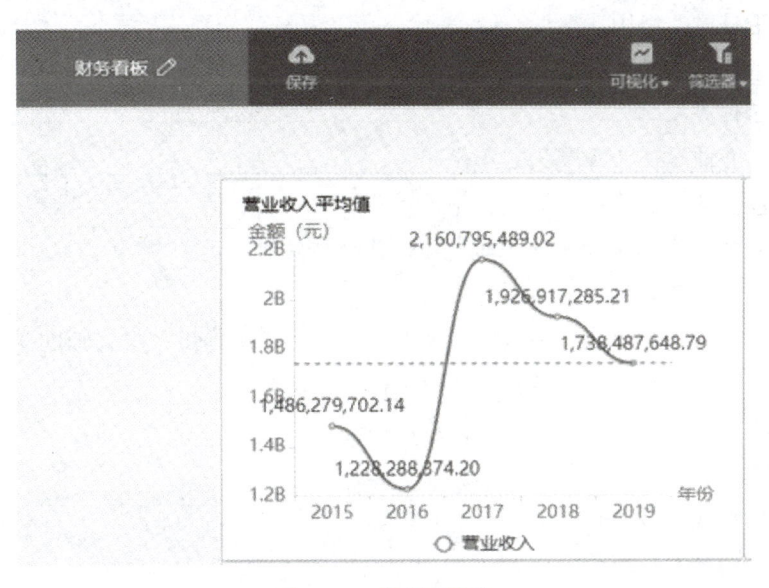

图 4-14　保存可视化

### ◆ 任务 4.2.5 财务看板——营业收入预警图

可以复制上一任务的可视化看板，在其基础上进行预警线的设置，或按照下面步骤操作。

#### 1. 新建可视化

（1）进入故事板设计页面，单击"可视化"选项。

（2）单击"新建"按钮。

（3）将可视化命名为：营业收入预警图。

#### 2. 选择数据源

（1）可以选择自己在数据集成中完成的 AJHXJL 公司利润表与资产负债表合集。

（2）或选择系统内置数据（AJ 利润表 & 资产负债表合集）。

#### 3. 维度与指标的选择

（1）维度选择：年_报表日期。

（2）指标选择：营业收入。

#### 4. 排序

（1）将维度"年_报表日期"标签升序排列。

（2）单击维度"年_报表日期"标签的向下箭头，选择"升序"选项，选择"年_报表日期"选项。

#### 5. 选择可视化图形

图形选择：折线图。

### 6. 修改数据格式（启用千分位，小数点保留 2 位）

（1）单击指标"营业收入"选项。

（2）单击"数据格式"选项。

（3）千分位：启用。

（4）小数点：2。

### 7. 显示设置

（1）维度轴设置：标题为"年份"。

（2）数值轴设置：标题为"金额（元）"。

### 8. 设置辅助线（将营业收入的平均值作为辅助线显示）

（1）单击"辅助线"选项。

（2）将指标"营业收入"拖曳到辅助线下面，系统弹出"设置辅助线"窗口。

（3）辅助线计算方式：计算线选择"平均值"选项。

（4）颜色设置为红色（颜色可任意选择）。

### 9. 设置预警线

添加预警规则：

（1）指标聚合方式：求和。

（2）预警指标满足：全部条件。

（3）营业收入小于 1 800 000 000（18 亿元），如图 4-15 所示。

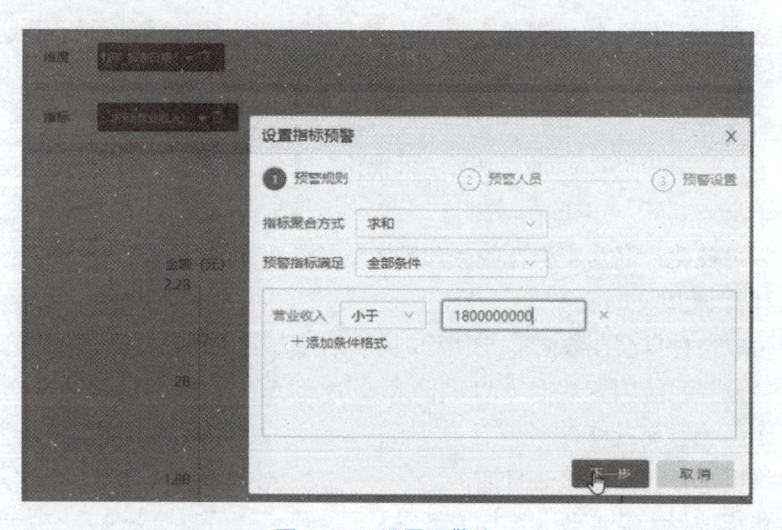

图 4-15　设置预警线

（4）单击"下一步"按钮

添加预警人员：

（5）可以选择自己的手机号码，或选择 BQ 管理员。

（6）选中后单击"→"选项。

（7）单击"下一步"按钮。

添加预警设置：

（8）预警级别：可根据需求添加（一般、重要、重大）。

（9）添加预警线颜色：黄色（颜色可任意选择）。

（10）单击"确认"按钮。

10. 保存可视化

（1）单击"保存"按钮。

（2）单击"退出"按钮，回到故事板界面，执行结果如图 4-16 所示。

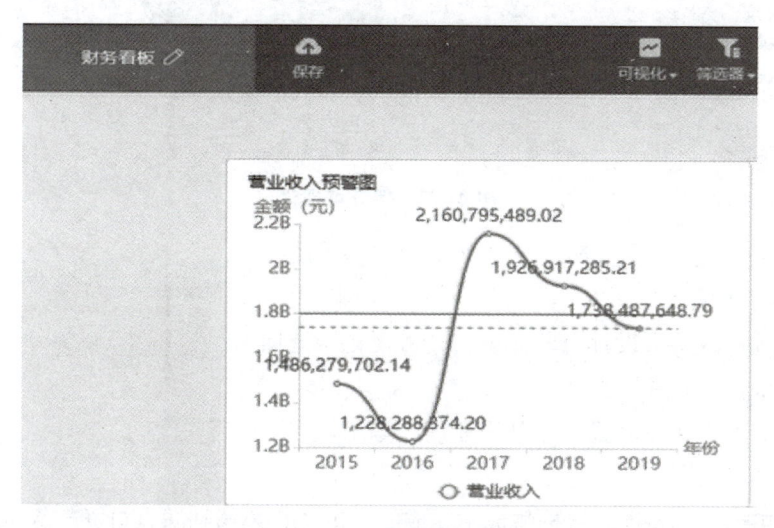

图 4-16　保存可视化

◆ 任务 4.2.6 财务看板——收入结构占比图

1. 新建可视化

（1）进入故事板设计页面，单击"可视化"选项。

（2）单击"新建"按钮。

（3）将可视化命名为：收入结构占比图。

2. 选择数据源

（1）可以选择自己在数据集成中完成的 AJHXJL 公司利润表与资产负债表合集。

（2）或选择系统内置数据（AJ 利润表 & 资产负债表合集）。

3. 维度与指标的选择

（1）维度选择：空（不需要任何维度）。

（2）指标选择：主营业务收入、其他业务收入、营业外收入、投资收益。

4. 选择可视化图形

图形选择：饼图或环形图。

5. 保存可视化

单击"保存"按钮，执行结果如图 4-17 所示。

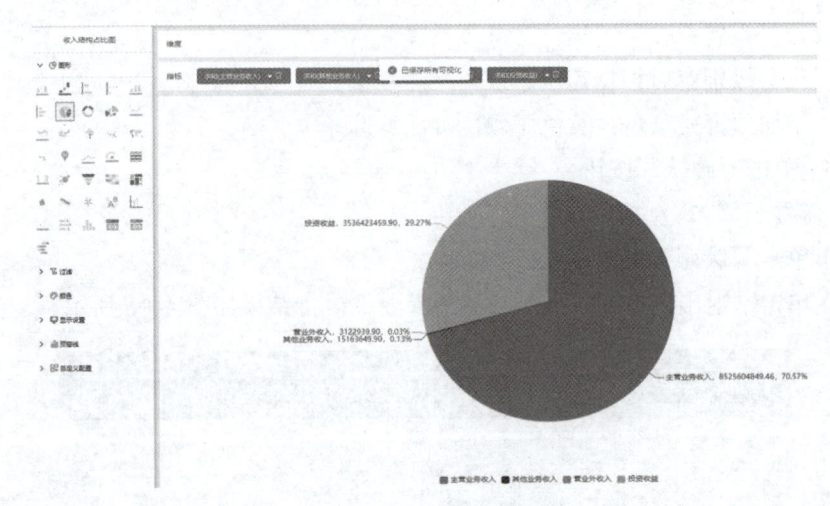

图 4-17 保存可视化

◆ 任务 4.2.7 财务看板——净利润变动趋势图

1. 新建可视化

（1）进入故事板设计页面，单击"可视化"选项。

（2）单击"新建"按钮。

（3）将可视化命名为：净利润变动趋势图。

2. 选择数据源

（1）可以选择自己在数据集成中完成的 AJHXJL 公司利润表与资产负债表合集。

（2）或选择系统内置数据（AJ 利润表 & 资产负债表合集）。

3. 维度与指标的选择

（1）维度选择：年_报表日期。

（2）指标选择：净利润。

4. 排序

（1）将维度"年_报表日期"标签升序排列。

（2）单击维度"年_报表日期"标签的向下箭头，选择"升序"选项，选择"年_报表日期"选项。

5. 选择可视化图形

图形选择：堆叠区域图。

6. 修改数据格式（启用千分位，小数点保留2位）

（1）单击指标"净利润"选项。

（2）单击"数据格式"选项。

（3）千分位：启用。

（4）小数点：2。

7. 显示设置

（1）维度轴设置：标题为"年份"。

（2）数值轴设置：标题为"金额（元）"。

### 8. 保存可视化

单击"保存"按钮，执行结果如图 4-18 所示。

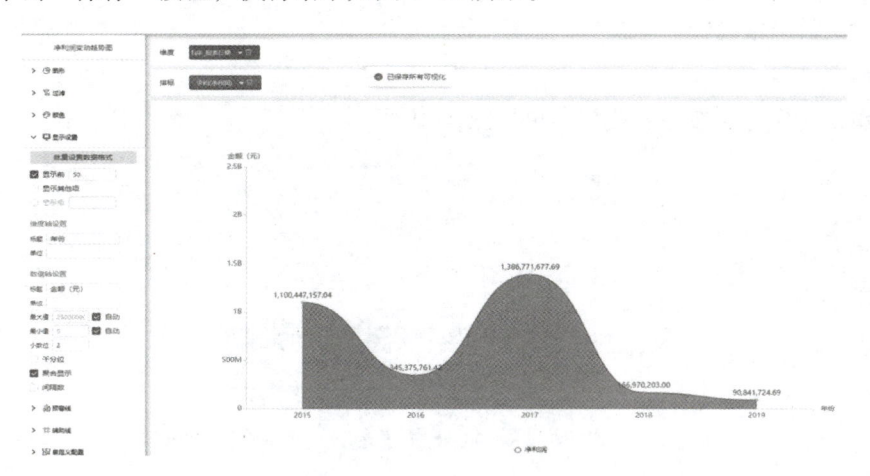

图 4-18　保存可视化

◆ **任务 4.2.8　财务看板——资产总计**

### 1. 新建可视化

（1）进入故事板设计页面，单击"可视化"选项。

（2）单击"新建"按钮。

（3）将可视化命名为：资产总计。

### 2. 选择数据源

（1）可以选择自己在数据集成中完成的 AJHXJL 公司利润表与资产负债表合集。

（2）或选择系统内置数据（AJ 利润表 & 资产负债表合集）。

### 3. 维度与指标的选择

（1）维度选择：年_报表日期。

（2）指标选择：资产总计。

### 4. 排序

（1）将维度"年_报表日期"标签升序排列。

（2）单击维度"年_报表日期"标签的向下箭头，选择"升序"选项，选择"年_报表日期"选项。

### 5. 选择可视化图形

图形选择：柱状图。

### 6. 修改数据格式（启用千分位，小数点保留 2 位）

（1）单击指标"营业收入"选项。

（2）单击"数据格式"选项。

（3）千分位：启用。

(4)小数点：2。

### 7. 显示设置

(1)维度轴设置：标题为"年份"。

(2)数值轴设置：标题为"金额（元）"。

### 8. 保存可视化

单击"保存"按钮，执行结果如图 4-19 所示。

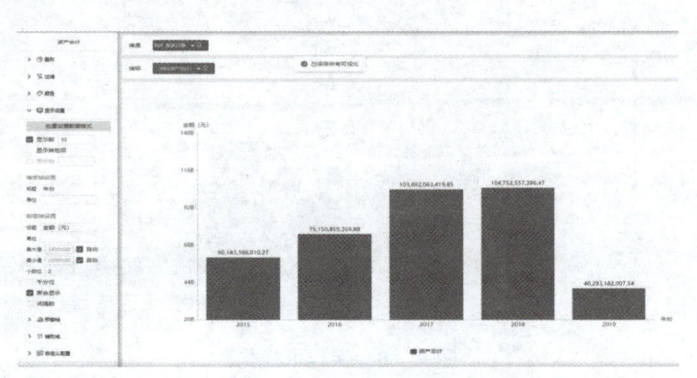

图 4-19  保存可视化

◆ 任务 4.2.9 财务看板——资产负债率

### 1. 新建可视化

(1)进入故事板设计页面，单击"可视化"选项。

(2)单击"新建"按钮。

(3)将可视化命名为：资产负债率。

### 2. 选择数据源

(1)可以选择自己在数据集成中完成的 AJHXJL 公司利润表与资产负债表合集。

(2)或选择系统内置数据（AJ 利润表 & 资产负债表合集）。

### 3. 维度与指标的选择

(1)维度选择：年_报表日期。

(2)指标选择：资产总计。

### 4. 新建指标

(1)单击指标旁边"+"按钮。

(2)单击"计算字段"选项。

(3)添加字段，名称为：资产负债率。

(4)字段类型选"数字"选项。

(5)表达式：avg（负债合计$^x$）/avg（资产总计$^x$），此处需要从"函数"中选择数学函数中的 avg，并从"可选择字段"选项中选择负债合计与资产总计。

(6)单击"确定"按钮。

(7)将资产负债率拖曳到指标字段。

## 5. 排序

（1）将维度"年_报表日期"标签升序排列。

（2）单击维度"年_报表日期"标签的向下箭头，选择"升序"选项，选择"年_报表日期"选项。

## 6. 选择可视化图形

图形选择：双轴图。

## 7. 添加过滤条件

（1）年_报表日期 包含 2017、2018、2019。

（2）单击"确定"按钮。

## 8. 设置数据格式

（1）单击指标"资产负债率"标签向下箭头。

（2）单击"数据格式"选项。

（3）设置缩放率：0.01。

（4）后导符：%。

## 9. 保存可视化

单击"保存"，执行结果如图 4-20 所示。

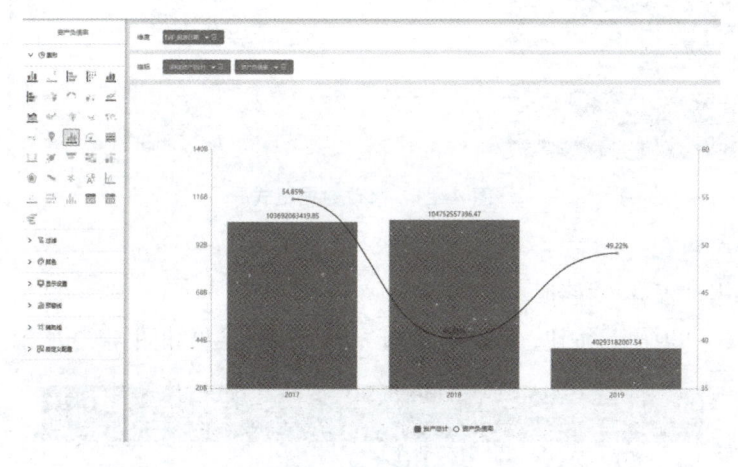

图 4-20　保存可视化

### ◆ 任务 4.2.10 经营看板—5 年销售总额

### 1. 新建可视化

（1）进入故事板设计页面，单击"可视化"选项。

（2）单击"新建"按钮。

（3）将故事板命名为：5 年销售总额。

### 2. 选择数据源

（1）可以选择资源下载处的数据表：客户销售情况表。

（2）或选择系统内置数据（客户销售情况表）。

### 3. 维度与指标的选择

（1）维度选择：空。

（2）指标选择：金额。

### 4. 选择可视化图形

图形选择：速度计。

### 5. 修改数据格式（启用千分位，小数点保留2位）

（1）单击指标"金额"标签向下箭头。

（2）单击"数据格式"选项。

（3）缩放率：100 000 000。

（4）后导符：亿元。

（5）千分位：启用。

（6）小数点：2，过程如图4-21所示。

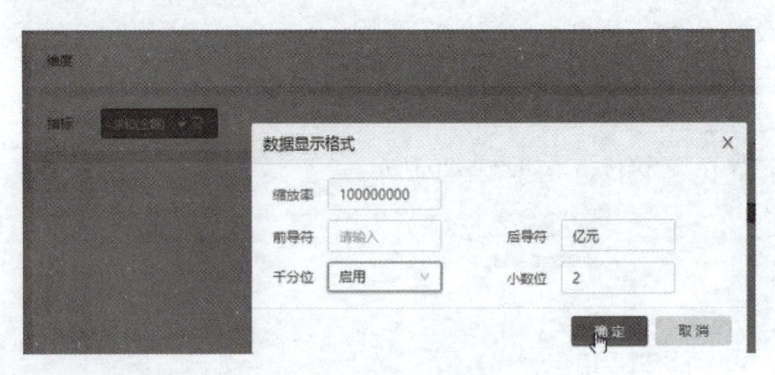

图4-21 修改数据格式

### 6. 保存可视化

（1）单击"保存"按钮。

（2）单击"退出"按钮，回到故事板界面，执行结果如图4-22所示。

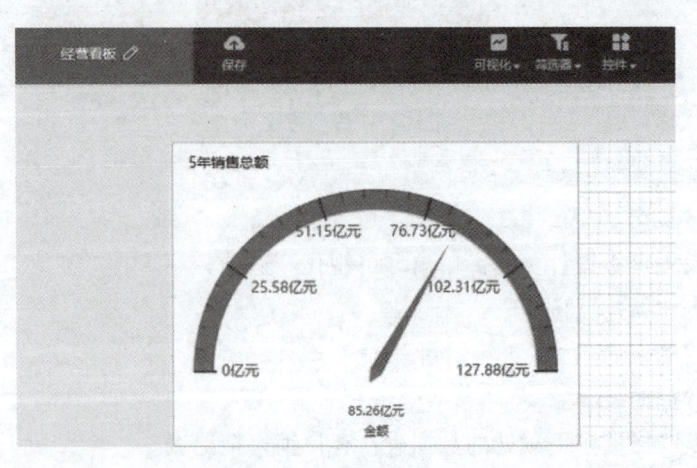

图4-22 保存可视化

◆ **任务 4.2.11 经营看板——客户数量统计**

**1. 新建可视化**

（1）进入故事板设计页面，单击"可视化"选项。

（2）单击"新建"按钮。

（3）将故事板命名为：客户数量统计。

**2. 选择数据源**

（1）可以选择资源下载处的数据表：客户销售情况表。

（2）或选择系统内置数据（客户销售情况表）。

**3. 维度与指标的选择**

（1）维度选择：年_日期。

（2）指标选择：客户档案名称。

**4. 选择可视化图形**

图形选择：柱状图。

**5. 排序**

（1）单击维度"年_日期"标签向下箭头。

（2）单击"升序"选项。

（3）选择"年_日期"选项。

**6. 显示设置**

（1）维度轴设置：年份。

（2）数值轴设置：位。

**7. 保存可视化**

（1）单击"保存"按钮。

（2）单击"退出"按钮，回到故事板界面，执行结果如图 4-23 所示。

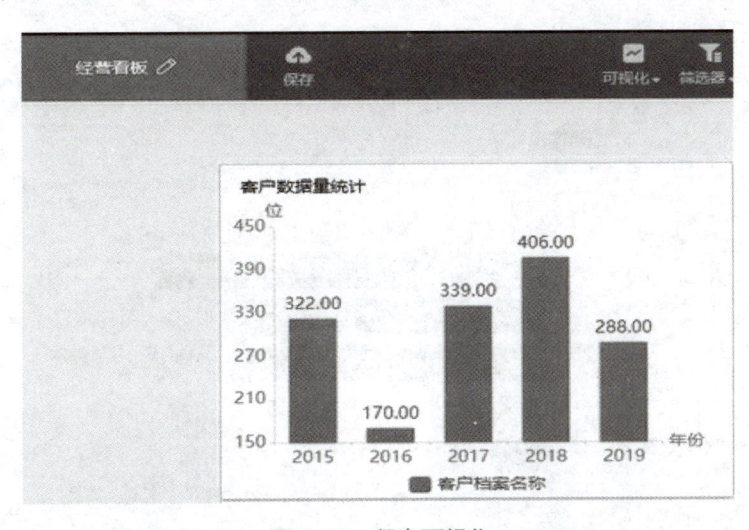

图 4-23  保存可视化

### ◆ 任务 4.2.12 经营看板——TOP5 客户排名

**1. 新建可视化**

（1）进入故事板设计页面，单击"可视化"选项。

（2）单击"新建"按钮。

（3）将故事板命名为：TOP5 客户排名。

**2. 选择数据源**

（1）可以选择资源下载处的数据表：客户销售情况表。

（2）或选择系统内置数据（客户销售情况表）。

**3. 维度与指标的选择**

（1）维度选择：客户档案名称。

（2）指标选择：金额。

**4. 选择可视化图形**

图形选择：条形图。

**5. 排序**

（1）单击指标"金额"标签向下箭头。

（2）单击"升序"选项。

**6. 修改数据格式**

（1）缩放率：100 000 000。

（2）后导符：亿元。

（3）千分位：启用。

（4）小数位：2。

**7. 显示设置**

（1）维度轴设置：客户名称。

（2）数值轴设置：金额。

（3）显示后：5，过程如图 4-24 所示。

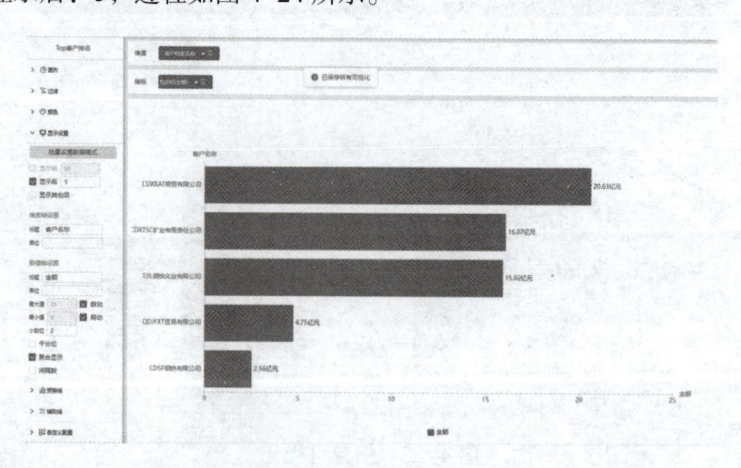

图 4-24 显示设置

## 8. 保存可视化

（1）单击"保存"按钮。

（2）单击"退出"按钮，回到故事板界面，执行结果如图 4-25 所示。

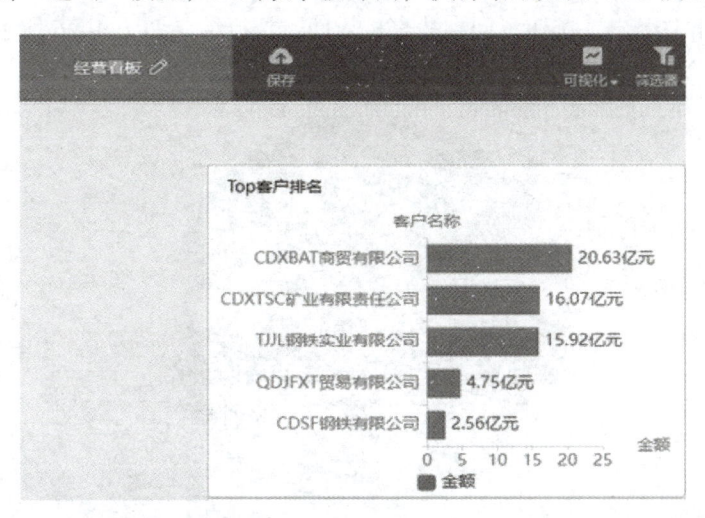

图 4-25　保存可视化

### ◆ 任务 4.2.13　经营看板—客户收入占比

#### 1. 新建可视化

（1）进入故事板设计页面，单击"可视化"选项。

（2）单击"新建"按钮。

（3）将故事板命名为：客户收入占比。

#### 2. 选择数据源

（1）可以选择资源下载处的数据表：客户销售情况表。

（2）或选择系统内置数据（客户销售情况表）。

#### 3. 维度与指标的选择

（1）维度选择：客户档案名称。

（2）指标选择：金额。

#### 4. 选择可视化图形

图形选择：饼图。

#### 5. 排序

（1）单击指标"金额"标签向下箭头。

（2）单击"升序"按钮。

#### 6. 修改数据格式

（1）缩放率：100 000 000。

（2）后导符：亿元。

（3）千分位：启用。

（4）小数位：2。

### 7. 保存可视化

（1）单击"保存"按钮。

（2）单击"退出"按钮，回到故事板界面，执行结果如图4-26所示。

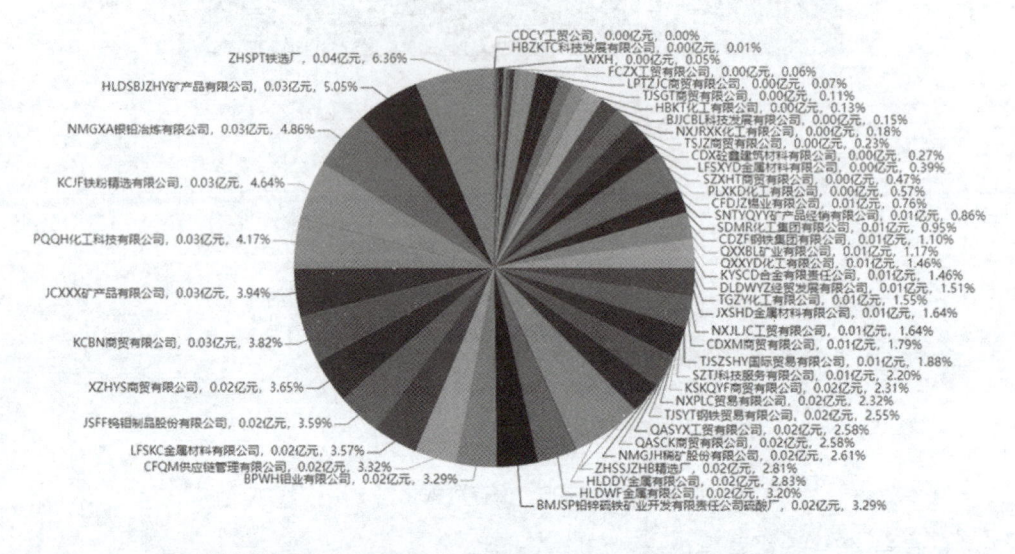

图 4-26　保存可视化

### ◆ 任务 4.2.14 经营看板——客户销售区域省区分布

### 1. 新建可视化

（1）进入故事板设计页面，单击"可视化"选项。

（2）单击"新建"按钮。

（3）将故事板命名为：客户销售区域省区分布。

### 2. 选择数据源

（1）可以选择资源下载处的数据表：客户销售情况表。

（2）或选择系统内置数据（客户销售情况表）。

### 3. 维度与指标的选择

（1）维度选择：省。

（2）指标选择：金额。

### 4. 选择可视化图形

图形选择：中国地图。

### 5. 颜色设置

将维度标签"省"拖曳至颜色区域内。

### 6. 保存可视化

（1）单击"保存"按钮。

（2）单击"退出"按钮，回到故事板界面。

## 项目四 数据可视化

◆ 任务 4.2.15 经营看板——客户销售区域市区分布

**1. 新建可视化**

（1）进入故事板设计页面，单击"可视化"选项。

（2）单击"新建"按钮。

（3）将故事板命名为：客户销售区域市区分布。

**2. 选择数据源**

（1）可以选择资源下载处的数据表：客户销售情况表。

（2）或选择系统内置数据（客户销售情况表）。

**3. 新建维度**

（1）单击维度旁边"+"按钮。

（2）单击"层级"选项。

（3）输入层级名称：省—市。

（4）选择钻取路径：省＞市，将"省"与"市"勾选，单击向右侧箭头。

（5）单击"确定"按钮。

**4. 维度与指标的选择**

（1）维度选择：省—市。

（2）指标选择：金额。

**5. 选择可视化图形**

图形选择：中国地图。

**6. 颜色设置**

将维度标签"省"拖曳至颜色区域内。

**7. 选择由省到市穿透图（以内蒙古为例）**

（1）单击内蒙古区域。

（2）选择可视化图形：省份矢量地图。

（3）颜色设置：将市拖曳至颜色区域内。

**8. 保存可视化**

（1）单击"保存"按钮。

（2）单击"退出"按钮，回到故事板界面。

◆ 任务 4.2.16 故事板设计——调用可视化看板

从财务看板与经营看板中，挑选出 6 个可视化图形，组成一个可视化看板，用于管理层会议汇报。

步骤一：单击"可视化"选项。

步骤二：单击"仓库"选项。

步骤三：任意选择 6 个可视化看板，组成一个新的故事板。

学习笔记

## 项目小结

本项目重点讲述了数据可视化的相关知识，主要涉及数据可视化的概念、数据可视化要素、数据可视化常用图形以及数据可视化的步骤和工具，要求学生能够在对数据可视化认知的基础上，完成可视化设计实战任务；在理解可视化设计理论的基础上，通过实战任务掌握可视化设计，达到知行合一的目的。

## 同步练习

### 一、单项选择题

1. 借助图形化手段，清晰、有效地传达数据中蕴含的信息，准确、形象、快速地凸显数据。属于（　　）数据分析步骤。

  A. 数据采集　　　　　　B. 数据清洗

  C. 数据挖掘　　　　　　D. 数据可视化

2. 在分析云中进行可视化图表展示，在准备好数据后，应先（　　）。

  A. 设计可视化图形　　　B. 创建可视化图形

  C. 创建故事板　　　　　D. 美化故事板

3. 下列关于维度的描述，不正确的是（　　）。

  A. 反映事物或现象的某种特征

  B. 用于衡量事物发展过程的单位或方法

  C. 分为定量维度和定性维度

  D. 年份属于定量维度

### 二、判断题

1. 在数据可视化展示时，用户应先将准备好的数据转换为标准格式，再上传到可视化工具中。（　　）

2. 可以使用折线图反映企业的销售区域分布。（　　）

3. 省份可以作为可视化图表中的维度。（　　）

## 项目评价

| 同步练习（15 分） | | | 得分： | |
|---|---|---|---|---|
| 计分标准：<br>得分 =3× 单项选择题正确个数 +2× 判断题正确个数 | | | | |
| 学生自评（35 分） | | | 得分： | |
| 计分标准：初始分 =2×A 的个数 +1×B 的个数 +0×C 的个数<br>　　　　得分 = 初始分 /16×35 | | | | |
| 专业能力 | 评价指标 | 自测结果 | 要求<br>（A 掌握；B 基本掌握；C 未掌握） | |
| 数据可视化认知 | 1. 数据可视化的概念；<br>2. 数据可视化要素；<br>3. 数据可视化常用图形；<br>4. 数据可视化的步骤和工具 | A□　B□　C□<br>A□　B□　C□<br>A□　B□　C□<br>A□　B□　C□ | 能够理解数据可视化的概念，掌握数据可视化要素，了解数据可视化常用图形、数据可视化的步骤和工具 | |
| 数据可视化设计 | 根据企业分析要求设计可视化看板 | A□　B□　C□ | 能够根据指标特点选取合适的图形呈现，能够根据企业分析要求设计可视化看板 | |
| 职业道德思想意识 | 1. 爱岗敬业、认真严谨；<br>2. 遵纪守法、遵守职业道德；<br>3. 顾全大局、团结合作 | A□　B□　C□<br>A□　B□　C□<br>A□　B□　C□ | 专业素质、思想意识得以提升，德才兼备 | |
| 小组评价（20 分） | | | 得分： | |
| 计分标准：得分 =10×A 的个数 +5×B 的个数 +3×C 的个数 | | | | |
| 团队合作 | A□　B□　C□ | 沟通能力 | A□　B□　C□ | |
| 教师评价（30 分） | | | 得分： | |
| 教师评语 | | | | |
| 总成绩 | | 教师签字 | | |

# 项目五　大数据+财报分析

## 【知识目标】

1. 了解财务报告的含义、财务报表的种类以及财务分析的主体和内容。
2. 掌握盈利能力、偿债能力、营运能力和发展能力的概念及分析意义。
3. 掌握盈利能力、偿债能力、营运能力和发展能力的相关分析指标及其运用。

## 【技能目标】

1. 能够根据案例资料进行财务报表项目分析。
2. 能够根据案例资料进行企业财务能力分析。
3. 能通过操作获取相关指标并进行可视化呈现。

## 【素质目标】

1. 通过对企业财务报表的分析,激发创新创业的信心和能力。
2. 培养学生良好的职业操守,保证数据的科学性与安全性。
3. 提高自主学习的能力,培养学生敢于挑战困难并勇于创新的精神。

# 项目五　大数据+财报分析

## 【知识图谱】

```
                    ┌─ 财务报告分析 ─┬─ 财务报告的含义
                    │                ├─ 财务报表的种类和作用
                    │                ├─ 企业财务分析的主体
                    │                └─ 财务分析的内容
                    │
                    ├─ 盈利能力分析 ─┬─ 盈利能力的概念
                    │                ├─ 盈利能力分析的意义
                    │                ├─ 盈利能力分析途径
                    │                └─ 盈利能力分析指标
                    │
     大数据+财报分析 ├─ 偿债能力分析 ─┬─ 偿债能力的概念
                    │                ├─ 偿债能力分析的意义
                    │                ├─ 偿债能力分析途径
                    │                └─ 偿债能力分析指标
                    │
                    ├─ 营运能力分析 ─┬─ 营运能力的概念
                    │                ├─ 营运能力分析的意义
                    │                └─ 营运能力分析指标
                    │
                    └─ 发展能力分析 ─┬─ 发展能力的概念
                                     ├─ 发展能力分析的意义
                                     └─ 发展能力分析指标
```

## 任务一　财务报告分析

**企业财务分析认知**

### ◆ 任务描述

财务大数据分析师根据上市公司财报数据进行财务报表科目分析，包括流动资产分析、长期资产分析、收入与成本分析、费用分析等多个维度的分析。

### ◆ 工作准备

#### 一、财务报告的含义

财务报告是企业对外提供的反映企业某一特定日期的财务状况，以及某一会计期间的经营成果、现金流量等会计信息的文件。财务报告包括财务报表和其他应当在财务报告中披露的相关信息和资料。

财务报表具体由会计报表本身及其附注两部分构成，是企业财务会计确认与计量的最终结果体现，投资者等相关使用者主要是通过财务报表来了解企业当前的财务状况、经营成果和现金流量等情况，从而预测未来的发展趋势。

因此，财务报表是向投资者等财务报告使用者提供有用的决策信息的主要媒介和渠道，是沟通投资者、债权人、政府及其他利益相关者与企业管理层之间信息的桥梁和纽带。

财务报告与财务报表的关系如图 5-1 所示。

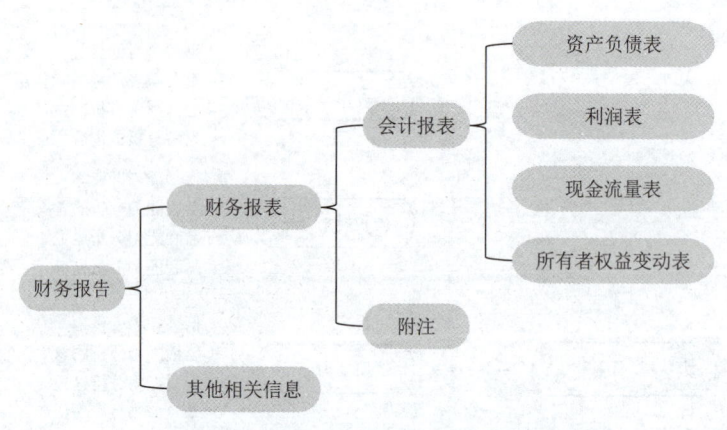

图 5-1 财务报告与财务报表的关系

认识资产负债表　认识利润表　认识现金流量表

## 二、财务报表的种类和作用

### （一）财务报表的种类

（1）资产负债表：反映企业在一定日期的资产、负债和所有者权益状况的会计报表。

（2）利润表：反映企业在某一时期内经营成果的会计报表。

（3）现金流量表：反映企业在某一时期内现金取得、流出以及流向状况的会计报表。

（4）所有者权益变动表：反映构成所有者权益的各组成部分当期的增减变动情况的会计报表。

### （二）财务报表的作用

（1）财务报表的目标就是向信息使用者提供对决策有用的信息，因此其作用是有利于财务报表信息使用者进行经济决策。

（2）财务报表的使用者很多，除了股东、借款人之外，还包括政府、社区代表、供应商等。

（3）高质量的财务报表能产生多样化信息，对投资人、债权人和其他利益相关者做出合理的决策具有重要的意义和价值。

## 三、企业财务分析的主体

企业财务分析是指以企业财务报告为主要依据，采用科学的评价标准和专门的分析方法，通过对企业的财务状况、经营成果和现金流量等重要指标进行分析比较、做出评价和判断，并以此为依据揭示企业经营中存在的问题和取得的绩效，预测企业未来的财务状况和发展前景，从而帮助财务信息使用者改善并优化决策的一种专门技术。

一般情况下，与企业有经济利益关系的有关方面会对企业的财务状况进行研究，而且不同的财务信息使用者对企业财务状况的关注点是不一样的，其分析的深度和广度也不一样。与企业有经济利益关系的有关方面主要有企业投资者、企业债权人、企业经营管理者、企业供应商、政府管理部门、企业职工、客户、竞争对手和公众等。

### （一）企业投资者

企业的投资者是指企业的权益投资人。投资者要求既要保全资本金，又要获取投资回报，因此，他们所关心的是企业的盈利能力、偿债能力以及风险等方面。投资者一方面要对企业的财务状况和经营成果进行分析评价，从而为投资决策提供依据；另一方面又要对企业经营管理者的业绩情况进行分析评价，为选择经营管理者提供依据。

### （二）企业债权人

企业债权人是指借款给企业并取得企业还款承诺的人，包括向企业提供信贷资金的银行、企业债券持有者和融资租赁的出租方等。债权人将款项贷给企业，一方面要求企业按期偿还贷款本金，另一方面要求企业支付贷款利息。因此，债权人关注的是企业未来还本付息的能力，着重分析企业的偿债能力以及企业的信用和违约风险。

### （三）企业经营管理者

企业的经营管理者也称"管理当局"，是指被企业所有者聘用，对企业资产和负债进行管理的团队。企业经营管理者对企业的经营成败负主要责任。因此，他们主要关心企业的财务状况、盈利能力和发展能力。他们可以根据需要随时获取各种财务信息和其他数据，因而能全面地、连续地进行财务分析。

### （四）企业供应商

企业供应商也是企业相关利益人。供应商一方面会关注企业未来的发展能力，通过分析企业未来的发展判断自身未来的市场变化。市场对供应商来说是生死攸关的，对其自身的未来发展起到至关重要的作用。另一方面供应商也会非常关注与信用风险和偿债能力有关的财务信息，通过对这些信息的分析来判断企业未来状况以制定合理的信用政策。

### （五）政府管理部门

政府对财务信息的需求是基于其所具有的不同角色。首先，政府作为社会公共管理部门，其主要收入来源是税收，企业作为纳税主体，需要接受政府的监督并依法纳税，此时政府主要关注的是收入、财产、所得等与税收有关的财务信息。其次，政府还可能是企业的投资者，会以所有者的角度来关注企业的财务信息。再次，政府经济管理部门，如工商管理部门、财政部门、证券管理部门、计划和统计部门等出于综合经济管理和宏观调控的需要，也会对企业的财务状况感兴趣。因此，政府管理部门可能对企业的获利能力、偿债能力与持续经营能力感兴趣。

### （六）企业职工

企业职工通常与企业存在长久、持续的关系。他们关心工作岗位的稳定性、工作环境的安全性以及获取报酬的前景。因而，他们对企业的发展前景、获利能力和偿债能力感兴趣。

此外，企业客户出于货源稳定的考虑、竞争对手出于竞争策略的需要、社会公众出于投资选择的需要也会关注企业财务。财务分析工作既可由这些相关主体自行开展，也可由证券分析师、注册会计师等中介服务机构的工作人员进行。

## 四、财务分析的内容

由于财务信息使用者与企业的利益关系不同，在进行财务分析时各有其不同的侧重点。综合来看，财务分析的内容主要有以下方面：

### （一）财务报表项目解读

财务报表提供了企业最重要的财务信息，应当读懂财务报表及其附注，了解每个项目数据的含义，为进一步分析打下基础。

#### 1. 资产负债表项目分析

资产负债表揭示了企业资金来源及资产配置情况，我们可以从中了解企业的资本结构与资产结构。资本结构的健全和合理与否，直接关系到企业的经济实力是否雄厚，企业的经济基础是否稳定。

#### 2. 利润表项目分析

利润表项目分析一是分析企业主要收入的来源及渠道；二是分析各种收入的性质；三是分析各种支出的结构，从而初步判断影响财务成果的主要因素。

#### 3. 现金流量表项目分析

现金流量表项目分析是了解企业在一定时期内现金流入的主要来源、现金流出的主要去向、现金净增减的变化和现金紧缺状况，评价企业的经营质量，预测企业未来现金流量的变动趋势，衡量企业未来的偿债能力，防范和化解由负债所产生的财务风险。

### （二）企业财务能力分析

企业财务能力分析的内容主要有如下方面。

#### 1. 偿债能力分析

偿债能力是企业对到期债务清偿的能力或现金保证程度。企业在生产经营过程中，为了弥补自身资金不足就要对外举债。举债经营的前提必须是能够按时偿还本金和利息，否则就会使企业陷入困境甚至危及企业的生存。从现实情况来看，导致企业破产的最根本、最直接的原因是企业不能偿还到期债务。通过偿债能力分析，债权人和债务人双方都可以从中认识到风险的存在和大小。债权人可以依此做出是否贷款的决策，债务人也可以了解自己的财务状况和偿债能力的大小，进而为下一步资金安排或资金筹措做出决策。

### 2. 盈利能力分析

盈利能力是企业利用各种经济资源赚取利润的能力。盈利是企业生产经营的根本目的，又是衡量企业经营成功与否的重要标志，是企业财务能力的综合体现。它不仅是企业所有者（股东）关心的重点，也是企业经营管理者和债权人极为关注的问题。盈利能力分析是财务分析的核心环节，涉及企业生产经营的各个方面。盈利能力分析不仅包含对一个时期盈利能力大小的分析，而且包括对企业在较长一段时期内稳定地获取利润能力的分析。

### 3. 营运能力分析

营运能力是运用企业资产进行生产经营的能力。企业的生产经营过程实质是资产运用并实现资本增值的过程。企业各种资产能否充分有效地使用，体现在资产周转速度的快慢，以及为企业带来收入的能力大小。资产运用状况如何，直接关系到资本增值的程度和企业的偿债能力。企业取得的资本，是以不同的形态体现在各类资产上的。企业各类资产之间必须保持一个恰当的比例关系，且在同类资产中的各种资产之间也应当有一个合理的资金分配，只有这样企业才能健康稳步发展，也才能充分发挥资金的使用效益。

### 4. 发展能力分析

企业的发展能力是指企业在生存的基础上，扩大生产经营规模、壮大经济实力的潜在能力。企业要在竞争中取得优势地位，就必须加快发展，发展是企业生存的动力，也是企业的获利之源。企业可持续发展的能力，不仅是现实投资者关心的重点，也是潜在投资者和企业员工关注的问题。通过对企业营业收入增长能力、利润增长能力、资产增长能力和资本扩张能力的计算分析，可以衡量和评价企业持续稳定发展的能力。

### （三）企业财务综合分析

企业财务综合分析是将资产负债表、利润表、现金流量表、所有者权益变动表，以及附注反映的财务报表结构、质量、财务能力的分析纳入一个有机的整体之中，将各项财务分析指标作为一个整体，系统、全面、综合地对企业财务状况和经营成果及现金流量情况进行分析和评价，反映企业整体的财务状况和经营状况。财务综合分析的主要内容包括杜邦财务分析体系、沃尔比重评分法、信用分析、企业绩效评价体系和财务预警分析。

## 任务实施

所需数据源内置在分析云数据集财务大数据文件夹内，查看分析云数据如图5-2所示。

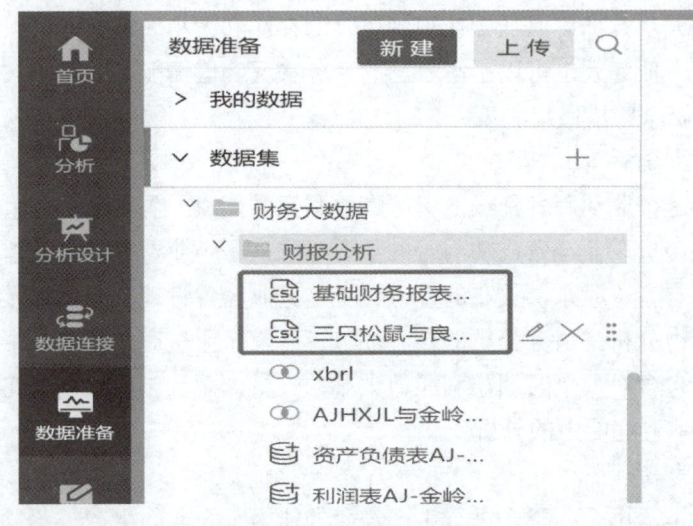

图 5-2　查看分析云数据

◆ 任务 5.1.1 流动资产分析

数据表：基础财务报表分析数据集

1. 新建文件夹

（1）进入分析云后，单击"分析设计"选项。

（2）单击"新建"按钮，选择"新建文件夹"选项，命名为：基础财务报表分析。

（3）保存在我的故事板文件夹内。

2. 新建故事板

将故事板命名为：流动资产分析。

3. 新建可视化

将可视化命名为：2021年货币资金分析。

4. 选择维度与指标

（1）维度选择：企业简称。

（2）指标选择：货币资金。

5. 排序

将指标"货币资金"升序排列。

6. 添加过滤

年_年份、等于、2021。

7. 选择显示图形

建议选择：条形图。

8. 数据格式设置

（1）缩放率：100 000 000。

（2）千分位：启用。

（3）小数位：2。

（4）后导符：亿元。

### 9. 单击"保存"按钮

◆ 任务 5.1.2 货币资金占总资产比例分析

数据表：基础财务报表分析数据集

### 1. 新建可视化

将可视化命名为：2021年货币资金占总资产比例。

### 2. 新建指标

（1）单击指标旁边"+"按钮，选择"计算字段"选项。

（2）名称：货币资金占总资产比例。

（3）字段类型：数字。

（4）表达式：sum（货币资金）/sum（资产总计）*100。

（5）单击"确定"按钮。

### 3. 选择维度与指标

（1）维度选择：企业简称。

（2）指标选择：货币资金占总资产比例。

### 4. 排序

将指标"货币资金占总资产比例"升序排列。

### 5. 添加过滤

年_年份、等于、2021

### 6. 选择显示图形

建议选择：条形图。

### 7. 数据格式设置

后导符：%。

### 8. 单击"保存"按钮

◆ 任务 5.1.3 固定资产分析

数据表：基础财务报表分析数据集

### 1. 新建故事板

将故事板命名为：长期资产分析。

### 2. 新建可视化

将可视化命名为：2021年固定资产分析。

### 3. 选择维度与指标

（1）维度选择：企业简称。

（2）指标选择：固定资产。

### 4. 排序

将指标"固定资产"升序排列。

**5. 添加过滤**

年 _ 年份、等于、2021。

**6. 选择显示图形**

建议选择：条形图。

**7. 数据格式设置**

（1）缩放率：100 000 000。

（2）千分位：启用。

（3）小数位：2。

（4）后导符：亿元。

**8. 单击"保存"按钮**

◆ 任务 5.1.4 流动负债分析

数据表：基础财务报表分析数据集

**1. 新建故事板**

将故事板命名为：流动负债分析。

**2. 新建可视化**

将可视化命名为：2021 年流动负债分析。

**3. 选择维度与指标**

（1）维度选择：企业简称。

（2）指标选择：流动负债合计。

**4. 排序**

将指标"流动负债合计"升序排列。

**5. 添加过滤**

年 _ 年份、等于、2021。

**6. 选择显示图形**

建议选择：条形图。

**7. 数据格式设置**

（1）缩放率：100 000 000。

（2）千分位：启用。

（3）小数位：2。

（4）后导符：亿元。

**8. 单击"保存"按钮**

◆ 任务 5.1.5 非流动负债分析

数据表：基础财务报表分析数据集

**1. 新建故事板**

将故事板命名为：非流动负债分析。

资产负债表水平分析

**2. 新建可视化**

将可视化命名为：2021年非流动负债分析。

**3. 选择维度与指标**

维度选择：企业简称。

指标选择：非流动负债合计。

**4. 排序**

将指标"非流动负债合计"升序排列。

**5. 添加过滤**

年 _ 年份、等于、2021。

**6. 选择显示图形**

建议选择：条形图。

**7. 数据格式设置**

（1）缩放率：100 000 000。

（2）千分位：启用。

（3）小数位：2。

（4）后导符：亿元。

**8. 单击"保存"按钮**

◆ **任务 5.1.6 所有者权益分析**

数据表：基础财务报表分析数据集

**1. 新建故事板**

将故事板命名为：所有者权益分析。

**2. 新建可视化**

将可视化命名为：2021年所有者权益分析。

**3. 选择维度与指标**

（1）维度选择：企业简称。

（2）指标选择：所有者权益合计。

**4. 排序**

将指标"所有者权益合计"升序排列。

**5. 添加过滤**

年 _ 年份、等于、2021。

**6. 选择显示图形**

建议选择：条形图。

**7. 数据格式设置**

（1）缩放率：100 000 000。

（2）千分位：启用。

（3）小数位：2。

（4）后导符：亿元。

8. 单击"保存"按钮

◆ 任务5.1.7 营业收入分析

数据表：基础财务报表分析数据集

1. 新建故事板

将故事板命名为：利润表分析。

2. 新建可视化

将可视化命名为：2021年营业收入分析。

3. 选择维度与指标

（1）维度选择：企业简称。

（2）指标选择：营业收入。

4. 排序

将指标"营业收入"升序排列。

5. 添加过滤

年_年份、等于、2021。

6. 选择显示图形

建议选择：条形图。

7. 数据格式设置

（1）缩放率：100 000 000

（2）千分位：启用。

（3）小数位：2。

（4）后导符：亿元。

8. 单击"保存"按钮

◆ 任务5.1.8 营业成本分析

数据表：基础财务报表分析数据集

1. 新建可视化

将可视化命名为：2021年营业成本分析。

2. 选择维度与指标

（1）维度选择：企业简称。

（2）指标选择：营业成本。

3. 排序

将指标"营业成本"升序排列。

4. 添加过滤

年_年份、等于、2021。

5. 选择显示图形

建议选择：条形图。

**利润表水平分析**

**6. 数据格式设置**

（1）缩放率：100 000 000。

（2）千分位：启用。

（3）小数位：2。

（4）后导符：亿元。

**7. 单击"保存"按钮**

◆ 任务 5.1.9 期间费用分析

数据表：基础财务报表分析数据集

**1. 新建可视化**

将可视化命名为：2021年期间费用分析。

**2. 选择维度与指标**

（1）维度选择：企业简称。

（2）指标选择：销售费用、管理费用、财务费用。

**3. 显示设置**

单击"批量设置数据格式"。

缩放率：100 000 000。

千分位：启用。

后导符：亿元。

小数位：2。

**4. 添加过滤**

年_年份、等于、2021。

**5. 选择显示图形**

建议选择：表格。

**6. 单击"保存"按钮**

◆ 任务 5.1.10 经营活动现金流分析

数据表：基础财务报表分析数据集

**1. 新建故事板**

将故事板命名为：现金流量表分析。

**2. 新建可视化**

将可视化命名为：2021年经营活动现金流分析。

**3. 选择维度与指标**

（1）维度选择：企业简称。

（2）指标选择：经营活动产生的现金流量净额。

**4. 排序**

将指标"经营活动产生的现金流量净额"升序排列。

**5. 添加过滤**

年_年份、等于、2021。

**6. 选择显示图形**

建议选择：条形图。

**7. 数据格式设置**

缩放率：100 000 000。

千分位：启用。

小数位：2。

后导符：亿元。

**8. 单击"保存"按钮**

现金流量表水平分析

## 任务二　盈利能力分析

盈利能力分析

### 任务描述

财务大数据分析师根据上市公司财报数据进行盈利能力分析，包括营业收入分析、净利润分析、毛利率分析、净资产收益率分析、营业利润率分析和总资产报酬率分析。

### 工作准备

#### 一、盈利能力的概念

盈利能力是指企业获取利润的能力。企业盈利能力越强，则其给予股东的回报就越高，企业价值越大；同时盈利能力越强，带来的现金流量越多，企业的偿债能力就越强。无论是企业的经理人员、债权人，还是股东（投资者），都非常关心企业的盈利能力，并重视对利润率及其变动趋势的分析与预测。

#### 二、盈利能力分析的意义

盈利能力又称"企业的资金或资本增值能力"，通常表现为一定时期内企业收益数额的多少及其水平的高低。盈利能力（Profitability）的大小是一个相对的概念，即利润相对一定的资源投入、一定的收入而言。利润率越高，盈利能力越强；利润率越低，盈利能力越差。企业经营业绩的好坏最终可通过企业的盈利能力来反映。

##### （一）经营者角度

从企业的角度来看，企业从事经营活动，其直接目的是最大限度地赚取利润并维持企业持续稳定地经营和发展。持续稳定地经营和发展是获取利润的基础，而最大限度地获取利润又是企业持续稳定发展的目标和保证，只有在不断地获取利润的基础上，企业才可能发展。因此，盈利能力是企业经营人员最重要的业绩衡量标准和发现问题、改进企业管理的突破口。对企业经营管理者来说，进行企业盈利能力分析的意义具体表现在以下两个方面。

第一，利用盈利能力的有关指标反映和衡量企业经营业绩。企业经理人员的根本任务，就是通过自己的努力使企业赚取更多的利润。各项收益数据反映着企业的盈利能力，也表现了经理人员工作业绩的好坏。用已达到的盈利能力指标与标准、基期、同行业平均水平、其他企业相比较，则可以衡量经理人员工作业绩的优劣。

第二，通过盈利能力分析发现经营管理中存在的问题。盈利能力是企业各环节经营活动的具体表现，企业经营的好坏都会通过盈利能力表现出来。通过对盈利能力的深入分析，可以发现经营管理中的重大问题，进而采取措施解决问题，提高企业收益水平。

### （二）投资者角度

对股东（投资者）而言，企业盈利能力的强弱更是至关重要的。在市场经济下，股东往往会认为企业的盈利能力比财务状况、运营能力更重要。股东们的直接目的就是获得更多的利润，因为对于信用相同或相近的几个企业，人们总是将资金投向盈利能力强的企业。股东们关心企业赚取利润的多少并重视对利润率的分析，是因为他们的股息与企业的盈利能力紧密相关；此外，企业盈利能力增加还会使股票价格上升，从而使股东们获得资本收益。

## 三、盈利能力分析途径

对企业的盈利能力主要可以从三个不同的角度进行分析，来诠释销售或资金的盈利能力。

一是销售获利能力，指企业在经营活动中平均每元销售收入创造收益的能力。采用的指标有毛利率、营业利润率、营业净利率、成本费用率和盈余现金保障倍数。

二是资产获利能力，指企业用全部资产创造收益的能力。采用的指标有总资产报酬率和总资产净利率。

三是资本获利能力，指企业投资者在资本市场上的每元投资创造收益的能力，采用的指标是净资产收益率。

## 四、盈利能力分析指标

### （一）销售获利能力

对企业销售活动的盈利能力分析是企业盈利能力分析的重点，因为营业利润是企业利润的主要来源，而营业利润高低的关键取决于产品销售的增长幅度。产品销售额的增减变化，直接反映了企业生产经营状况和经济效益的好坏。从企业的角度看，盈利能力可以用利润和销售收入的比例关系来评价，由于销售收入是取得利润的基础，在收入一定的情况下，利润占收入的比重越大则利润越多，所以利润占收入的比重成为企业盈利能力的标志之一。

#### 1. 毛利率

毛利率是毛利与销售收入（或营业收入）的百分比，其中毛利是收入和与收入相对应的成本之间的差额。

计算公式为：

$$销售毛利率 = 销售毛利 \div 销售收入 \times 100\%$$

$$销售毛利 = 销售收入 - 销售成本$$

毛利率作为反映企业盈利能力的指标，不同行业该比率的差别很大。据统计，电力、电信、医疗器械、电子、通信等行业，由于其垄断性，或者由于其专有技术性，毛利率通常比较高，而机械、基础建设、食品、农产品加工等行业，由于其劳动密集和传统性，毛利率偏低。在评价一个企业的毛利率水平时，需要考虑其行业特性，与同行业平均值做比较更具有可比性，更能说明企业的盈利能力和行业竞争力。

### 2. 营业利润率

营业利润率是指企业的营业利润与营业收入的比率，它是衡量企业经营效率的指标，反映了在不考虑非营业成本的情况下，企业管理者通过经营获取利润的能力。

计算公式为：

$$营业利润率 = 营业利润 \div 营业收入 \times 100\%$$

营业利润率指标反映了每 100 元营业收入中所赚取的营业利润数额。营业利润是企业利润总额中最基本、最经常，也是最稳定的组成部分，营业利润占利润总额比重的多少，是说明企业盈利能力质量好坏的重要依据。营业利润作为一种净获利额，比销售毛利更好地说明了企业销售收入的获利情况，从而能更全面、完整地体现收入的盈利能力，营业利润率越高，说明企业营业收入的盈利能力越强；反之，则盈利能力越弱。

### 3. 营业净利率

营业净利率是净利润与营业收入的比率，反映企业营业收入创造净利润的能力。

计算公式为：

$$营业净利率 = 净利润 \div 营业收入 \times 100\%$$

该指标反映每 100 元营业收入中所赚取净利润的数额。营业净利率越大，表明企业盈利能力越强。从营业净利率的指标关系看，净利润额与营业净利率成正比关系，而营业收入额与营业净利率成反比关系。

### （二）资产获利能力

企业的生产经营活动必须以拥有一定的资产为前提，资产的结构需要合理地配置并有效地运用。企业在一定的会计期间内占用和消耗一定的资源，获取一定的利润。利润作为资产运用的成果是由全部资产带来的，企业获取的利润越大，资产的盈利能力越强，经济效益越好。通过资产盈利能力分析可以衡量资产的运用效益，从总体上反映投资效果，这对财务会计报告使用者是非常重要的信息。

### 1. 总资产报酬率

总资产报酬率又称总资产收益率，是企业一定期限内实现的收益额与该时期企业平均资产总额的比率。该指标反映企业利用全部经济资源获取利润的能力。它是反映企业资产综合利用效果的指标，也是衡量企业总资产盈利能力的重要指标。

计算公式为：

$$总资产报酬率 = （利润总额 + 利息支出） \div 总资产平均余额 \times 100\%$$

$$总资产平均余额 = （期初总资产余额 + 期末总资产余额） \div 2$$

总资产报酬率集中体现了资产运用效率和资金利用效果之间的关系，全面反映了企业全部资产的盈利水平。一般情况下，该指标越高，说明企业的资产利用效果越好，企业盈利能力越强，经营管理水平越高。

### 2. 总资产净利率

总资产净利率又称总资产收益率或投资报酬率，是企业一定期间内实现的净利润与该时期企业总资产平均余额的比率，反映了企业总资产的综合管理效果。

计算公式为：

$$总资产净利率 = 净利润 \div 总资产平均余额 \times 100\%$$

$$总资产平均余额 = （期初总资产余额 + 期末总资产余额） \div 2$$

该指标表示企业每 100 元资产创造净利润的效率，它是反映企业资产综合利用效果的指标。一般情况下，该指标越大，管理效果越好。该指标反映了企业资金运动与资金利用效果的关系，资金运动速度较快，表现为较少的投资能够获得较多的利润。企业要创造高额利润，必须合理使用资金，降低消耗，避免资产闲置、资金沉淀、资产浪费或其他不合理的费用开支。

### （三）资本获利能力

投资者投资的目的是获得投资报酬，需要对股东投入资本运用效率进行分析，也就是权益资本的获利能力。资本获利能力是指企业所有者通过投入资本在生产经营过程中取得利润的能力。企业适当地提高财务杠杆水平，运用债务资本获取更多利润，支付利息以后还有剩余，股东收益率就会提高，进而提高资金的使用效率。借入的资金过多会增大企业的财务风险。净资产收益率是衡量股东资金使用效率的重要财务指标。

净资产收益率又称"股东权益报酬率"。该指标反映股东权益的收益水平,用以衡量公司运用自有资本的效率。

计算公式为:

$$净资产收益率 = 净利润 \div 平均净资产 \times 100\%$$

$$平均净资产 = (期初净资产 + 期末净资产) \div 2$$

净资产收益率是评价企业自有资本及其积累获取报酬水平的最具综合性与代表性的指标,反映企业资本运营的综合效益。指标值越高,说明投资带来的收益越高,该指标体现了自有资本获得净收益的能力。

评价净资产收益率,至少需要两到三年的该项指标进行综合评价,受融资和投资进度的影响,只看一年净资产收益率,无法真实全面地反映上市公司的盈利能力,而连续年度的净资产收益率可以将上市公司的盈利能力体现无遗。

## 任务实施

### ◆任务5.2.1 营业收入分析

**1. 新建故事板**

(1)单击"开始任务"选项,进入用友分析云,选择左侧"分析设计"选项,单击"新建"下方的"新建故事板"选项,如图5-3所示。

(2)故事板名称输入"盈利能力分析",存放在"我的故事板"下方,单击"确认"按钮,进入盈利能力分析故事板,如图5-4所示。

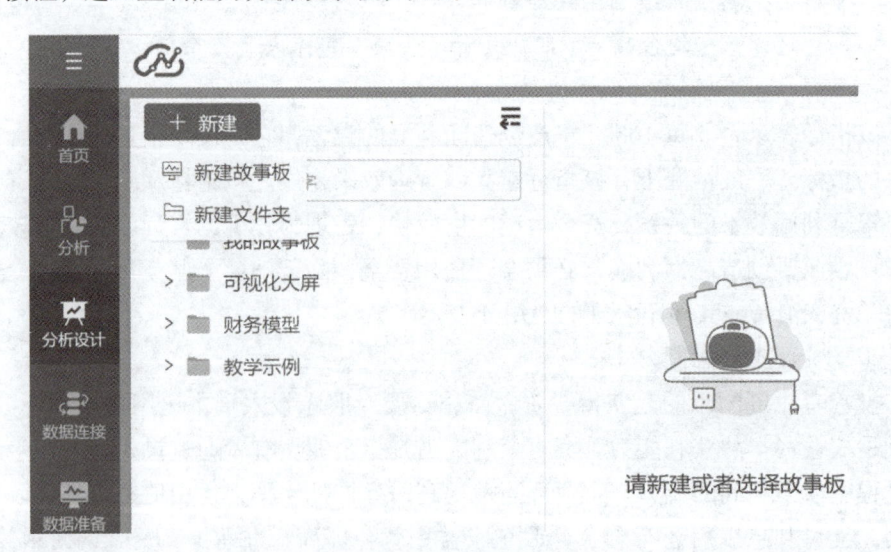

图5-3 新建故事板

项目五　大数据＋财报分析

学习笔记

图 5-4　盈利能力分析故事板

2. 营业收入可视化

（1）进入图 5-4 盈利能力分析故事板以后，需要新建可视化视图，单击"可视化"—"新建"选项，如图 5-5 所示。

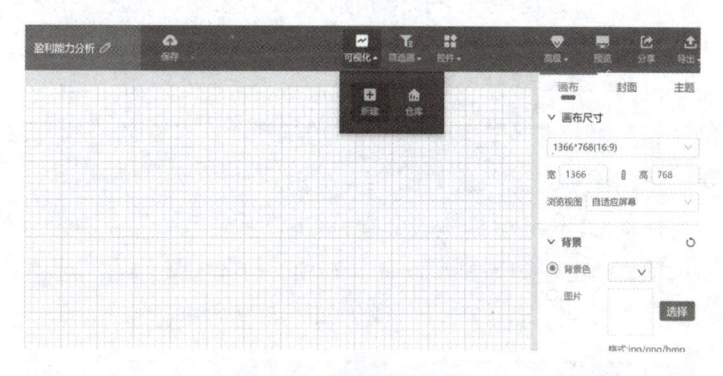

图 5-5　新建可视化视图

（2）选择数据集，单击"数据集"—"财务大数据"—"财报分析"选项，选择 xbrl，单击"确定"按钮，如图 5-6 所示。

图 5-6　选择数据集

· 103 ·

财务大数据分析

（3）将左侧"新建可视化"名称修改为：营业收入，将左侧"指标"下的"营业收入"选中以后拖曳到右上方的指标行，将左侧"维度"下的"企业简称"选中以后拖曳到右上方维度行，营业收入可视化如图5-7所示。

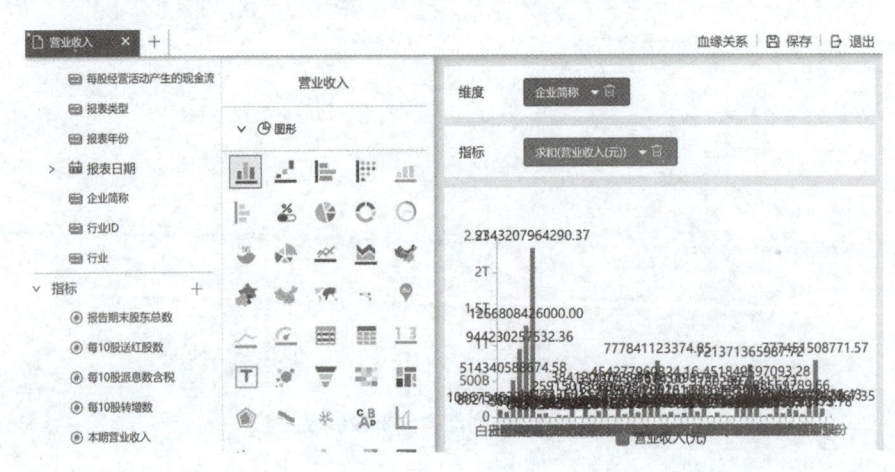

图5-7　营业收入可视化

（4）单击"过滤"—"设置"选项，系统弹出过滤条件对话框，单击"按条件添加"选项。单击第一行过滤条件下拉三角箭头，过滤框依次选择"报表类型""等于""5000"，单击"按条件添加"选项；单击第二行过滤条件下拉三角箭头，过滤框依次选择"报表年份""等于""2018"，单击"按条件添加"选项；单击第三行过滤条件下拉三角箭头，过滤框依次选择"行业""等于""有色金属冶炼及压延加工业"。单击"确定"按钮，添加过滤条件如图5-8所示。

（5）图形选择条形图，展示具体的金额，单击"营业收入"下方的下拉三角箭头，选择"升序"选项，单击左侧"显示设置"选项，勾选"显示后"选项，录入"20"，单击右上方"保存"按钮，营业收入可视化如图5-9所示。

图5-8　添加过滤条件

（6）单击"退出"按钮，系统返回到故事板界面。

通过可视化图表可以看出，在有色金属冶炼及压延加工业中，江西铜业的营业收入最高，其次是中国铝业，再次是白银有色。

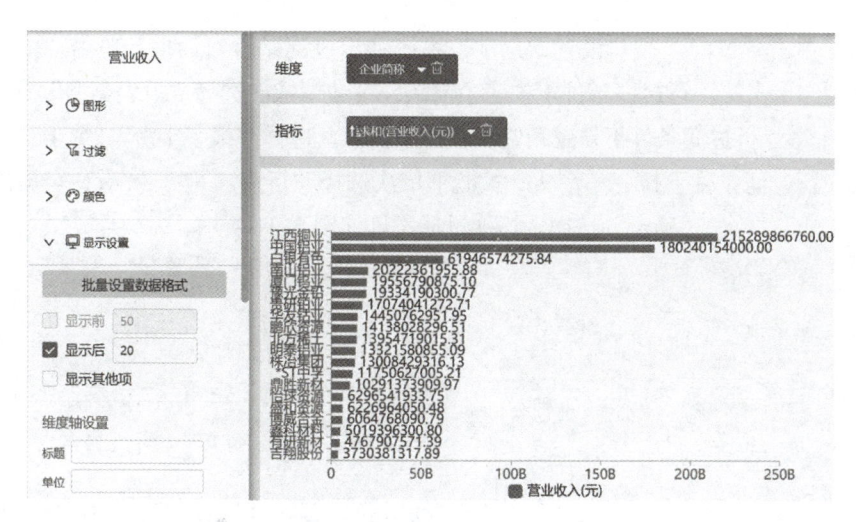

图 5-9　营业收入可视化

◆ **任务 5.2.2　净利润分析**

**1. 打开故事板**

单击"分析设计—我的故事板—盈利能力分析故事板"。

**2. 净利润可视化**

（1）进入图 5-4 盈利能力分析故事板以后，单击"可视化"—"新建"选项，新建"净利润"可视化视图。

（2）选择数据集，单击"数据集"—"财务大数据"—"财报分析"选项，选择 xbrl，单击"确定"按钮。

（3）将左侧"新建可视化"名称修改为:净利润,将左侧"指标"下的"净利润"选中以后拖曳到右上方的指标行，将左侧"维度"下的"企业简称"选中以后拖曳到右上方维度行，净利润可视化如图 5-10 所示。

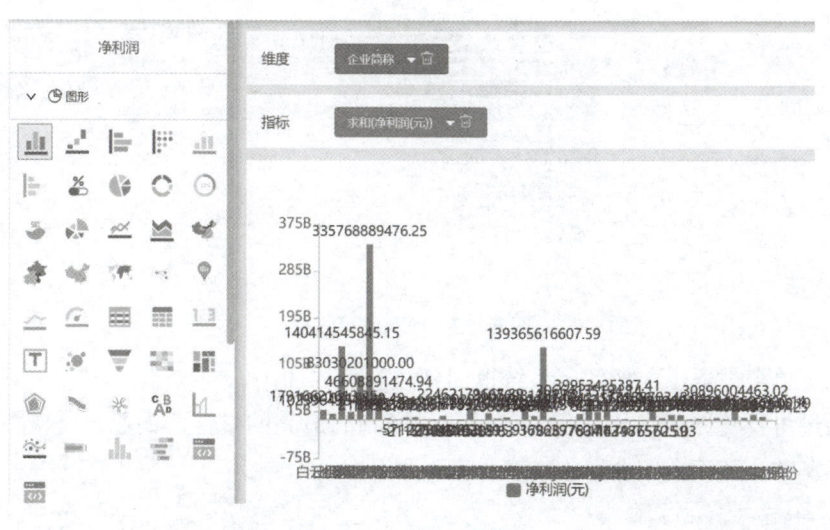

图 5-10　净利润可视化

（4）单击"过滤"—"设置"选项，系统弹出过滤条件对话框，单击"按条件添加"选项。单击第一行过滤条件下拉三角箭头，过滤框依次选择"报表类型""等于""5000"；单击第二行过滤条件下拉三角箭头，过滤框依次选择"报表年份""等于""2018"；单击第三行过滤条件下拉三角箭头，过滤框依次选择"行业""等于""有色金属冶炼及压延加工业"，单击"确定"按钮，添加过滤条件如图5-11所示。

图5-11 添加过滤条件

（5）图形选择条形图，能够展示具体的数值，将净利润指标按升序排序，单击左侧"显示设置"选项，勾选"显示后"选项，录入"20"，单击右上方"保存"按钮，净利润可视化如图5-12所示。

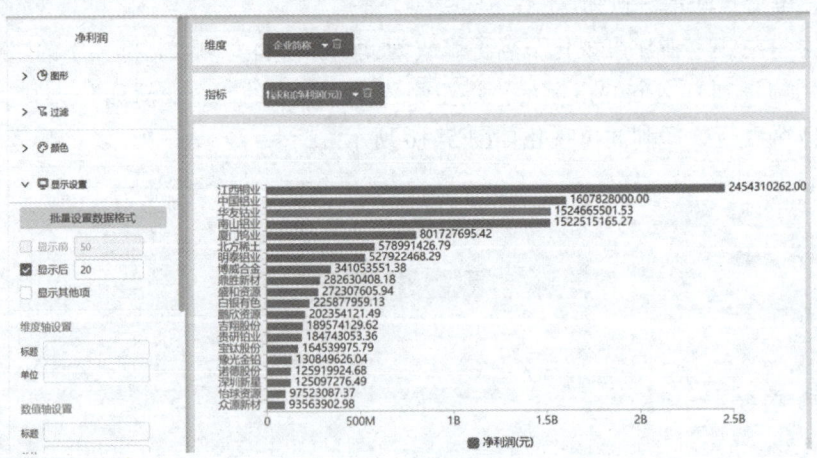

图5-12 净利润可视化

（6）单击"退出"按钮，系统返回到故事板界面。

通过可视化图表可以看出，该行业中净利润最高的是江西铜业，其次是中国铝业、华友钴业和南山铝业。

### ◆ 任务 5.2.3 毛利率分析

#### 1. 打开故事板
单击"分析设计"—"我的故事板"—"盈利能力分析故事板"选项。

#### 2. 毛利率可视化
（1）进入图 5-4 盈利能力分析故事板以后，单击"可视化"—"新建"选项，新建"毛利率"可视化视图。

（2）选择数据集，单击"数据集"—"财务大数据"—"财报分析"选项，选择 xbrl，单击"确定"按钮。

（3）将左侧"新建可视化"名称修改为：毛利率，需要新建"毛利率"字段，单击左侧"指标"选项的"+"号，单击"计算字段"选项，打开"添加字段"对话框，名称输入"毛利率"，字段类型选择"数字"，在表达式中双击选择数学函数下的 sum，光标定位到括号内，双击选择下方 xbrl 表中的"营业收入"选项，将表达式用英文状态下的括号括起来，再输入"-"号，双击选择数学函数下的 sum，将光标定位到括号内，然后双击选择下方 xbrl 表中的"营业成本"选项，在括号后输入"*100""/"，双击选择数学函数下的 sum，将光标定位到括号内，然后双击选择下方 xbrl 表中的"营业收入"选项，单击"确定"按钮，添加字段如图 5-13 所示。

图 5-13 添加字段

（4）将新增的毛利率指标选中以后拖曳到右上方的指标行，将"企业简称"维度选中以后拖曳到维度行，单击"毛利率"指标下拉三角箭头，排列顺序选择升序。

（5）单击"过滤"—"设置"选项，按条件添加,条件选择:"报表类型""等于""5000"，"报表年份""等于""2018"，"行业""等于""有色金属冶炼及压延加工业"，单击"确定"按钮。

（6）图形选择条形图的类型,展示具体的数值。"显示设置"选择"显示后""20"，单击"保存"按钮，毛利率可视化如图 5-14 所示。

（7）单击"退出"按钮，系统返回到故事板界面。

通过可视化图表可以看出，华友钴业的毛利率水平最高，说明其抵补各项期间费用的能力最强，企业的盈利能力也相对最高，其次是诺德股份和深圳新星。

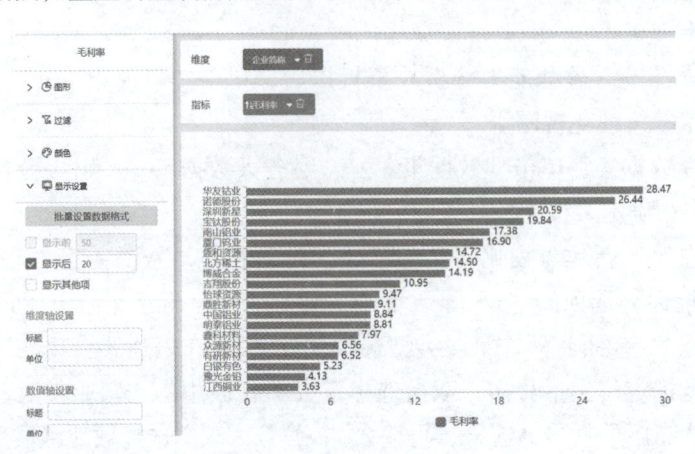

图 5-14　毛利率可视化

### ◆任务 5.2.4 净资产收益率分析

**1. 打开故事板**

单击"分析设计"—"我的故事板"—"盈利能力分析故事板"选项。

**2. 净资产收益率可视化**

（1）进入图 5-4 盈利能力分析故事板以后，单击"可视化"—"新建"选项，新建"净资产收益率"可视化视图。

（2）选择数据集，单击"数据集"—"财务大数据"—"财报分析"选项，选择 xbrl，单击"确定"按钮。

（3）修改可视化名称为"净资产收益率"，需要新建"净资产收益率"字段，字段类型为"数字"，净资产收益率表达式为"sum（净利润（元）$^x$）*100/avg（所有者权益（或股东权益）（元）$^x$）"。单击指标右侧的"+"号，系统弹出"添加字段"对话框，名称输入"净资产收益率"，字段类型为"数字"，表达式选择数学函数下的 sum，光标定位到括号内，然后选择下方的 xbrl 表中的"净利润"选项，输入"*100""/"，选择数学函数下的 avg，光标定位到括号内，然后选择下方的 xbrl 表中的"所有者权益（或股东权益）"，净资产收益率字段如图 5-15 所示。

（4）将新增的净资产收益率指标选中以后拖曳到右上方的指标行，将"企业简称"维度选中以后拖曳到维度行，单击"净资产收益率"指标下拉三角箭头，排列顺序选择升序。

（5）单击"过滤"—"设置"选项，按条件添加，条件选择："报表类型""等于""5 000"，"报表年份""等于""2018"，"行业""等于""有色金属冶炼及压延加工业"，单击"确定"按钮，添加过滤条件如图 5-16 所示。

图 5-15　净资产收益率字段

图 5-16　添加过滤条件

（6）图形选择条形图的类型，展示具体的数值。"显示设置"选择"显示后""20"，单击"保存"按钮，净资产收益率可视化如图 5-17 所示。

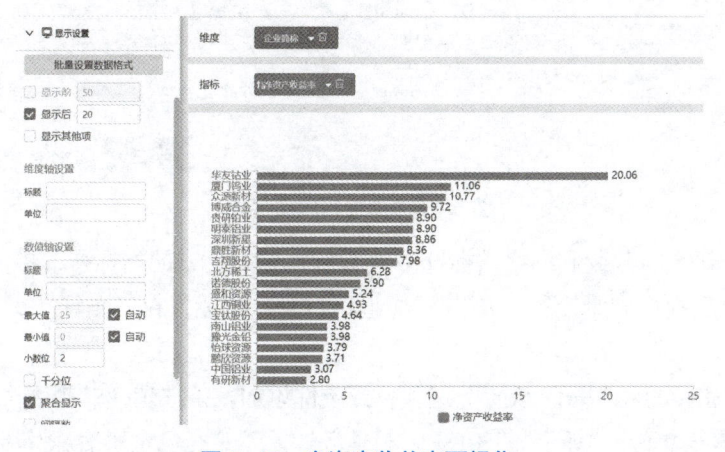

图 5-17　净资产收益率可视化

（7）单击"退出"按钮，系统返回到故事板界面。

> **学习笔记**

通过可视化图表可以看出，华友钴业的净资产收益率在行业中排名第一，说明其对股东投入资本的利用效率相对于其他企业处于领先水平。企业利用自有资金获取收益的能力最强，运营效益最好，对企业投资人、债权人的保证程度也最高。其次是厦门钨业和众源新材。

### ◆ 任务5.2.5 营业利润率分析

**1. 打开故事板**

单击"分析设计"—"我的故事板"—"盈利能力分析故事板"选项。

**2. 营业利润率可视化**

（1）进入图5-4盈利能力分析故事板以后，单击"可视化"—"新建"选项，新建"营业利润率"可视化视图。

（2）选择数据集，单击"数据集"—"财务大数据"—"财报分析"选项，选择xbrl，单击"确定"按钮。

（3）修改可视化名称为：营业利润率，需要新建"营业利润率"字段，字段类型为"数字"，营业利润率表达式为"sum（营业利润（元）$^x$）*100/sum（营业收入（元）$^x$）"，营业利润率字段如图5-18所示。

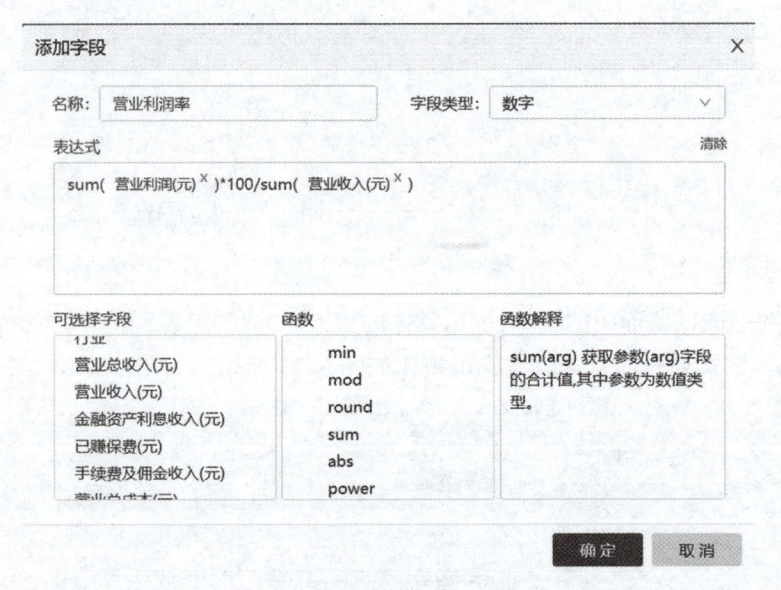

图5-18 营业利润率字段

（4）将新增的营业利润率指标选中以后拖曳到右上方的指标行，将"企业简称"维度选中以后拖曳到维度行，单击"营业利润率"指标下拉三角箭头，排列顺序选择升序。

（5）单击"过滤"—"设置"选项，按条件添加，条件选择："报表类型""等于""5 000"，"报表年份""等于""2018"，"行业""等于""有色金属冶炼及压延加工业"。单击"确定"按钮，添加过滤条件如图5-19所示。

项目五　大数据＋财报分析

图 5-19　添加过滤条件

（6）图形选择条形图的类型，展示具体的数值。"显示设置"选择"显示后""20"，单击"保存"按钮，营业利润率可视化如图 5-20 所示。

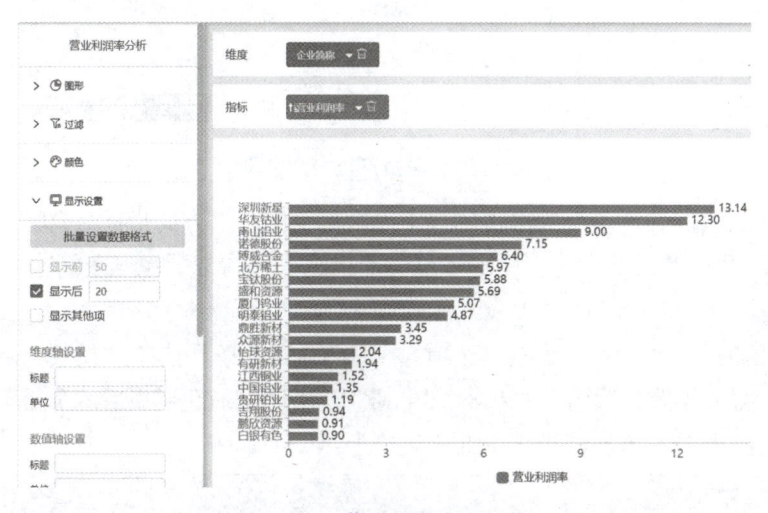

图 5-20　营业利润率可视化

（7）单击"退出"按钮，系统返回到故事板界面。

通过可视化图表可以看出，深圳新星的营业利润率最高，说明其主营业务的盈利能力最强，其次是华友钴业和南山铝业。

◆ 任务 5.2.6　总资产报酬率分析

1. 打开故事板

单击"分析设计"—"我的故事板"—"盈利能力分析故事板"选项。

2. 总资产报酬率可视化

（1）进入图 5-4 盈利能力分析故事板以后，单击"可视化"—"新建"选项，新建"总资产报酬率"可视化视图。

（2）选择数据集，单击"数据集"—"财务大数据"—"财报分析"选项，选

· 111 ·

择 xbrl，单击"确定"按钮。

（3）修改可视化名称为：总资产报酬率，需要新建"总资产报酬率"字段，字段类型为"数字"，总资产报酬率表达式为"（sum（财务费用（元）$^x$）+sum（利润总额（元）$^x$））*100/avg（资产总计（元）$^x$）"，总资产报酬率字段如图 5-21 所示。

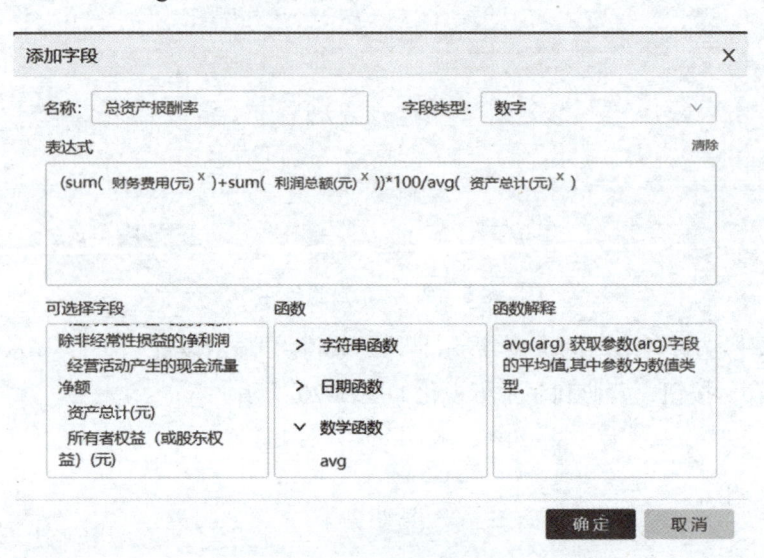

图 5-21　总资产报酬率字段

（4）将新增的总资产报酬率指标选中以后拖曳到右上方的指标行，将"企业简称"维度选中以后拖曳到维度行，单击"总资产报酬率"指标下拉三角箭头，排列顺序选择降序。

（5）单击"过滤"—"设置"选项，按条件添加，条件选择："报表类型""等于""5 000"，"报表年份""等于""2018"，"行业""等于""有色金属冶炼及压延加工业"，单击"确定"按钮，添加过滤条件如图 5-22 所示。

图 5-22　添加过滤条件

（6）图形选择条形图的类型，展示具体的数值。"显示设置"选择"显示后""20"，单击"保存"按钮，总资产报酬率可视化如图 5-23 所示。

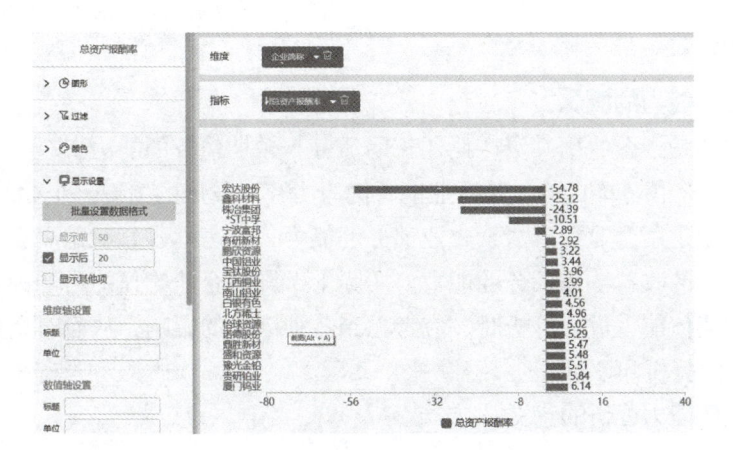

图 5-23 总资产报酬率可视化

（7）单击"退出"按钮，系统返回到故事板界面。

通过可视化图表可以看出，厦门钨业的总资产报酬率最高，其资产综合利用效果最强，企业债权人和所有者权益总额所取得的回报率最高。其次是贵研铂业和豫光金铅，盈利能力看板如图 5-24 所示。

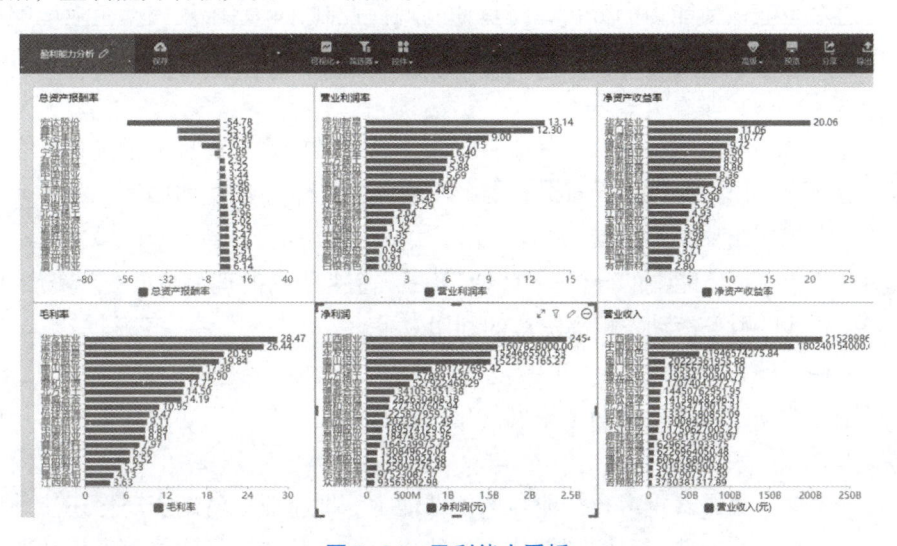

图 5-24 盈利能力看板

## 任务三　偿债能力分析

短期偿债能力分析　　长期偿债能力分析

### ◆ 任务描述

财务大数据分析师根据上市公司财报数据进行短期偿债能力和长期偿债能力分析包括，流动比率分析、速动比率分析、现金比率分析和资产负债率分析。

## 🔷 工作准备

### 一、偿债能力的概念

偿债能力是指企业用其资产偿还长期债务与短期债务的能力。企业有无支付现金的能力和偿还债务的能力，是企业能否健康生存和发展的关键。企业的偿债能力，静态地讲，就是用企业资产清偿企业债务的能力；动态地讲，就是用企业的资产和经营过程创造的收益偿还债务的能力。实际上，影响企业偿债能力的因素很多，我们对企业的偿债能力进行分析时，应考虑到各种因素的影响，从而对企业的偿债能力做出正确的分析和评价。

### 二、偿债能力分析的意义

#### （一）评价企业财务状况

对企业偿债能力进行客观分析，准确评价企业财务经济状况及其变动原因，可以帮助企业所有者、经营者、债权人及其他利益相关者了解企业经营状况，做出正确的判断和决策。

#### （二）控制企业财务风险

通过对企业偿债能力的分析，将负债的规模控制在一定限度内，企业能够以足够的现金或随时可以变现的资产及时足额偿还所欠债务，了解并控制企业财务风险。

#### （三）预测企业筹资前景

企业通过各种渠道筹集资金是维持正常经营活动的必要前提，正确评价企业的偿债能力，准确预测企业筹资前景，是企业债权人进行正确信贷决策的基础。

#### （四）把握企业财务活动

通过对企业偿债能力的分析，可以准确了解企业当前的现金与可变现资产状况，合理安排企业的财务活动，提高资产的利用效果。

### 三、偿债能力分析途径

对企业偿债能力主要从两个不同的角度进行分析，包括偿还短期债务和长期债务的能力。

对于短期债务，着重考查企业短期偿债能力，即企业以流动资产偿还流动负债的能力，它反映企业偿付日常到期债务的能力，主要从资产结构层面分析企业偿债能力。

对于长期债务，则注重考查企业长期偿债能力，即企业对全部债务的承担能力和对偿还债务的保障能力，一方面从资本结构层面分析企业偿债能力，另一方面强调企业盈利能力对长期债务的保障。

### 四、偿债能力分析指标

#### （一）短期偿债能力

短期偿债能力是指企业以流动资产偿还流动负债的现金保障程度。一个企业的短期偿债能力大小，要根据流动资产和流动负债的多少和质量情况而定。

### 1. 营运资金

营运资金是指企业流动资产总额减流动负债总额后的剩余部分，也称净营运资本，它意味着企业的流动资产在偿还全部流动负债后还有多少剩余。

计算公式为：

$$营运资金 = 流动资产 - 流动负债$$

营运资金越多，企业可用于偿还流动负债的资金越充足，企业的短期偿债能力也就越强，企业不能偿还债务的风险越小，债权人收回债权的安全性越高。因此，营运资金的规模可以反映企业偿还短期债务的能力。但是，作为流动资产与流动负债之差，营运资金是一个绝对数，如果公司之间规模相差很大，绝对数比较就没有意义。

### 2. 流动比率

流动比率是指一定时期内企业的流动资产与流动负债之间的比率，它反映了企业运用流动资产变现以偿还流动负债的能力。该指标是一个相对数指标，表明企业每元钱流动负债有多少流动资产作为支付的保障。流动比率直观地表明流动资产对流动负债的保障程度，更适合不同企业之间或企业的不同历史时期的绩效比较。

计算公式为：

$$流动比率 = \frac{流动资产}{流动负债}$$

流动比率是衡量企业短期偿债能力的一个重要财务指标。比率越高，说明企业偿还流动负债的能力越强，流动负债得到偿还的保障越大。但是过高的流动比率也并非好现象，流动比率越高，可能是企业滞留在流动资产上的资金过多，未能有效加以利用，可能会影响企业的获得能力。一般认为，流动比率在 2∶1 左右比较合适。对流动比率的分析应该结合不同的行业特点和企业流动资产结构等因素，对流动比率的判断必须结合所在行业的平均标准、流动资产的结构和其他有关因素。

### 3. 速动比率

速动比率又称"酸性测验比率"，是指速动资产对流动负债的比率。速动资产是可以迅速转换成为现金或已属于现金形式的资产，包括货币资金、短期投资、应收票据、应收账款、其他应收款，可以在较短时间内变现。而流动资产中存货及 1 年内到期的非流动资产不应计入。

速动比率的计算公式为：

$$速动比率 = \frac{速动资产}{流动负债}$$

$$速动资产 = 货币资金 + 交易性金融资产 + 应收票据 + 应收账款 + 其他应收款$$

一般经验认为，速动比率等于1时比较合理，速动比率低于1时被公认为短期偿债能力较差。但在分析时还要结合其他因素进行评价。如果企业存货流转顺畅，变现能力较强，即使速动比率较低，只要流动比率较高，企业仍然有可能获取充足的现金偿还到期的债务本息。而当企业速动资产中含有大量不良应收账款，且未及时计提足额的减值准备时，即使其速动比率大于1，也不能保证企业资产有很强的流动性。

#### 4. 现金比率

现金比率是指企业现金类资产与流动负债的比率。该指标最能反映企业直接偿付流动负债的能力。现金类资产包括企业所拥有的货币资金和持有的有价证券（即资产负债表中的交易性金融资产）。它是速动资产扣除应收账款后的余额。

计算公式为：

$$现金比率 = \frac{现金资产}{流动负债}$$

$$现金资产 = 速动资产 - 应收账款$$

一般来说，现金比率重要性不大，因为不可能要求企业用现金和短期证券投资来偿付全部流动负债，但当发现企业的应收账款和存货的变现能力存在问题时，现金比率就显得很重要了。现金比率高，说明企业即刻变现能力强。但过高的现金比率会带来较高的机会成本。

### （二）长期偿债能力

长期偿债能力是指企业偿还长期债务的现金保障程度。分析一个企业的偿债能力主要取决于企业的获利能力和资本结构，而不是资产的短期流动性。

#### 1. 资产负债率

资产负债率是全部负债总额除以全部资产总额的百分比。也就是负债总额与资产总额的比例关系，也称为债务比率。这个指标表明企业资产中有多少来源于债务，同时也可以用来检查企业的财务状况是否稳定，是衡量企业负债水平及风险程度的重要标志。

计算公式为：

$$资产负债率 = \frac{负债总额}{资产总额} \times 100\%$$

资产负债率揭示出企业的全部资金来源中有多少是由债权人提供的。从债权人的角度看，资产负债率越低越好（债权保障程度高）。对投资人或股东来说，负债比率较高可能带来一定的好处（财务杠杆、利息税前扣除、以较少的资本或股本投入获得企业的控制权）。从经营者的角度看，他们最关心的是在充分利用借入资金给企业带来好处的同时，尽可能降低财务风险。

### 2. 产权比率

产权比率是负债总额与所有者权益（或股东权益）总额之间的比率，也称为债务股权比率，是衡量企业长期偿债能力的指标之一，也是企业财务结构稳健与否的重要标志。该指标表明债权人提供的和投资者提供的资金来源的相对关系，反映企业基本财务结构是否稳定。

计算公式为：

$$产权比率 = \frac{负债总额}{所有者权益（或股东权益）} \times 100\%$$

一般来说，该比率越低，表明债权人权益保障程度越高，承担的财务风险越小。通常认为该比率为 1：1 比较适宜。应该结合企业的具体情况加以分析：当企业的资产收益率大于负债成本率时，负债经营有利于提高资金收益率，获得额外的利润，这时的产权比率可适当高些。

产权比率高，是高风险、高报酬的财务结构；产权比率低，是低风险、低报酬的财务结构，具体还要结合企业所属行业（如金融业、房地产开发）、经营特点决定。

### 3. 利息保障倍数

利息保障倍数又称已获利息倍数，是指企业经营业务收益与利息费用的比率，反映企业经营业务收益（息税前利润）与所支付的利息费用的倍数关系，用以衡量偿付借款利息的能力，它是衡量企业支付负债利息能力的指标。

计算公式为：

$$利息保障倍数 = \frac{息税前利润}{利息费用}$$

利息保障倍数通过利润来反映长期偿债能力强弱，也可以算得上是盈利能力类的指标。由于行业性质不同，利息保障倍数没有统一的标准。

指标小于1，说明企业利用负债经营赚取的收益小于资金成本，企业将无力偿还债务。

指标大于1，说明企业利用负债经营赚取的收益大于资金成本。

一般认为利息保障倍数为 3 较好。

## 任务实施

### ◆任务5.3.1 流动比率分析

**1. 新建故事板**

(1)单击"开始任务"按钮,进入用友分析云,选择左侧"分析设计"选项,单击"新建"下方的"新建故事板"选项,新建"偿债能力分析"故事板。

(2)故事板名称输入"偿债能力分析",存放在"我的故事板"下方,单击"确认"按钮,进入偿债能力分析故事板,如图5-25所示。

图5-25 偿债能力分析故事板

**2. 流动比率可视化**

(1)进入图5-25偿债能力分析故事板以后,需要新建可视化视图,单击"可视化"—"新建"选项,新建可视化视图如图5-26所示。

图5-26 新建可视化视图

(2)选择数据集,单击"数据集"—"财务大数据"—"财报分析"选项,选择xbrl,单击"确定"按钮,选择数据集如图5-27所示。

图 5-27　选择数据集

（3）修改可视化名称为：流动比率，新建流动比率字段，流动比率表达式为"avg( 流动资产合计 ( 元 ))/avg( 流动负债合计 ( 元 ))"，字段类型为"数字"，单击"确定"按钮，流动比率字段如图 5-28 所示。

图 5-28　流动比率字段

（4）将左侧企业简称维度拖曳到维度行，将左侧的流动比率指标选中以后拖曳到右上方的指标行，将流动比率按照升序排序。单击"过滤"—"设置"选项，系统弹出过滤条件对话框，单击"按条件添加"选项，"报表类型""等于""5 000"，"报表年份""等于""2018"，"行业""等于""有色金属冶炼及压延加工业"，"企业简称""不包含""白银有色、中国铝业"，单击"确定"按钮，添加过滤条件如图 5-29 所示。

（5）选择图形为条形图，"显示设置"选择"显示后""20"。

（6）添加辅助线，将流动比率拖入辅助线框内，设置辅助线计算方式为固定值,值为 1.5,颜色设置为红色,单击"确认"按钮,添加流动比率辅助线如图 5-30

所示。

图 5-29　添加过滤条件

（7）单击"保存"按钮，再单击"退出"按钮，系统返回到故事板界面，流动比率可视化如图 5-31 所示。

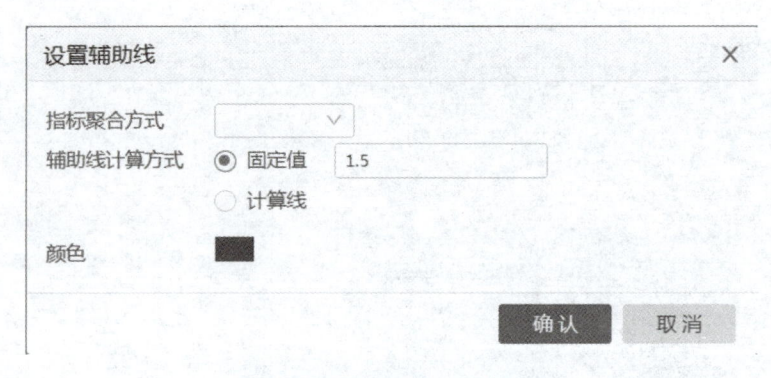

图 5-30　添加流动比率辅助线

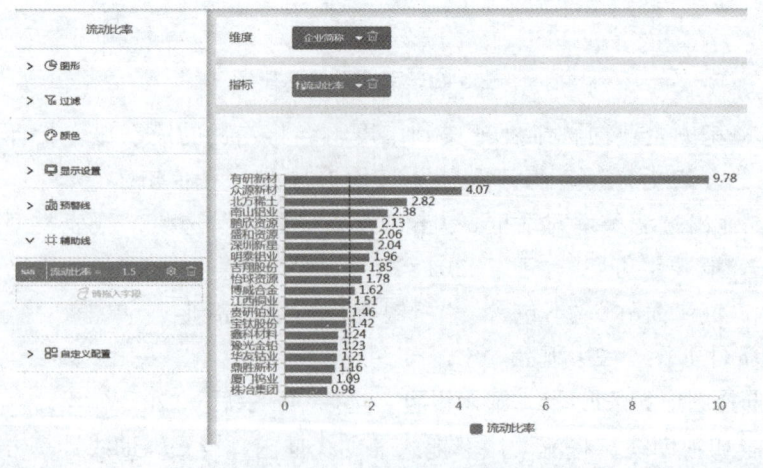

图 5-31　流动比率可视化

根据可视化图表可以看出,流动比率超过1.5的企业有12家,但并不是越高越好,一般经验值为2。故从流动比率来看,明泰铝业和深圳新星两家的指标较好,说明其在偿还债务有保证的前提下资金利用效率较高。

◆ 任务5.3.2 速动比率分析

1. 打开故事板

单击"分析设计"—"我的故事板"—"偿债能力分析故事板"选项。

2. 速动比率可视化

(1)进入图5-25偿债能力分析故事板以后,需要新建可视化视图,单击"可视化"—"新建"选项,新建"速动比率"可视化。

(2)选择数据集,单击"数据集"—"财务大数据"—"财报分析"选项,选择xbrl,单击"确定"按钮。

(3)修改可视化名称为:速动比率,新建速动比率字段,速动比率表达式为"(avg(流动资产合计(元))-avg(存货(元)))/avg(流动负债合计(元))",字段类型为"数字",速动比率字段如图5-32所示。

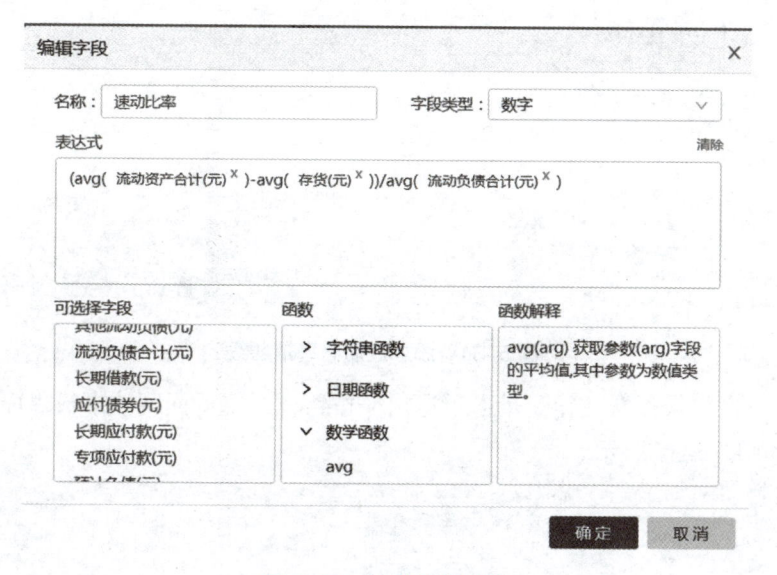

图5-32 速动比率字段

(4)将左侧企业简称维度拖曳到维度行,将左侧的速动比率指标选中以后拖曳到右上方的指标行,将速动比率按照升序排序。单击"过滤"—"设置"选项,系统弹出过滤条件对话框,单击"按条件添加"选项,"报表类型""等于""5 000","报表年份""等于""2018","行业""等于""有色金属冶炼及压延加工业","企业简称""不包含""白银有色、中国铝业",单击"确定"按钮,添加速动比率条件如图5-33所示。

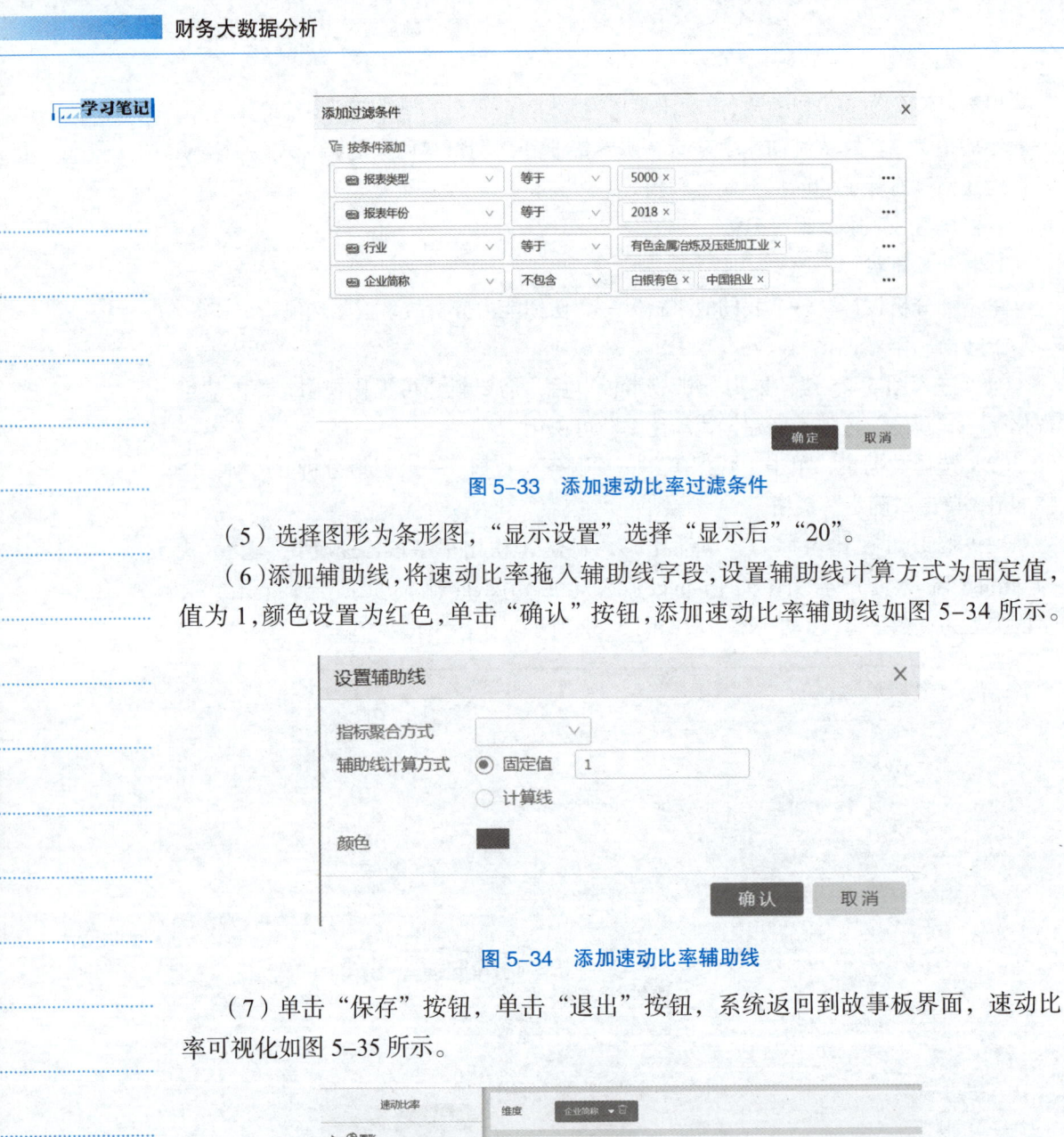

图 5-33　添加速动比率过滤条件

（5）选择图形为条形图，"显示设置"选择"显示后""20"。

（6）添加辅助线，将速动比率拖入辅助线字段，设置辅助线计算方式为固定值，值为1，颜色设置为红色，单击"确认"按钮，添加速动比率辅助线如图 5-34 所示。

图 5-34　添加速动比率辅助线

（7）单击"保存"按钮，单击"退出"按钮，系统返回到故事板界面，速动比率可视化如图 5-35 所示。

图 5-35　速动比率可视化

根据可视化图表可以看出，速动比率大于1的企业有9家，它们的短期偿债能力较好，但此比率为1较为合适，所以从速动比率来看，博威合金和怡球资源两家企业较好。

◆ **任务5.3.3 现金比率分析**

**1. 打开故事板**

单击"分析设计"—"我的故事板"—"偿债能力分析故事板"选项。

**2. 现金比率可视化**

（1）进入图5-25偿债能力分析故事板以后，需要新建可视化视图，单击"可视化"—"新建"选项，新建"现金比率"可视化。

（2）选择数据集，单击"数据集"—"财务大数据"—"财报分析"选项，选择xbrl，单击"确定"按钮。

（3）修改可视化名称为：现金比率，新建现金比率字段，现金比率表达式为"(avg(货币资金(元))+avg(交易性金融资产(元)))/avg(流动负债合计(元))"，字段类型为"数字"，现金比率字段如图5-36所示。

图5-36 现金比率字段

（4）将左侧企业简称维度拖曳到维度行，将左侧的现金比率指标选中以后拖曳到右上方的指标行，将现金比率按照升序排序。单击"过滤"—"设置"选项，系统弹出过滤条件对话框，单击"按条件添加"选项，"报表类型""等于""5 000"，"报表年份""等于""2018"，"行业""等于""有色金属冶炼及压延加工业"，"企业简称""不包含""白银有色、中国铝业"，单击"确定"按钮，添加现金比率过滤条件如图5-37所示。

（5）选择图形为条形图，"显示设置"选择"显示后""20"。

（6）添加辅助线，将现金比率拖入辅助线字段，设置辅助线计算方式为固定值，值为0.2，颜色设置为红色，添加现金比率辅助线如图5-38所示。

（7）单击"保存"按钮，单击"退出"按钮，系统返回到故事板界面，现金比率可视化如图 5-39 所示。

图 5-37　添加现金比率过滤条件

图 5-38　添加现金比率辅助线

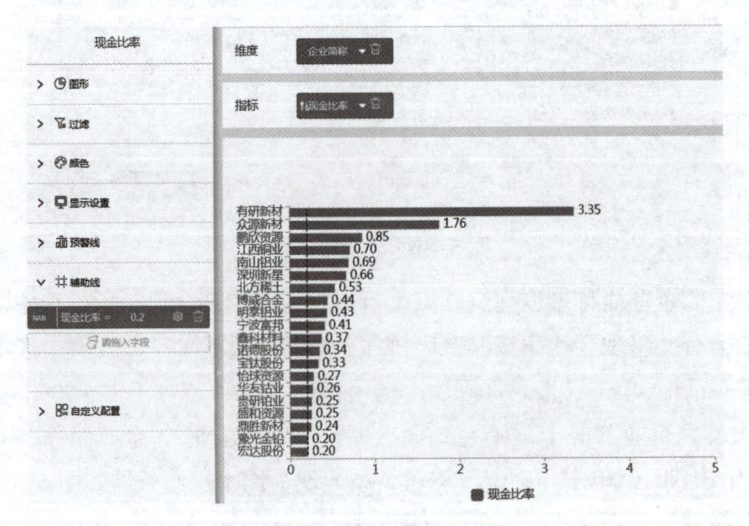

图 5-39　现金比率可视化

通过可视化图表可以看出，多数企业现金比率超过 0.2，表示企业可立即用于支付债务的现金类资产较多。但是如果这一比率过高，说明企业通过负债方式所筹集的流动资金没有得到充分的利用，所以一般认为这一比率应在 20% 左右比较合适。从现金比率指标来看，豫光金铅和宏达股份较好，在充分利用负债所筹资金的同时又能保证企业的直接支付能力不会有太大的问题。

◆ **任务 5.3.4 资产负债率分析**

1. 打开故事板

单击"分析设计"—"我的故事板"—"偿债能力分析故事板"选项。

2. 资产负债率可视化

（1）进入图 5-25 偿债能力分析故事板以后，需要新建可视化视图，单击"可视化"—"新建"选项，新建"资产负债率"可视化。

（2）选择数据集，单击"数据集"—"财务大数据"—"财报分析"选项，选择 xbrl，单击"确定"按钮。

（3）修改可视化名称为：资产负债率，新建资产负债率字段，资产负债率表达式为"avg( 负债合计 ( 元 ))*100/avg( 资产总计 ( 元 ))"，字段类型为"数字"，资产负债率字段如图 5-40 所示。

图 5-40　资产负债率字段

（4）将左侧企业简称维度拖曳到维度行，将左侧的资产负债率指标选中以后拖曳到右上方的指标行，将资产负债率按照升序排序。单击"过滤"—"设置"选项，系统弹出过滤条件对话框，单击"按条件添加"选项，"报表类型""等于""5 000"，"报表年份""等于""2018"，"行业""等于""有色金属冶炼及压延加工业"，单击"确定"按钮，添加资产负债率过滤条件如图 5-41 所示。

图 5-41 添加资产负债率过滤条件

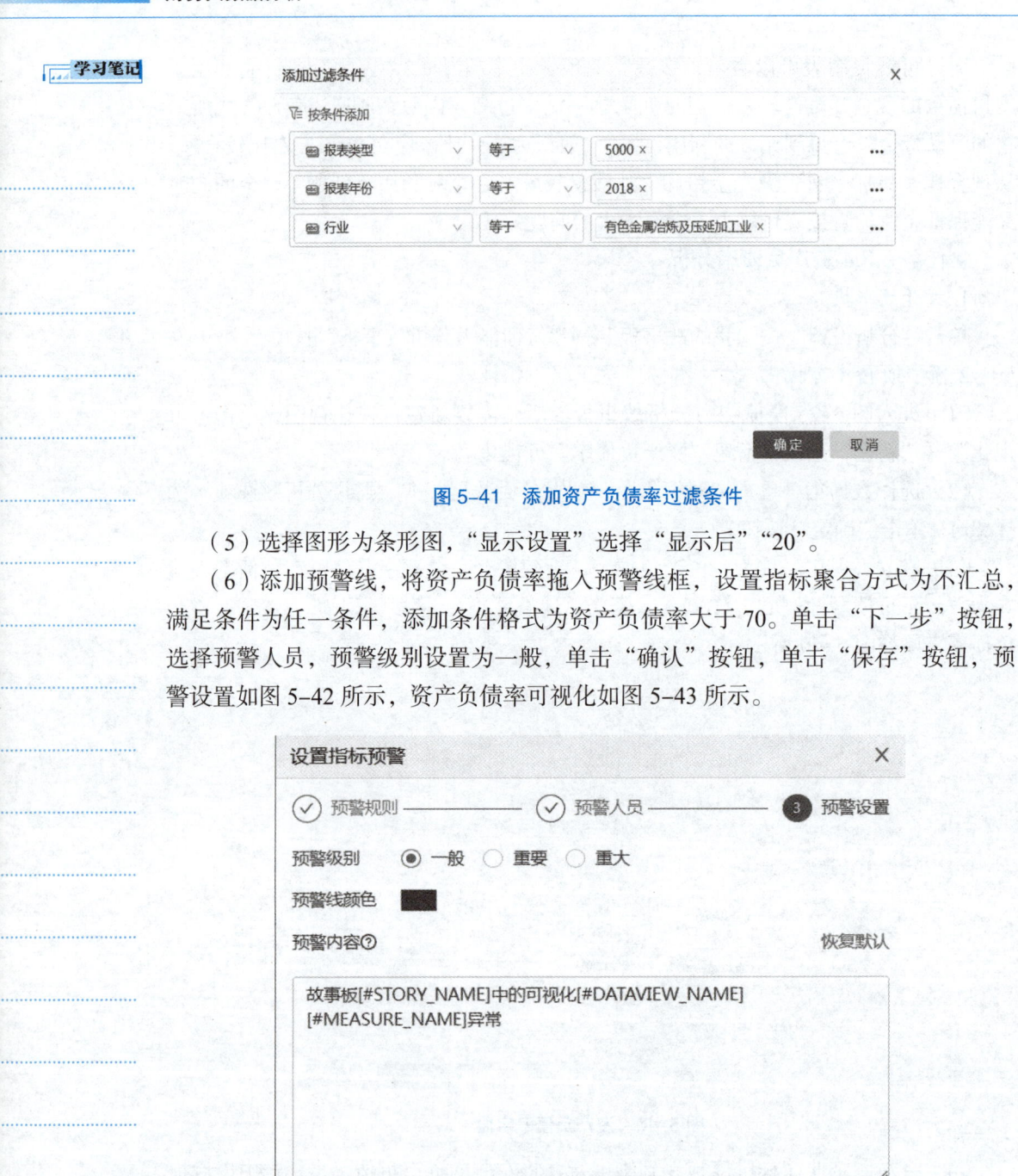

（5）选择图形为条形图,"显示设置"选择"显示后""20"。

（6）添加预警线,将资产负债率拖入预警线框,设置指标聚合方式为不汇总,满足条件为任一条件,添加条件格式为资产负债率大于 70。单击"下一步"按钮,选择预警人员,预警级别设置为一般,单击"确认"按钮,单击"保存"按钮,预警设置如图 5-42 所示,资产负债率可视化如图 5-43 所示。

图 5-42 预警设置

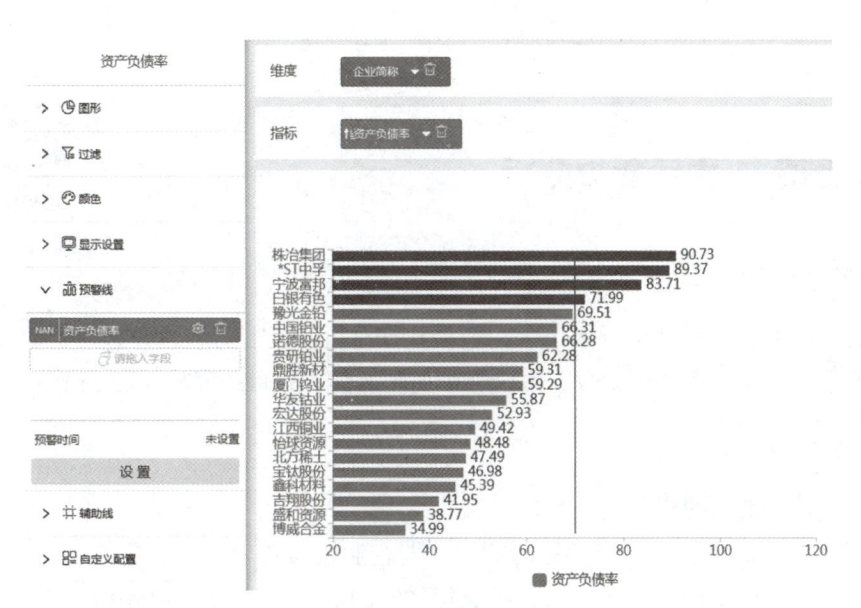

图 5-43 资产负债率可视化

（7）单击"退出"按钮，系统返回到故事板界面。单击故事板左上方的"保存"按钮，保存所有的可视化看板，如图 5-44 所示。

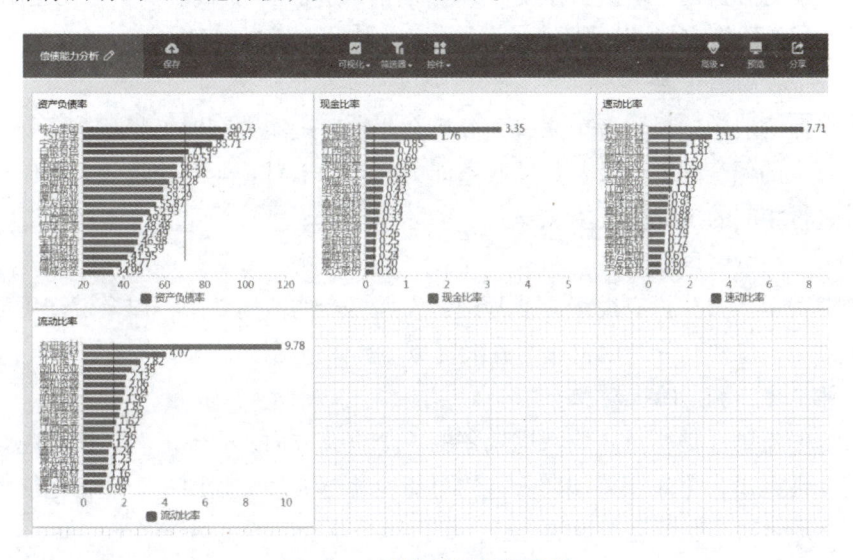

图 5-44 所有的可视化看板

通过可视化看板可以看出，资产负债率在 40%～60% 之间的企业有 10 家，说明企业充分发挥了财务杠杆作用和负债经营的优势。通过设置预警，该比率高于 70% 的企业有 4 家，说明其债务负担太重，其总体偿债能力较弱，债权人权益的保证程度偏低。

## 任务四　营运能力分析

### ▸ 任务描述

财务大数据分析师根据上市公司财报数据进行营运能力分析，包括：应收账款周转天数、流动资产周转天数、固定资产周转天数、总资产周转天数。

### ▸ 工作准备

#### 一、营运能力的概念

营运能力是指企业的经营运行能力，即企业运用各项资产以赚取利润的能力。实质是以尽可能少的资产占用、尽可能短的时间周转，生产尽可能多的产品、实现尽可能多的销售收入、创造尽可能多的纯收入。

#### 二、营运能力分析的意义

营运能力分析是为了揭示存量资产可能存在的问题，提高各类资产的运用效率，有效防止或消除资产经营风险。

（一）投资者角度

对企业的股东（投资者）来说，分析企业的营运能力有助于判断企业财务的安全性、资本的保全程度以及资产的收益能力，有助于对企业的经营效果做出正确的评价并进行相应的投资决策。

（二）经营者角度

企业营运能力分析有助于企业管理者掌握资产的使用效率，以及资产可能达到的使用潜力，以便充分利用企业的有限资源。具体包括以下几个方面。

1. 评价企业资产的流动性

资产的流动性是衡量企业营运效率的一个重要方面，企业的营运能力越强，资产的流动性越高，企业获得预期收益的可能性就越大。流动性是企业营运能力的具体表现，通过对企业营运能力的分析，可以对企业资产的流动性做出评价。

2. 评价企业资产利用的效益

提高企业资产流动性是企业利用资产进行经营活动的手段，其目的在于提高企业资产利用的效益。通过企业产出额与资产占用额的对比分析，可以评价企业资产利用的效益，为提高企业经济效益指明方向。

3. 挖掘企业资产利用的潜力

企业营运能力的高低，取决于多种因素，通过企业营运能力分析，可以了解企业资产利用方面存在的问题和潜力，进而采取有效的改进措施，提高企业的生产营运能力。

## 三、营运能力分析指标

一般采用资产周转率和资产周转期等指标来反映并衡量资产运用效率的高低。

计算公式分别为：

$$资产周转率（周转次数）= 营业收入或成本 \div 资产平均余额 \times 100\%$$

$$资产周转期（周转天数）= 计算期天数 \div 资产周转率$$

这里之所以要用"资产平均余额"，是因为资产周转率计算公式的分子是从利润表中获得的时期指标，而分母是资产负债表中的时点指标，为了解决时间上的冲突，使资产周转率指标更加符合逻辑，需要把资产负债表中"资产总计""流动资产"等时点指标转化为时期指标。在实际计算中，可用产品销售净额表示企业销售生产的产品所获得的收益，用资产的平均余额表示企业所占用的资产。

### 1. 存货周转率

存货周转率是反映企业销售能力、存货资产流动性及存货资金占用量是否合理的一个指标，是衡量企业生产经营各个环节中存货运营效率的综合性指标。企业一定时期的营业成本（销货成本）与存货平均余额的比率，用于反映存货的周转速度，也称为存货周转次数。

如果用时间表示存货周转速度，即存货周转天数，是指企业从取得存货开始，至消耗、销售为止所经历的天数。

存货周转率和存货周转期的计算公式分别为：

$$存货周转率（周转次数）= 营业成本 \div 存货平均余额$$

$$存货周转期（周转天数）= 360 \div 存货周转率$$

存货周转率是一个正向指标，周转率越高，周转天数越少，则越好，表明企业的库存周转得越快。从采购到生产制造再到销售出去的过程很短，产生盈利的次数就越多；存货周转率越低，周转天数越多，则表示企业货物卖出变现的时间周期长，库存有可能存在积压变质，从而积压资金，影响企业的盈利。

### 2. 应收账款周转率

应收账款周转率是反映应收账款周转速度的指标，它是一定时期内营业收入与应收账款平均余额的比率，说明一定期间内公司应收账款转为现金的平均次数。

如果用时间表示应收账款周转速度，则称为应收账款周转天数，指企业从取得应收账款的权利到收回款项、转换为现金所需要的时间。

应收账款周转率和应收账款周转期的计算公式分别为：

> **学习笔记**

$$应收账款周转率（周转次数）= 营业收入 \div 应收账款平均余额$$
$$应收账款周转期（周转天数）=360 \div 应收账款周转率$$

应收账款周转率是一个正向指标。通常情况下：一定时期内应收账款周转的次数越多，即指标数值越大，表明应收账款回收速度越快；应收账款周转率越大，意味着应收账款周转天数越少，说明流动资金使用效率越好，企业管理工作的效率越高。对应收账款周转率分析有利于企业及时收回货款，减少或避免发生坏账损失的可能性；有利于提高企业资产的流动性，提高企业短期债务的偿还能力。

### 3. 流动资产周转率

流动资产周转率是反映企业流动资产周转速度的指标。它是指企业一定时期的营业收入与流动资产平均余额的比率。

如果用时间表示流动资产周转速度，则称为流动资产周转天数，是指企业流动资产每周转一次所需要的时间。

流动资产周转率和流动资产周转期的计算公式分别为：

$$流动资产周转率（周转次数）= 营业收入 \div 流动资产平均余额$$
$$流动资产周转期（周转天数）=360 \div 流动资产周转率$$

流动资产周转率指标越高，表明流动资产周转速度越快，流动资产利用的效果越好，意味着企业用同样多的流动资产可以取得更多的营业收入，或者取得同样多的营业收入所占用的流动资产会减少。也可以视作流动资产会相对节约，相当于流动资产投入的增加，在一定程度上增强了企业的盈利能力。反之，指标数值越低，周转速度慢，就会形成相对资金浪费，降低企业盈利能力。

### 4. 总资产周转率

总资产周转率是考察企业资产运营效率的一项重要指标，指企业一定时期的营业收入与总资产平均余额的比率，说明企业的总资产在一定时期内（通常为一年）周转的次数，体现了企业经营期间全部资产从投入到产出的流转速度。

如果用时间表示总资产周转速度，则称为总资产周转天数，表示在一个会计年度内，总资产转换成现金平均需要的时间。

总资产周转率和总资产周转期的计算公式分别为：

$$总资产周转率（周转次数）= 营业收入 \div 总资产平均余额$$
$$总资产周转期（周转天数）=360 \div 总资产周转率$$

总资产周转率是一个正向指标。总资产的周转次数越多或周转天数越少，表明其周转速度越快，营运能力也就越强，资产的运用效率越好，其结果必然会给企业带来更多的收益，使企业的盈利能力、偿债能力都得到提高。

## 任务实施

### ◆ 任务 5.4.1 应收账款周转天数

#### 1. 新建故事板

（1）单击"开始任务"选项，进入用友分析云，选择左侧"分析设计"，单击"新建"下方的"新建故事板"选项，新建"营运能力"故事板。

（2）故事板名称输入"营运能力分析"，存放在"我的故事板"下方，单击"确认"按钮，进入营运能力分析故事板，如图 5-45 所示。

图 5-45　营运能力分析故事板

#### 2. 应收账款周转天数可视化

（1）进入图 5-45 营运能力分析故事板以后，需要新建可视化视图，单击"可视化"—"新建"选项，新建"应收账款周转天数"可视化。

（2）选择数据集，单击"数据集"—"财务大数据"—"财报分析"选项，选择 xbrl，单击"确定"按钮。

（3）修改可视化名称为：应收账款周转天数，新建应收账款周转天数字段，应收账款周转天数表达式为"365*avg( 应收账款 ( 元 )ˣ)/sum( 营业收入 ( 元 )ˣ)"，字段类型为"数字"，如图 5-46 所示。

图 5-46　应收账款周转天数字段

（4）将左侧企业简称维度拖曳到维度行，将左侧的应收账款周转天数指标选中以后拖曳到右上方的指标行，将应收账款周转天数按照升序排序。单击"过滤"—"设置"选项，系统弹出过滤条件对话框，单击"按条件添加"选项，"报表类型""等于""5 000"，"报表年份""等于""2018"，"行业""等于""有色金属冶炼及压延加工业"，单击"确定"按钮，添加应收账款周转天数过滤条件如图 5-47 所示。

图 5-47　添加应收账款周转天数过滤条件

（5）选择图形为条形图，"显示设置"选择"显示后""20"，单击"保存"按钮，应收账款周转天数可视化如图 5-48 所示。

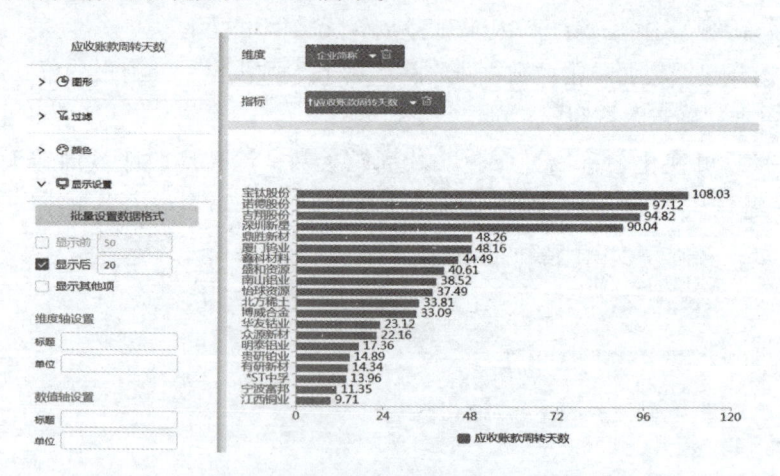

图 5-48　应收账款周转天数可视化

应收账款周转天数越少，表明应收账款的回收速度越快，企业管理工作的效率越高。从图 5-48 来看，江西铜业、宁波富邦和 ST 中孚的该项指标较好，说明企业能及时收回货款，减少或避免发生坏账损失的可能性，有利于提高企业资产的流动性，提高企业短期债务的偿还能力。

## ◆ 任务5.4.2 流动资产周转天数

### 1.打开故事板

单击"分析设计"—"我的故事板"—"营运能力分析故事板"选项。

### 2.流动资产周转天数可视化

（1）进入图5-45营运能力分析故事板以后，复制应收账款周转天数可视化，单击"编辑"按钮，进入编辑界面，修改可视化名称为：流动资产周转天数，维度不变，删除应收账款周转天数指标，新建流动资产周转天数字段，流动资产周转天数表达式为"365*avg(流动资产合计(元)$^x$/sum(营业收入(元)$^x$)"，字段类型为"数字"，单击"确定"按钮，新建流动资产周转天数字段如图5-49所示。

图5-49 流动资产周转天数字段

（2）将左侧的流动资产周转天数指标选中以后拖曳到右上方的指标行，将流动资产周转天数按照升序排序，查看过滤条件，无误后单击"确定"按钮，"显示设置"选择"显示后""20",无误以后单击"保存"按钮,流动资产周转天数可视化如图5-50所示。

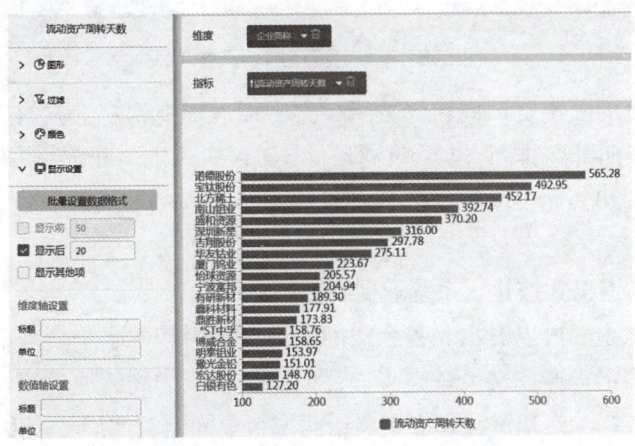

图5-50 流动资产周转天数可视化

（3）单击"退出"按钮，系统返回到故事板界面。

流动资产周转天数越少说明企业流动资产的周转速度越快，资产运用效率越好。根据可视化图表可以看出，白银有色、宏达股份和豫光金铅的指标较好，说明企业以相同的流动资产占用实现的主营业务收入更多，企业的盈利水平更高。流动资产的运用效率好，则企业的偿债能力和盈利能力均能得以增强。

### ◆ 任务 5.4.3 固定资产周转天数

**1. 打开故事板**

单击"分析设计"—"我的故事板"—"营运能力分析故事板"选项。

**2. 固定资产周转天数可视化**

（1）进入图 5-45 营运能力分析故事板以后，复制应收账款周转天数可视化，单击"编辑"按钮，进入编辑界面，修改可视化名称为：固定资产周转天数，维度不变，删除应收账款周转天数指标，新建固定资产周转天数字段，固定资产周转天数表达式为"365*avg( 固定资产净额 ( 元 ) )/sum( 营业收入 ( 元 ) )"，字段类型为"数字"，单击"确定"按钮，新建固定资产周转天数字段如图 5-51 所示。

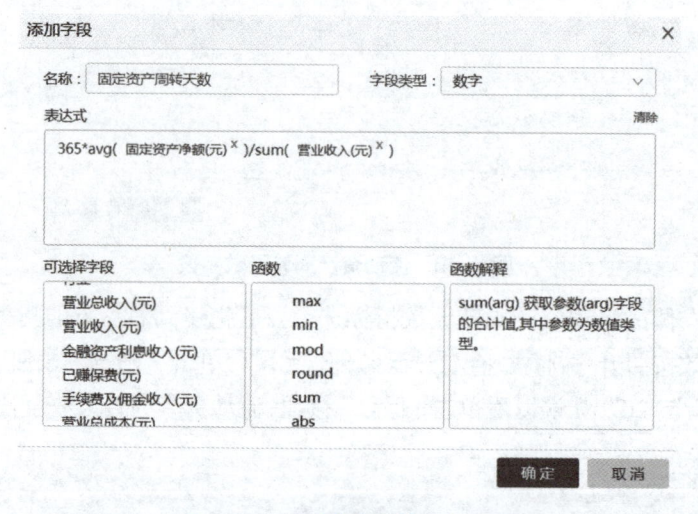

图 5-51　固定资产周转天数字段

（2）将左侧的固定资产周转天数指标选中以后拖曳到右上方的指标行，将固定资产周转天数按照升序排序，查看过滤条件，无误后单击"确定"按钮，"显示设置"选择"显示后""20"，无误以后单击"保存"按钮，固定资产周转天数可视化如图 5-52 所示。

（3）单击"退出"按钮，系统返回到故事板界面。

根据可视化图表可以看出，各企业的固定资产周转率水平参差不齐。固定资产周转率越高，固定资产周转天数越少，说明固定资产的周转速度越快。从固定资产周转天数指标来看，盛和资源和豫光金铅两家企业固定资产周转速度最快。

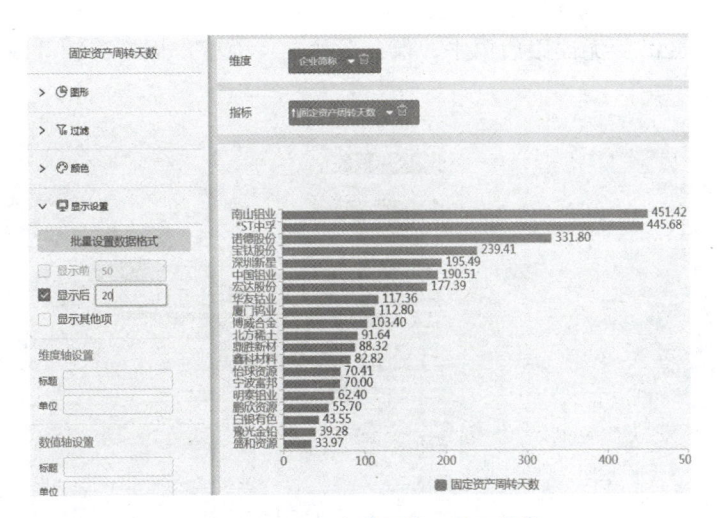

图 5-52　固定资产周转天数可视化

◆ 任务 5.4.4 总资产周转天数

1. 打开故事板

单击"分析设计"—"我的故事板"—"营运能力分析故事板"选项。

2. 总资产周转天数可视化

（1）进入图 5-45 营运能力分析故事板以后，复制应收账款周转天数可视化，单击"编辑"按钮，进入编辑界面，修改可视化名称为：总资产周转天数，维度不变，删除应收账款周转天数指标，新建总资产周转天数字段，总资产周转天数表达式为"365*avg(资产总计(元))/sum(营业收入(元))"，字段类型为"数字"，新建总资产周转天数字段如图 5-53 所示。

图 5-53　总资产周转天数字段

（2）将左侧的总资产周转天数指标选中以后拖曳到右上方的指标行，将总资产周转天数按照升序排序，查看过滤条件，无误后单击"确定"按钮，"显示设置"选择"显示后""20",无误以后单击"保存"按钮,总资产周转天数可视化如图 5-54 所示。

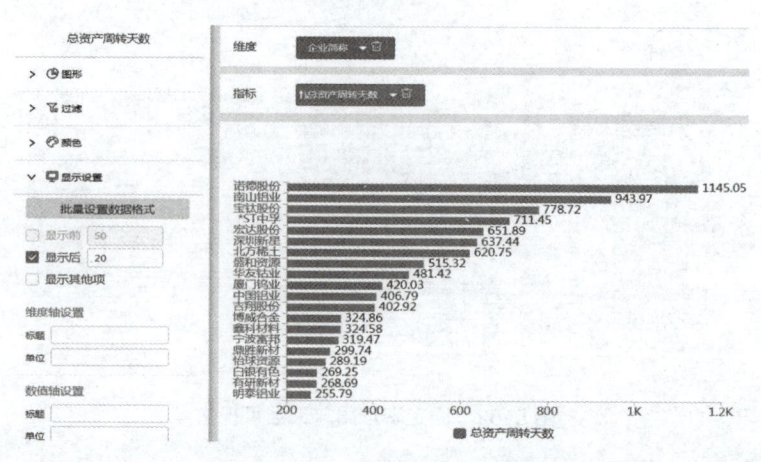

图 5-54　总资产周转天数可视化

总资产周转率越高,说明企业全部资产的使用效率越高;反之,则说明使用效率较差。从总资产周转天数指标来看,明泰铝业、有研新材和白银有色的资产利用程度较高,说明其销售能力很强,资产的投资效益很好。

(3)单击"退出"按钮,系统返回到故事板界面。单击故事板左上方的"保存"按钮,保存所有的可视化看板,如图 5-55 所示。

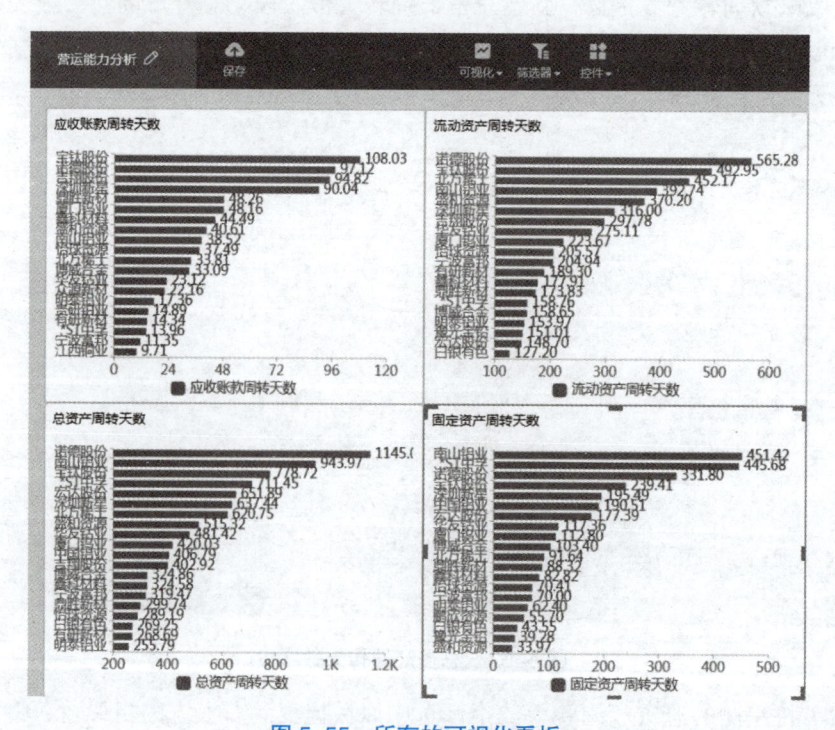

图 5-55　所有的可视化看板

## 任务五 发展能力分析

### 任务描述

财务大数据分析师根据上市公司财报数据进行发展能力分析，包括：总资产增长率分析、营业利润增长率分析和利润总额增长率分析。

### 工作准备

#### 一、发展能力的概念

发展能力即企业的成长性，它是企业通过自身的生产经营活动，不断扩大积累而形成的发展潜能。提升企业的盈利能力、增强偿债能力、提高资产营运效率，都是为了增加企业未来的活力，提高企业的发展能力。

#### 二、发展能力分析的意义

##### （一）投资者角度

通过企业发展能力可以分析评价企业未来的成长潜力，可以帮助正在选择合适目标企业的潜在投资者做出正确的投资决策；也可以通过企业发展能力分析衡量企业创造股东价值的程度，为股东（投资者）制定下一步战略行动提供依据。

##### （二）经营者角度

企业发展能力分析的意义在于保证企业的长远发展，控制企业经营中的短期行为。在企业的财务评价体系中，加入发展能力的考核指标，对于完善现代企业制度和现代企业的理财目标，具有极其重要的意义。具体表现在以下几个方面：

1. 有助于抑制企业的短期行为

企业的短期行为集中表现为追求眼前利润，忽视企业资产的保值与增值。增加了发展能力的指标后，不仅要考核企业目前的盈利状况，还要考核企业资产的保值与增值情况，可以在一定程度上抑制企业的短期行为。

2. 有利于实现企业价值最大化

为了实现企业价值最大化目标，企业一方面应追求利润、扩大财务成果，另一方面则要不断地改善财务状况，增强经营成果的稳定性。为此，财务工作者不仅要分别对企业的财务状况和经营成果进行考核，而且要将二者结合起来，综合地考核企业的发展能力。

#### 三、发展能力分析指标

发展能力分析通常采用增长率来反映，主要从以下几个方面展开。

##### （一）销售增长率

销售增长是企业价值增长的最基本体现，销售的稳定增长，意味着企业的稳健发展，拥有充足的收入。企业只有保持销售收入的稳定增长，才能不断增加收入、提高市场占有率、增加利润，从而促进企业发展。因此，通常采用销售增长率指标分析企业的销售增长能力。

销售增长率是指企业本期营业收入增长额同上期营业收入总额的比率。它反映营业收入本期同上期相比较的增减变动情况，是评价企业成长状况和发展能力的重要指标。

计算公式为：

$$销售增长率 = 本期营业收入增长额 \div 上期营业收入总额 \times 100\%$$

销售增长率是衡量企业经营状况和市场占有能力、预测企业经营业务拓展趋势的重要指标，也是衡量企业增长增量和存量资本的重要前提。不断增加的销售额，是企业生存的基础和发展的条件，该指标大于零，表示企业本年的销售额有所增长，指标值越高，表明增长速度越快。

实际分析时应结合企业历年的销售水平、企业的市场占有情况、行业的未来发展及其他影响企业发展的潜在因素进行潜在性预测，或结合企业前三年的销售额增长率做出趋势性分析判断。

### （二）总资产增长率

总资产增长率又名总资产扩张率，是企业本期总资产增长额同期初资产总额的比率，总资产增长率反映了企业资本规模的扩张速度，是衡量企业总量规模变动和成长状况的重要指标。

计算公式为：

$$总资产增长率 = 本期总资产增长额 \div 期初资产总额 \times 100\%$$

总资产增长率大于零，表明企业本期资产增加，生产经营规模扩大，生产能力加强。总资产增长率越高，企业本期内资产规模扩张速度就越快，获得规模效益的能力越强。如果企业的总资产增长率低于行业平均值，表明企业竞争力较差；如果高于行业平均值，则是具有竞争力或者成长较快的公司。

应注意资产规模扩张的质与量之间的关系以及企业的后续发展能力，避免盲目扩张。

### （三）利润增长率

#### 1. 营业利润增长率

营业利润增长率又称销售利润增长率，是企业本期营业利润增长额与上期营业利润总额的比率，反映企业营业利润的增减变动情况。

计算公式为：

$$营业利润增长率 = 本期营业利润增长额 \div 上期营业利润总额 \times 100\%$$

指标越大，说明企业营业利润增长得越快，表明企业营业情况好，业务扩张能力强。

指标越小，说明企业营业利润增长得越慢，反映企业营业活动发展停滞，业务扩张能力减弱。

### 2. 净利润增长率

净利润增长率是企业本期净利润增长额同上期净利润总额之间的比率，反映了企业实现价值最大化的扩张速度，是综合衡量企业资产营运与管理业绩，以及成长状况和发展能力的重要指标。

计算公式为：

$$净利润增长率 = 本期净利润增长额 \div 上期净利润总额 \times 100\%$$

指标越大，说明企业收益增长得越多，表明企业经营业绩突出，市场竞争能力强。

指标越小，说明企业收益增长得越少，表明企业经营业绩不佳，市场竞争能力弱。

企业的发展必然体现出净利润的增长，但两者并不一定同步，净利润的增长可能滞后于企业的发展。

## （四）股东权益增长率

### 1. 资本积累率

资本积累率即股东权益增长率，是指企业本期所有者权益增长额同比期初所有者权益总额而得到的增长率，资本积累率表示企业当年资本的积累能力。

计算公式为：

$$资本积累率 = 本期所有者权益增长额 \div 期初所有者权益总额 \times 100\%$$

资本积累率反映了投资者投入企业资本的保全性和增长性，指标越高，企业的资本积累越多，资本保全性越强，应付风险、持续发展的能力越大。指标如为负值，表明企业资本受到侵蚀，所有者利益受到损害，应予以充分重视。

### 2. 资本保值增值率

资本保值增值率是指企业本期期末的所有者权益总额与期初所有者权益总额的比率，表示企业当期资本在企业自身努力下的实际增减变动情况，是评价企业财务效益状况的辅助指标，反映了投资者投入企业资本的保全性和增长性。其计算公式为：

资本保值增值率＝期末所有者权益总额÷期初所有者权益总额×100%

该指标越高，表明企业的资本保全状况越好，所有者权益增长越快，债权人的债务越有保障，企业发展后劲越强。反之亦然。

## 任务实施

### ◆任务 5.5.1 总资产增长率分析

#### 1. 新建故事板

（1）单击"开始任务"，进入用友分析云，选择左侧"分析设计"，单击"新建"下方的"新建故事板"，如图 5-56 所示。

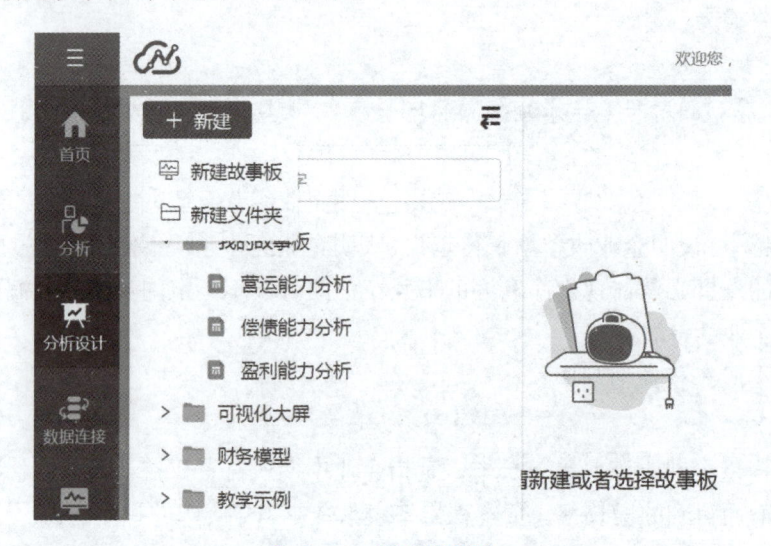

图 5-56 新建故事板

（2）故事板名称输入"发展能力分析"，存放在"我的故事板"下方，单击"确认"按钮，进入发展能力分析故事板，如图 5-57 所示。

#### 2. 总资产增长率可视化

（1）进入图 5-57 发展能力分析故事板以后，需要新建可视化视图，单击"可视化"—"新建"选项，新建"总资产增长率"可视化。

（2）选择数据集，单击"数据集"—"财务大数据"—"财报分析"，选择 xbrl，单击"确定"。

（3）修改可视化名称为：总资产增长率，将左侧企业简称维度拖曳到维度行，将左侧的资产总计指标选中以后拖曳到右上方的指标行。

图 5-57　发展能力分析故事板

（4）单击"过滤"—"设置"选项，系统弹出过滤条件对话框，单击"按条件添加"选项，"报表类型""等于""5 000"，"行业""等于""有色金属冶炼及压延加工业"，"企业简称""不包含""株冶集团""鼎胜新材"，单击"确定"按钮，添加总资产增长率过滤条件如图 5-58 所示。

图 5-58　添加总资产增长率过滤条件

（5）选择图形为条形图，单击资产总计指标下方的下拉框，选择"高级计算—同比/环比"，日期字段选择"报表日期""年"，对比类型选择"同比"，所选日期输入"6"，显示 2018 年，计算选择"增长率"，间隔选择"1"，显示 2017 年。单击"确定"按钮，总资产增长率同比设置如图 5-59 所示。

图 5-59　总资产增长率同比设置

（6）资产总计按升序排列，"显示设置"选择"显示后""20"。单击"保存"按钮，单击"退出"按钮。系统返回到故事板界面，总资产增长率可视化如图 5-60 所示。

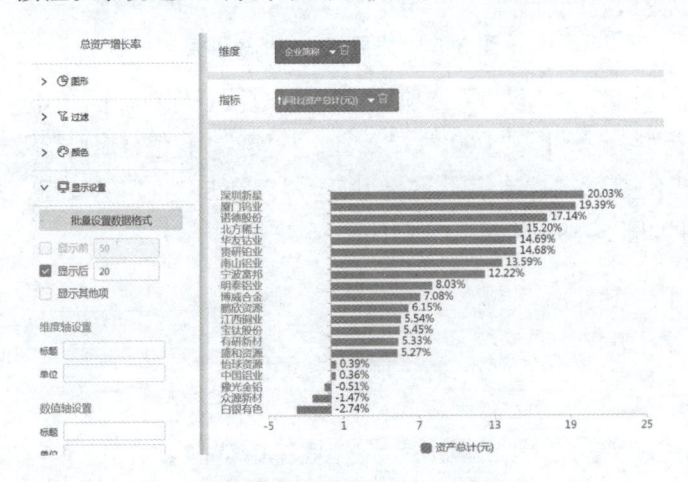

图 5-60　总资产增长率可视化

总资产增长率越高，说明企业规模的扩张速度越快。从图 5-60 可以看出，排在前列的为深圳新星、厦门钨业和诺德股份，若总资产保持稳定的增长态势，则企业的长期发展能力也较高。

◆ 任务 5.5.2 营业利润增长率分析

1. 打开故事板

单击"分析设计"—"我的故事板"—"发展能力分析故事板"选项。

2. 营业利润增长率可视化

（1）进入图 5-57"发展能力分析故事板"以后，复制总资产增长率可视化，单击编辑，进入编辑界面，修改可视化名称为：营业利润增长率，维度不变，删除总资产增长率，将左侧营业利润指标拖曳到指标行，单击过滤条件，检查过滤条件，无误后单击"确定"按钮，单击营业利润下拉三角箭头选择"高级计算—同比/环比"选项，日期字段选择"报表日期""年"，对比类型选择"同比"，所选日期输入"6"，显示 2018 年,计算选择"增长率",间隔选择"1",显示 2017 年,单击"确定"按钮,营业利润增长率同比如图 5-61 所示。

图 5-61 营业利润增长率同比

(2)营业利润按升序排列,"显示设置"选择"显示后""20",无误后单击"保存"按钮,营业利润增长率可视化如图 5-62 所示。

(3)单击"退出"按钮,系统返回到故事板界面。

一般而言,营业利润增长率越大,表明企业在一个经营周期内资产经营规模扩张的速度越快。从可视化图表可以看出,宝钛股份的该项指标遥遥领先,其次是有研新材和贵研铂业。

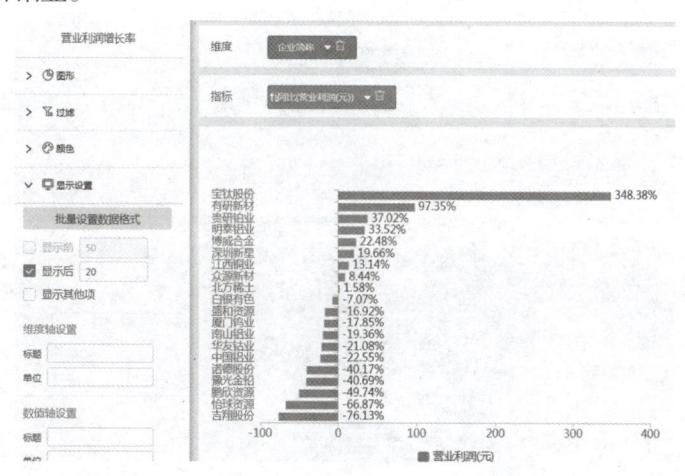

图 5-62 营业利润增长率可视化

◆ 任务 5.5.3 利润总额增长率分析

1. 打开故事板

单击"分析设计"—"我的故事板"—"发展能力分析故事板"选项。

2. 利润总额增长率可视化

(1)进入图 5-57 发展能力分析故事板以后,复制总资产增长率可视化,单击编辑,进入编辑界面，修改可视化名称为：利润总额增长率，维度不变，删除总资产增长率，将左侧利润总额指标拖曳到指标行，单击过滤条件，检查过滤条件，无误后单击"确定"按钮，单击利润总额下拉三角箭头选择"高级计算—同比/环比"选项，日期字段选择"报表日期""年"，对比类型选择"同比"，所选日期输入"6"，显示 2018 年，计算选择"增长率"，间隔选择"1"，显示 2017 年，单击"确定"按钮，利润总额增长率同比如图 5-63 所示。

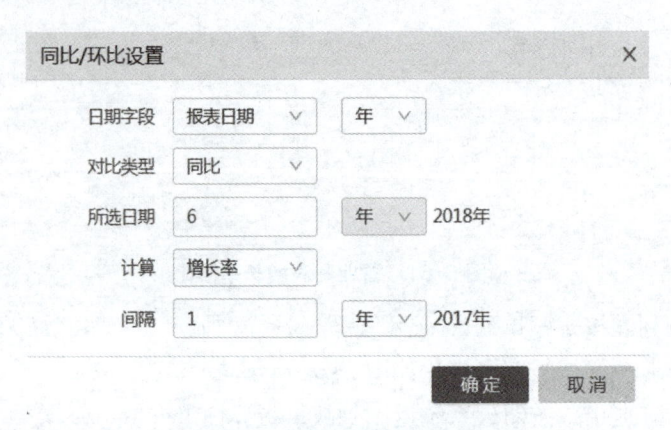

图 5-63　利润总额增长率同比

（2）利润总额按升序排列，"显示设置"选择"显示后""20"，无误后单击"保存"按钮，利润总额增长率可视化如图 5-64 所示。

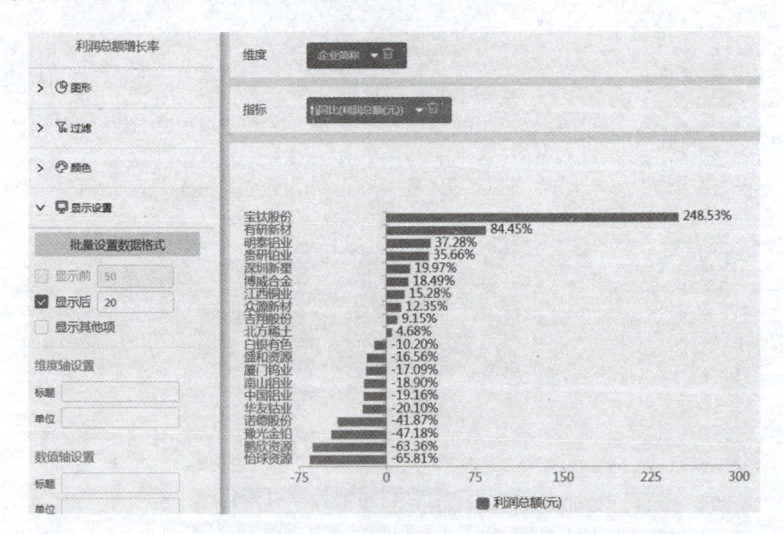

图 5-64　利润总额增长率可视化

通过可视化图表可以看出，宝钛股份的利润总额增长率最高，表明其在本期的经营规模扩张速度最快，其次是有研新材和明泰铝业。

（3）单击"退出"按钮，系统返回到故事板界面，发展能力看板如图 5-65 所示。

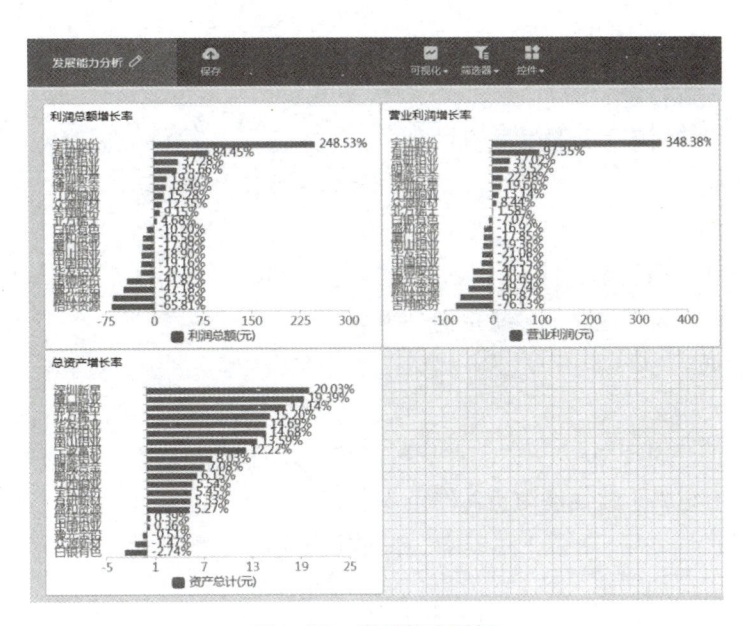

图 5-65 发展能力看板

## 项目小结

本项目主要介绍了企业资产负债表分析、利润表分析和现金流量表分析，以及如何根据企业的财务报表进行盈利能力、偿债能力、营运能力和发展能力分析，具体包括企业四大能力的概念、分析意义、分析指标及运用等，财务分析主体可以通过获取相关财务指标对投资决策或经营决策提供有效的依据。本项目详细介绍了四大能力指标数据的获取以及可视化呈现。

## 同步练习

### 一、单项选择题

1. 营运资金是指（　　）。
   A. 全部资产减全部负债　　　　B. 流动资产减流动负债
   C. 全部资产减流动负债　　　　D. 流动资产减全部负债

2. 以下指标属于短期偿债能力指标的是（　　）。
   A. 资产负债率　　B. 产权比率　　C. 流动比率　　D. 毛利率

3. 营业收入增长率的公式是（　　）。
   A.（年末资产总额 – 年初资产总额）/ 年初资产总额
   B.（年末资产总额 – 年初资产总额）/ 年末资产总额
   C.（本期营业收入 – 上年营业收入）/ 上年营业收入总额
   D.（本期营业收入 – 上年营业收入）/ 本期营业收入总额

4.（　　）是反映企业固定资产周转情况，从而衡量固定资产利用效率的一项指标。
   A. 营业收入 / 总资产　　　　B. 营业收入 / 固定资产净额

C. 营业收入 / 流动资产　　　　D. 营业收入 / 应收账款

## 二、多项选择题

1. 以下指标属于发展能力指标的是（　　）。
A. 资产负债率　　　　　　　　B. 营业毛利率
C. 净利润　　　　　　　　　　D. 应收账款周转率
E. 营业利润增长率　　　　　　F. 净利润增长率

2. 以下指标属于盈利能力指标的是（　　）。
A. 净利润　　　　　　　　　　B. 总资产报酬率
C. 流动比率　　　　　　　　　D. 已获利息倍数
E. 固定资产周转率　　　　　　F. 流动资产周转率

3. 以下指标属于营运能力指标的是（　　）。
A. 总资产周转率　　　　　　　B. 固定资产周转率
C. 流动资产周转率　　　　　　D. 应收账款周转率
E. 营业利润增长率　　　　　　F. 净利润增长率

4. 以下指标属于偿债能力指标的是（　　）。
A. 资产负债率　　　　　　　　B. 总资产报酬率
C. 流动比率　　　　　　　　　D. 已获利息倍数
E. 固定资产周转率　　　　　　F. 流动资产周转率

# 技能训练

## 一、企业基本信息

### 1. 公司简介

AJHXJL 矿业科技有限公司于 2003 年成立，是一家集矿山采选技术研究、矿产资源勘查、矿山设计、矿山投资开发、矿产品加工、销售于一体的集团化企业。

总公司下辖 28 家子公司，拥有矿山 31 个，资源占有量 16.61 亿吨。其中，铁矿资源 8.97 亿吨；钼矿资源 4.9 亿吨；原煤资源 1.3 亿吨；方解石资源 463 万吨，远景储量 1 000 万吨；铜矿资源 930 万吨。目前已投产的铁矿山 22 个，煤矿 2 个，钼矿 1 个，方解石矿 1 个，铜矿 1 个。年产铁精粉 550 万吨，钼精粉 15 000 吨，铜金属 4 200 吨，锌精粉 3 000 吨，铅精粉 8 000 吨，磷精粉 110 万吨，硫粉 15 万吨，硫酸 11 万吨，硫酸钾 4 万吨，磷酸氢钙 2 万吨。公司通过自我勘查与合作勘查，在内蒙古、青海、云南、西藏、河北等地，拥有铁、铜、煤等资源探矿权。

公司现有员工 3 200 人。其中，博士、硕士学位人才 20 余人，学士学位人才 100 余人，各专业技术人才 1 500 人。

### 2. 企业组织结构

详见图 5-66。

## 二、案例企业经营分析需求

### 1. 分析要求

（1）从盈利能力、偿债能力、营运能力、发展能力四大方面评价企业的经营状况。

（2）对各项能力进行纵向分析与横向对比。纵向分析（时间）：2015—2019年；横向对比：标杆企业——金岭矿业。

（3）通过纵向分析与横向对比找出经营的问题与差距，为下一期的战略规划与预算调整提供数据支持。

### 2. 数据源

（1）AJHXJL公司的资产负债表、利润表、现金流量表及相关经营数据表。

（2）金岭矿业的年报、资产负债表、利润表、现金流量表。

（3）上证所的xbrl数据源。

认识财务报表综合分析　　认识大数据财务分析报告

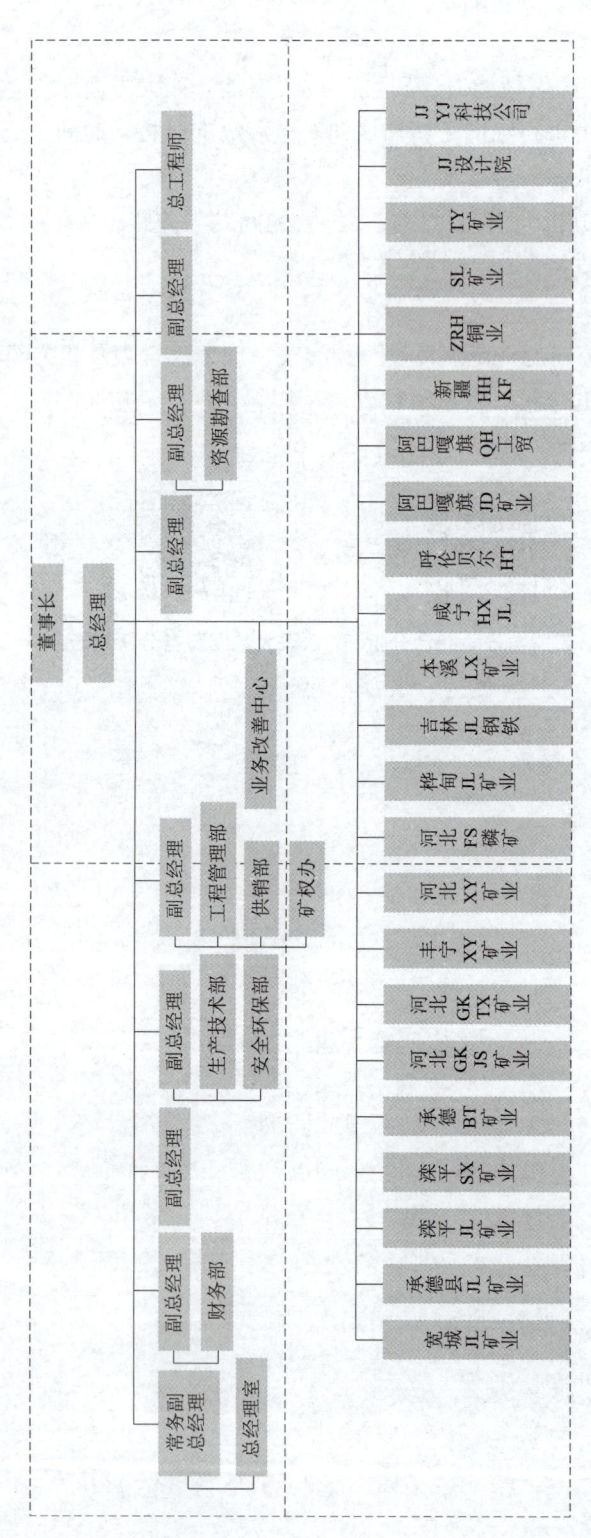

图5-66 企业组织结构图

## 项目评价

| 同步练习（20分） | | | 得分： |
|---|---|---|---|
| 计分标准：<br>得分 =2× 单项选择题正确个数 +3× 多项选择题正确个数 ||||
| 学生自评（30分） | | | 得分： |
| 计分标准：初始分 =2×A 的个数 +1×B 的个数 +0×C 的个数<br>　　　　　得分 = 初始分 /22×30 ||||

| 专业能力 | 评价指标 | 自测结果 | 要求<br>（A 掌握；B 基本掌握；C 未掌握） |
|---|---|---|---|
| 财务报告分析 | 1. 财务报告的含义；<br>2. 财务报表的种类；<br>3. 财务分析的主体和内容 | A□ B□ C□<br>A□ B□ C□<br>A□ B□ C□ | 了解财务报告的含义、财务报表的种类以及财务分析的主体和内容 |
| 盈利能力、偿债能力、营运能力和发展能力分析 | 1. 盈利能力分析；<br>2. 偿债能力分析；<br>3. 营运能力分析；<br>4. 发展能力分析 | A□ B□ C□<br>A□ B□ C□<br>A□ B□ C□<br>A□ B□ C□ | 能运用相关指标对企业的盈利能力、偿债能力、营运能力和发展能力进行分析 |
| 技能训练 | 运用相关指标进行企业财务能力分析 | A□ B□ C□ | 能利用可视化呈现进行相关财务分析 |
| 职业道德思想意识 | 1. 爱岗敬业、认真严谨；<br>2. 遵纪守法、遵守职业道德；<br>3. 顾全大局、团结合作 | A□ B□ C□<br>A□ B□ C□<br>A□ B□ C□ | 专业素质、思想意识得以提升，德才兼备 |

| 小组评价（20分） | | | 得分： |
|---|---|---|---|
| 计分标准：得分 =10×A 的个数 +5×B 的个数 +3×C 的个数 ||||
| 团队合作 | A□ B□ C□ | 沟通能力 | A□ B□ C□ |

| 教师评价（30分） | 得分： |
|---|---|
| 教师评语 | |
| 总成绩 | 教师签字 |

# 项目六　大数据＋费用分析

## 【知识目标】

1. 了解费用的概念、费用管理的重要性。
2. 掌握管理费用、财务费用和销售费用的核算范围。
3. 掌握费用的相关分析方法。

## 【技能目标】

1. 能够依据案例资料分析企业费用构成。
2. 能够依据案例资料获取费用的分析数据并进行可视化呈现。
3. 会利用相关指标的可视化呈现进行费用分析。

## 【素质目标】

1. 培养学生具备基本的费用分析素养。
2. 引导学生把大数据思维运用到工作、生活中处理事务。
3. 拓宽智能化费用管理在实际业务中的应用,提高学生知行合一的能力。

## 【知识图谱】

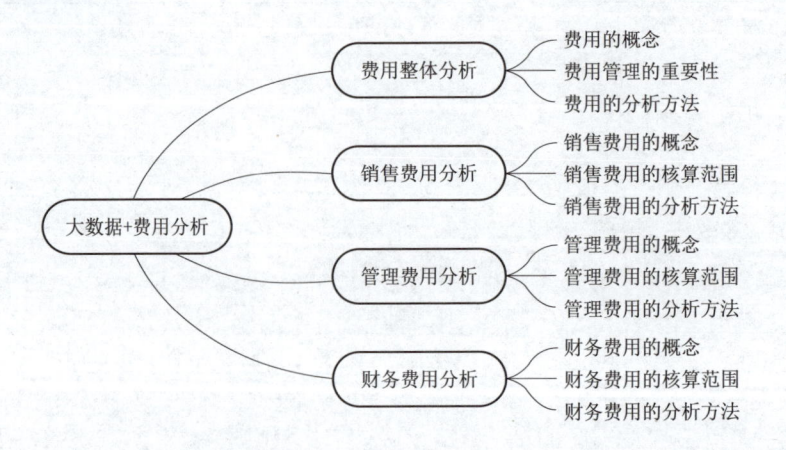

```
                              ┌── 费用的概念
               ┌─ 费用整体分析 ├── 费用管理的重要性
               │              └── 费用的分析方法
               │
               │              ┌── 销售费用的概念
               ├─ 销售费用分析 ├── 销售费用的核算范围
               │              └── 销售费用的分析方法
大数据+费用分析 ┤
               │              ┌── 管理费用的概念
               ├─ 管理费用分析 ├── 管理费用的核算范围
               │              └── 管理费用的分析方法
               │
               │              ┌── 财务费用的概念
               └─ 财务费用分析 ├── 财务费用的核算范围
                              └── 财务费用的分析方法
```

# 任务一　费用整体分析

## 📋 任务描述

财务大数据分析师根据 AJHXJL 公司和标杆企业金岭矿业的财报数据对本期的费用进行分析。

## [任务布置]

6.1.1 本期费用结构分析。

6.1.2 本期对标企业的费用结构分析。

6.1.3 三大费用同比分析。

6.1.4 对标企业三大费用同比分析。

## 📋 工作准备

### 一、费用的概念

费用是指企业在日常活动中发生的、会导致所有者权益减少的、与向所有者分配利润无关的经济利益的总流出。广义的费用主要由生产费用和期间费用构成，指企业为取得营业收入而进行的产品销售等营业活动所发生的营业成本、税金及附加和期间费用。本项目所说的费用为狭义的费用，也就是期间费用，指企业日常活动发生的不能计入特定核算对象的成本，而应计入发生当期损益的费用。期间费用具体包括管理费用、财务费用和销售费用。

### 二、费用管理的重要性

企业的费用控制是企业增加收益、提高市场竞争力的重要手段。生产企业的费用总体上主要包括生产成本费用和期间费用两部分。其中生产成本费用主要涉及企业生产过程的料工费等内容，对企业正常生产过程的影响比较大，从而使得生产成本费用的压缩空间相对有限。而期间费用包括销售费用、管理费用和财务费用三个方面，相对弹性较大。

在通常情况下，企业通过对销售费用、管理费用和财务费用的成本管控，来实现以下价值。

（1）准确的费用数据是制定价格的依据，便于企业提高市场竞争能力。

（2）直接经济效益的体现，费用的降低能够提高企业的利润。

（3）费用关联到公司每个部门、员工，通过不必要浪费现象的有效监控，规范库存材料的核算管理，可以减少资金占用，进而提高经济效益；费用管理水平的提高可以带动和促进整个公司管理水平的提高。

## 三、费用的分析方法

### （一）历史对比

即同比与环比，也就是分析要素相同，但分析时间不同。例如，将本月费用合计数与上月费用合计数做比较，或将本月费用合计数与去年同期费用合计数做比较。该分析方法可以判断出费用浮动的合理性，当然，为了给出准确的分析结果，还需要进一步了解数据背后的实际意义，做深入的数据洞察源分析。

### （二）横向对比

将本企业费用数据指标与同行业均值数据指标做对比，或将本企业费用数据指标与行业内对标企业数据指标做对比，这样可以更好地了解本企业费用指标在行业内的排名，及时优化低于行业均值的费用指标，从而进一步提高企业的利润。

### （三）结构百分比

由于行业不同，每家公司产生的管理费用、销售费用、财务费用多少也有所不同。判断企业相关费用的合理性，可以参考结构百分比分析法，找到利润表中较为重要的一项，如营业收入数据作为100%，然后分别找到销售费用、管理费用以及财务费用与营业收入的比重关系。结构百分比法排除了规模的影响，使不同比较对象建立起可比性。

### （四）多维度分析

当需要分析的数据项越多，可以发现的问题及洞察的机会也就越多。比如，本月与上月销售费用总量对比没有太大差异，但对比各部门费用分析就会发现异常，在总量不变的情况下，各部门费用是不同的；或者各部门费用分析没有异常，但单一的报销科目有异常，如发生大额异常业务招待费等。多维度的分析，要求使用的分析指标也是不同的。例如，平均数、中位数、最大值、最小值以及各个比率。

## 任务实施

### ◆ 任务6.1.1 本期费用结构分析

数据表：AJHXJL 利润表。

可视化设置步骤：

#### 1. 新建故事板

（1）单击"开始任务"选项，进入用友分析云。

（2）单击"分析设计"选项，单击"新建"按钮，新建故事板，故事板命名为：费用结构分析。新建故事板，如图6-1所示。

项目六　大数据＋费用分析

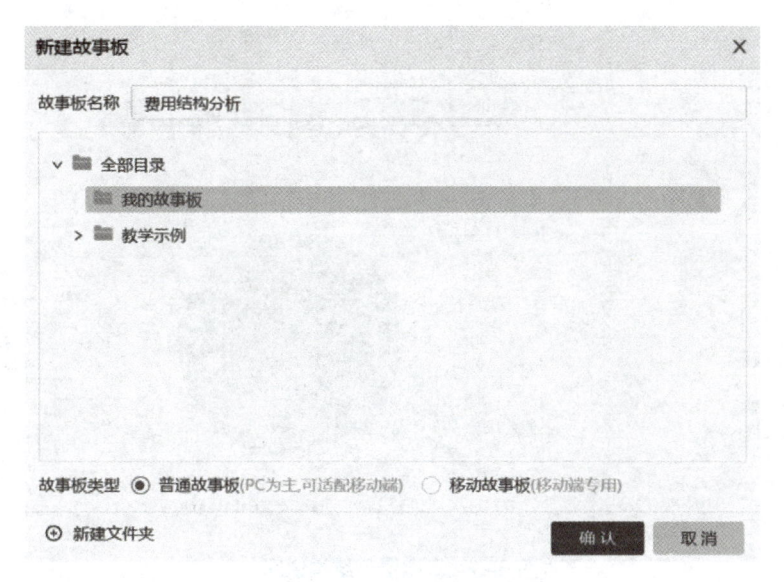

图 6-1　新建故事板

### 2. 新建可视化

（1）单击"可视化"选项，单击"新建"按钮。

（2）选择数据集，单击"数据集"—"财务大数据"—"财报分析"选项，选择 AJHXJL 利润表，单击"确定"按钮，数据集选择如图 6-2 所示。

图 6-2　数据集选择

（3）维度无，指标选择管理费用、销售费用、财务费用。将左侧指标拖曳到右上方指标处。

（4）选择图形，图形建议选择饼图。

（5）单击"过滤"—"设置"选项，按条件添加,条件选择"年 _ 报表日期""等于""2019"，单击"确定"按钮。

（6）修改可视化名称为:本期费用结构。单击"保存"按钮,保存此可视化图表。

（7）单击"退出"按钮回到故事板界面，单击"保存"按钮，保存故事板。本期费用结构饼图如图 6-3 所示。

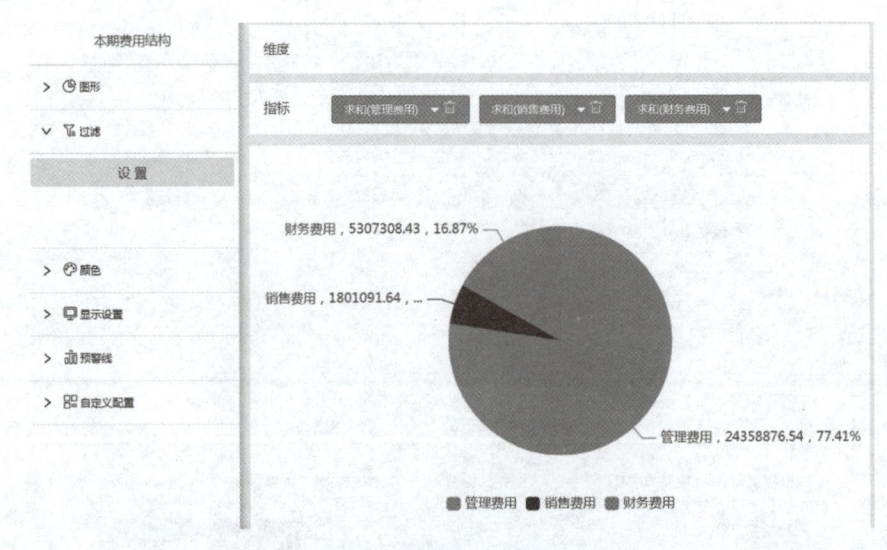

图 6-3 本期费用结构饼图

通过可视化图表可以看出，企业的管理费用占比较多，高达 77.41%；财务费用次之，占比 16.87%；销售费用占比 5.72%。可进一步参考对标企业的费用结构。

◆ 任务 6.1.2 本期对标企业的费用结构分析

数据表：利润表 – 金岭矿业。

### 1. 打开故事板

单击"分析设计"—"我的故事板"—"费用结构分析"选项。

### 2. 新建可视化

（1）单击"可视化"选项，单击"新建"按钮，选择数据集，单击"数据集"—"财务大数据"—"财报分析"选项，选择利润表——金岭矿业。

（2）单击"确定"按钮。维度无，指标选择管理费用、销售费用、财务费用。

（3）选择图形，图形建议选择饼图。

（4）单击"过滤"—"设置"选项，按条件添加，条件选择"年_报表日期""等于""2019"，单击"确定"按钮。修改可视化名称为：对标企业费用结构。单击"保存"按钮，保存此可视化图表。

（5）单击"退出"按钮回到故事板界面，单击"保存"按钮，保存故事板。对标企业费用结构饼图如图 6-4 所示。

通过可视化图表可以看出，对标企业的管理费用占比 92.87%，销售费用占比 13.40%，财务费用占比 –6.27%。企业管理费用当中存在较多的经营管理费用，在费用结构当中占比最大，销售费用次之，财务费用当中利息收入超过利息支出及手续费支出，故财务费用占比为负数。

项目六 大数据＋费用分析

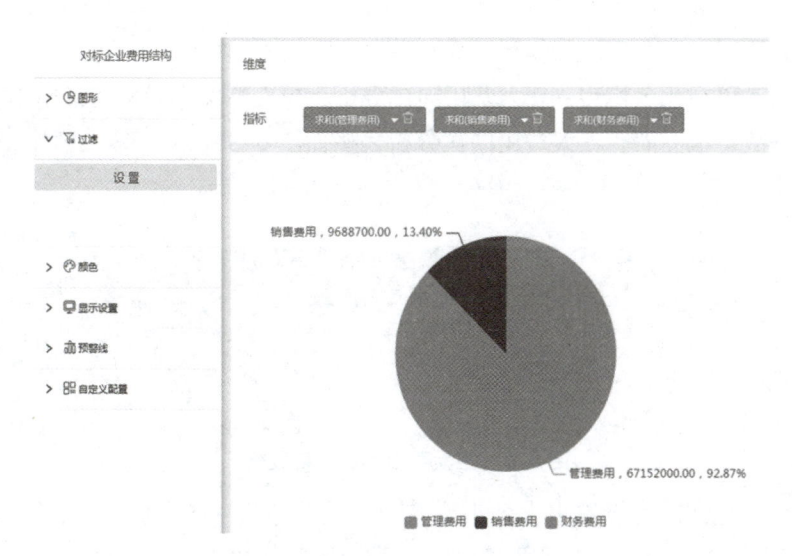

图 6-4 对标企业费用结构饼图

◆ 任务 6.1.3 三大费用同比分析

1. 新建故事板

单击"分析设计"—"我的故事板"—"费用结构分析"选项。

2. 新建可视化

（1）单击"可视化"选项，单击"新建"按钮，新建可视化。

（2）单击"数据集"—"财务大数据"—"财报分析"选项，选择 AJHXJL 利润表，单击"确定"按钮。

（3）维度无，指标选择销售费用、管理费用、财务费用。

（4）单击销售费用指标下拉箭头，选择"高级计算 – 同比 / 环比"。

（5）日期字段选择报表日期，维度选择年。对比类型选择同比，所选日期调整到 2019 年，计算选择增长率，间隔 1 年。同比 / 环比设置如图 6-5 所示。

图 6-5 同比 / 环比设置

（6）按照同样的操作方式设置管理费用、财务费用的高级计算。（对于图形选择，建议选择表格。）

（7）修改可视化名称为：三大费用同比分析，单击"保存"按钮，单击"退出"按钮，回到故事板界面。三大费用同比分析表格如图6-6所示。

图6-6 三大费用同比分析表格

通过可视化图表可以看出，企业销售费用同比持平，究其原因是上年为零，可进一步通过审阅资料查找问题；管理费用同比减少22.38%；财务费用同比减少92.58%。

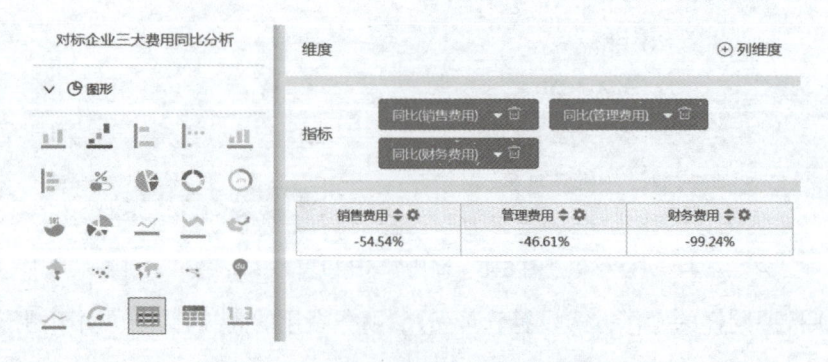

◆ 任务6.1.4 对标企业三大费用同比分析

1. 打开故事板

单击"分析设计"—"我的故事板"—"费用结构分析"选项。

2. 新建可视化

（1）单击"可视化"选项，单击"新建"按钮，单击"数据集"—"财务大数据"—"财报分析"选项，选择金岭矿业利润表，单击"确定"按钮。

（2）维度无，指标选择销售费用、管理费用、财务费用。

（3）单击销售费用指标下拉箭头，选择"高级计算－同比/环比"。

（4）日期字段选择报表日期，维度选择年。对比类型选择同比，所选日期调整到2019年，计算选择增长率，间隔1年。

（5）按照同样的操作方式设置管理费用、财务费用的高级计算。

（6）图形选择，建议选择表格。

（7）修改可视化名称为：对标企业三大费用同比分析，单击"保存"按钮，如图6-7所示。

图6-7 对标企业三大费用同比分析

通过可视化图表可以看出，对标企业三大费用同比分析，销售费用同比减少 54.54%，管理费用同比减少 46.61%，财务费用同比减少 99.24%。

（8）单击"退出"按钮，回到故事板界面，单击"保存"按钮，保存故事板。费用结构分析故事板如图 6-8 所示。

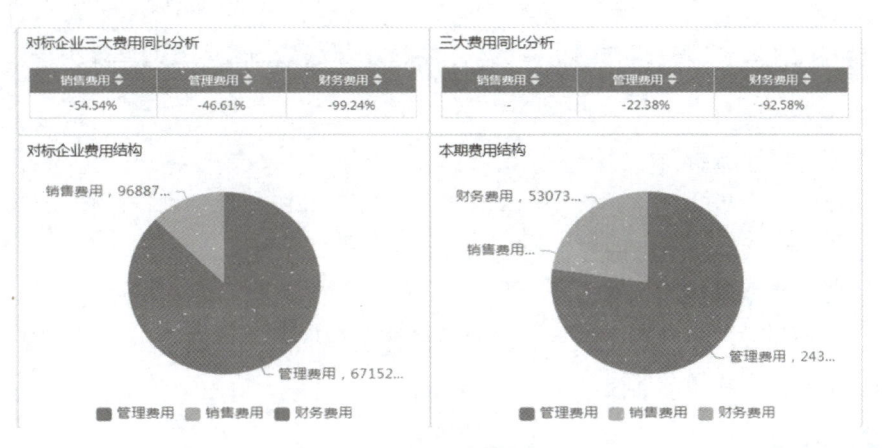

图 6-8　费用结构分析故事板

## 任务二　销售费用分析

**销售费用分析**

### ◆ 任务描述

财务大数据分析师根据 AJHXJL 公司的财报数据进行销售费用分析。

[ 任务布置 ]

6.2.1 销售费用历年走势分析。

6.2.2 销售费用的各子项构成分析。

### ◆ 工作准备

一、销售费用的概念

销售费用是指企业销售商品和材料、提供劳务的过程中产生的各种费用。

二、销售费用的核算范围

（1）销售商品过程中发生的保险费、包装费、展览费和广告费、商品维修费、预计产品质量保证损失、运输费、装卸费等。

（2）为销售本企业商品而专设的销售机构（含销售网点、售后服务网点等）的职工薪酬、业务费、折旧费等经营费用。

（3）企业发生的与专设销售机构相关的固定资产修理费用等后续支出。

## 三、销售费用的分析方法

### （一）趋势分析

根据分析企业连续若干会计期间（至少三期）的数据，比较销售费用的变动情况和发展趋势，从而进一步了解企业销售费用的发展历程和趋势。

### （二）结构分析

通过结构分析反映出销售费用各组成项目的分布情况和相对重要性，了解销售费用的主要构成。

### （三）同比分析

运用对比分析法，将销售费用整体和各子项目与历史数据进行比较，通过分析变动率来找出增长或下降的异常值。

### （四）数据洞察

找出增长或下降的异常值后，对对应的该费用的子项目进一步分析原因，了解费用产生的真实性和合理性。

## 任务实施

### ◆ 任务6.2.1 销售费用历年走势分析

**1. 新建故事板**

（1）单击"开始任务"选项，进入用友分析云。

（2）单击"分析设计"选项，单击"新建"按钮，新建故事板，故事板命名为：销售费用分析。

**2. 新建可视化**

（1）单击"可视化"选项，单击"新建"按钮，单击"数据集"—"财务大数据"—"财报分析"选项，选择 AJHXJL 利润表。单击"确定"按钮。

（2）修改可视化名称为：销售费用历年走势。

（3）维度选择报表日期下的年_报表日期。

（4）指标选择销售费用。

（5）图形选择，建议选择折线图。

（6）单击维度年_报表日期处的下拉箭头，选择升序，按年_报表日期进行升序排列，销售费用历年走势折线图如图6-9所示。

通过可视化图表可以看出，销售费用在上两年金额为0，故可参考收入等指标，或者查阅会计资料等进一步查找并分析原因。如果排除停产或记账错误等原因，则可进一步分析本年销售费用的子项构成。

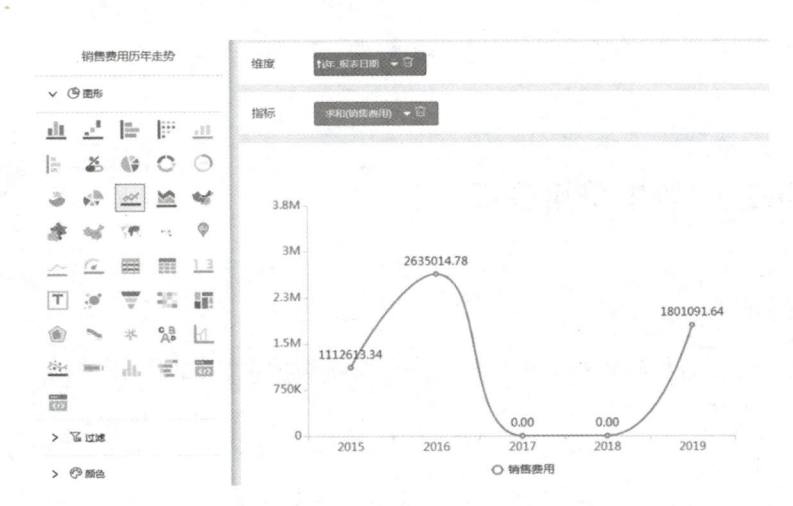

图 6-9　销售费用历年走势折线图

◆ 任务 6.2.2 销售费用的各子项构成分析

1. 打开故事板

单击"分析设计"—"我的故事板"—"销售费用分析"选项。

2. 新建可视化

（1）单击"可视化"选项，单击"新建"按钮，数据集选择"财务大数据"—"费用分析"—"销售费用明细表"选项，单击"确定"按钮。

（2）修改可视化名称为：销售费用的各子项构成。

（3）维度选择二级科目。

（4）指标选择金额。

（5）图形选择，建议选择环形图。销售费用的各子项构成环形图如图 6-10 所示。

图 6-10　销售费用的各子项构成环形图

通过可视化图表可以看出，企业的销售费用全部为运输费。

## 任务三　管理费用分析

### ❖ 任务描述

财务大数据分析师根据 AJHXJL 公司的财报数据进行管理费用分析。

［任务布置］

6.3.1 管理费用历年走势分析。

6.3.2 管理费用子项构成分析。

6.3.3 管理费用子项同比分析。

6.3.4 中介机构费用趋势分析。

6.3.5 中介机构费用构成分析。

6.3.6 中介机构费用——咨询费历年趋势分析。

6.3.7 中介机构费用——咨询费费用去向分析。

### ❖ 工作准备

#### 一、管理费用的概念

管理费用是指企业的行政管理部门为管理和组织经营而产生的各项费用。

#### 二、管理费用的核算范围

（1）企业管理人员的基本工资、工资性补贴、职工福利费。

（2）企业办公费，指企业办公用文具、纸张、账表、印刷、邮电、书报、会议、水、电、燃煤（气）等费用。

（3）固定资产使用费，指企业管理用的房屋、设备、仪器等固定资产的折旧费和维修费等。

（4）差旅交通费，指企业管理人员差旅费、探亲路费、劳动力招募费、离退休职工一次性路费，以及交通工具油料费、燃料费、牌照费和养路费等。

（5）其他费用，如职工教育经费、业务招待费、税金、技术转让费、无形资产摊销、咨询费、诉讼费、开办费摊销、上缴上级管理费、劳动保险费、待业保险费、董事会会费、财务报告审计费、筹建期间发生的开办费等。

#### 三、管理费用的分析方法

##### （一）趋势分析

根据分析企业连续若干会计期间的数据，比较管理费用的变动情况和发展趋势，从而进一步了解企业管理费用的发展历程和趋势。为了排除偶然性或意外因素的影响，应将分析期延长至三期或三期以上。

## （二）结构分析

通过结构分析反映出管理费用各组成项目的分布情况和相对重要性。通过计算各项目数据的比重来分析各项目数据在企业经营中的重要性。

## （三）同比分析

运用对比分析法，将管理费用整体和各子项目与历史数据进行比较，通过分析来找出增长或下降的异常值。

## （四）数据洞察

找出增长或下降的异常值后，对对应的该费用的子项目进一步分析原因，了解费用产生的真实性和合理性。

## 任务实施

### ◆ 任务 6.3.1 管理费用历年走势分析

#### 1. 新建故事板

（1）单击"开始任务"选项，进入用友分析云。

（2）单击"分析设计"选项，单击"新建"按钮，新建故事板。故事板命名为：管理费用分析。

#### 2. 新建可视化

（1）单击"可视化"选项，单击"新建"按钮，单击"数据集"—"财务大数据"—"财报分析"选项，选择 AJHXJL 利润表，单击"确定"按钮。

（2）修改可视化名称为：管理费用历年走势。

（3）维度选择报表日期下的年_报表日期。

（4）指标选择管理费用。

（5）图形选择，建议选择折线图。

（6）单击维度年_报表日期处的下拉箭头，选择升序，按年_报表日期进行升序排列。管理费用历年走势折线图如图 6-11 所示。

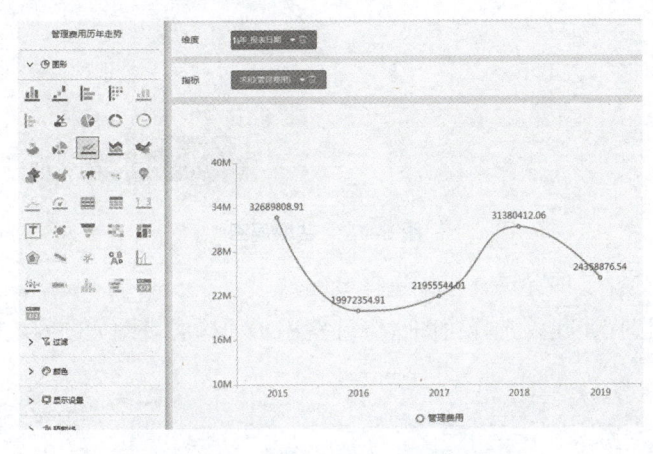

图 6-11 管理费用历年走势折线图

（7）单击"保存"按钮，保存可视化，单击"退出"按钮，回到故事板界面，单击"保存"按钮，保存故事板。

通过可视化图表可以看出，管理费用近五年的波动幅度相对较大，今年较去年有大幅减少，可进一步分析管理费用的构成。

◆ 任务6.3.2 管理费用子项构成分析

1. 打开故事板

单击"分析设计"—"我的故事板"—"管理费用分析"选项。

2. 新建可视化

（1）单击"可视化"选项，单击"新建"按钮，数据集选择"财务大数据"—"费用分析"—"管理费用统计表"选项，单击"确定"按钮。

（2）修改可视化名称为：管理费用子项构成。

（3）单击维度右侧的"+"号，选择层级。

（4）层级名称为：子项穿透，选中一级子项、二级子项、三级子项、四级子项，单击">"按钮，选中到右侧，单击"确定"按钮，钻取层级如图6-12所示。

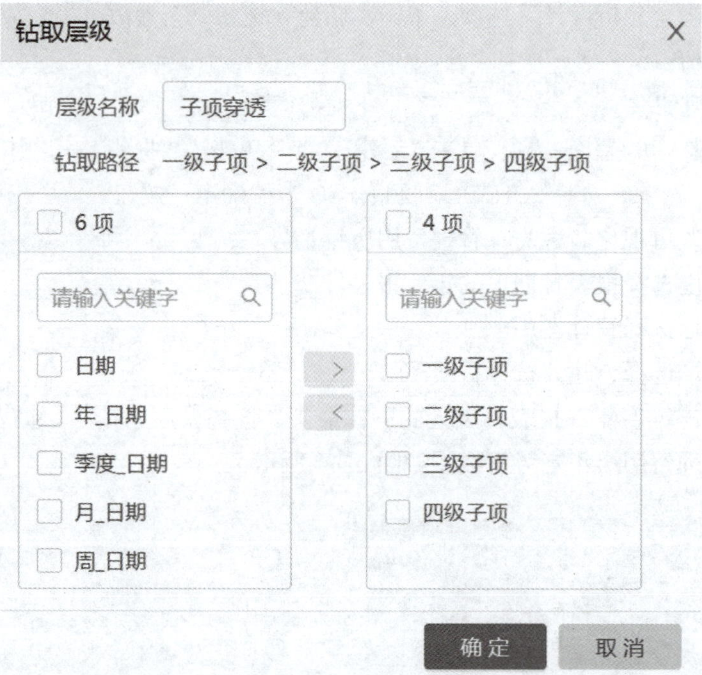

图6-12 钻取层级

（5）维度选择子项穿透，指标选择金额。

（6）图形选择，建议选择饼图，管理费用子项构成饼图如图6-13所示。

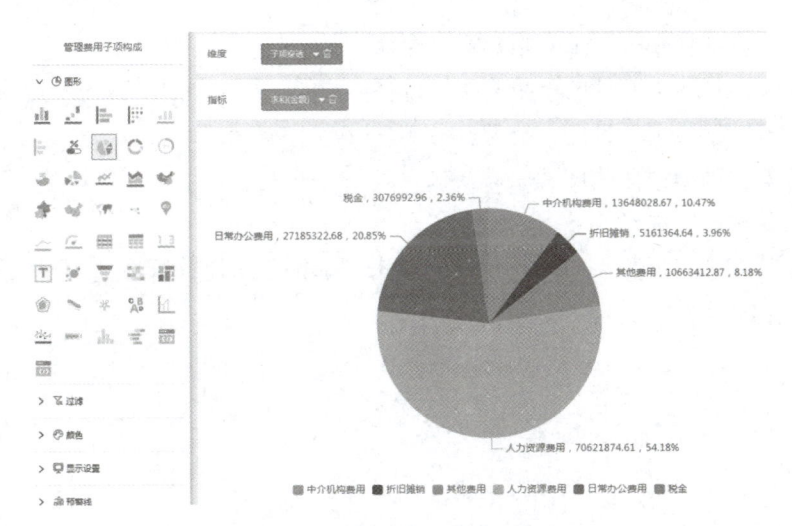

图 6-13 管理费用子项构成饼图

（7）单击选择日常办公费用，可钻取到二级子项，展示日常办公费用的组成及占比，管理费用子项日常办公费用饼图如图 6-14 所示。

通过可视化图表可以看出，本期管理费用子项日常办公费用中排在前三的为：业务招待费，占比 32.44%；办公车费用，占比 18.10%；差旅费，占比 16.60%。此三项之和占据管理费用总额的 2/3 以上。

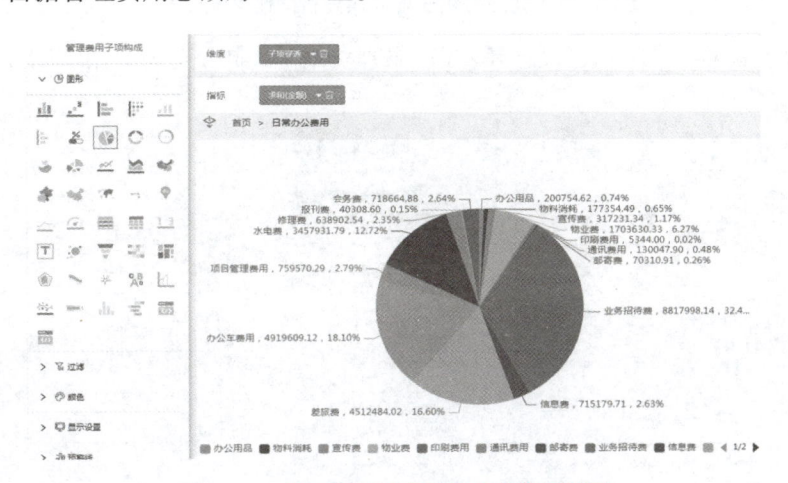

图 6-14 管理费用子项日常办公费用饼图

◆ 任务 6.3.3 管理费用子项同比分析

1. 打开故事板

单击"分析设计"—"我的故事板"—"管理费用分析"选项。

2. 新建可视化

（1）单击"可视化"选项，单击"新建"按钮，数据集选择"财务大数据"—"费用分析"—"管理费用统计表"选项，单击"确定"按钮。

（2）修改可视化名称为：管理费用子项同比分析。

（3）维度选择一级子项，指标选择金额。

（4）单击指标金额处的下拉箭头，选择"高级计算–同比/环比"选项。

（5）日期字段选择日期，类型选择年。

（6）对比类型选择同比。

（7）所选日期选择 5。

（8）计算选择增长率：间隔 1 年。单击"确定"按钮，管理费用子项同比分析同比/环比设置如图 6-15 所示。

图 6-15　管理费用子项同比分析同比/环比设置

（9）选择显示图形，建议选择表格，管理费用子项同比分析表格如图 6-16 所示。

图 6-16　管理费用子项同比分析表格

（10）单击"保存"按钮，保存可视化。单击"退出"按钮，回到故事板界面，单击"保存"按钮。

通过可视化图表可以看出，在 2019 年总管理费用较去年减少的情况下，各子项构成多为减少，只有一项中介机构费用呈上升趋势，故而需要作为最突出子项进一步分析。

◆ 任务 6.3.4 中介机构费用趋势分析

1. 打开故事板单击"分析设计"—"我的故事板"—"管理费用分析"选项。
2. 新建可视化

（1）单击"可视化"选项，单击"新建"按钮，数据集选择"财务大数据"—"费用分析"—"管理费用统计表"选项，单击"确定"按钮。

（2）修改可视化名称为：近五年中介机构费用趋势。

（3）维度选择日期下的年_日期，指标选择金额。

（4）显示图形，建议选择折线图。

（5）单击维度年_日期处的下拉箭头，选择升序，排序按照年_日期。

（6）过滤条件设置，按条件添加，一级子项等于中介机构费用，单击"确定"按钮。

（7）单击"保存"按钮，保存可视化，单击"退出"按钮，回到故事板界面，保存故事板。中介机构费用趋势折线图如图 6-17 所示。

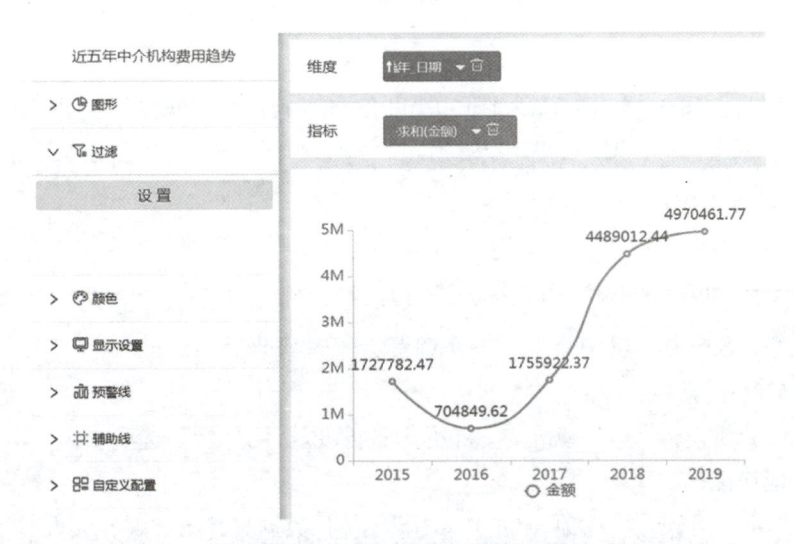

图 6-17　中介机构费用趋势折线图

通过可视化图表可以看出，近五年管理费用中的中介机构费用整体呈现上升趋势，可进一步分析其费用具体构成。

◆ 任务 6.3.5 中介机构费用构成分析

1. 打开故事板

单击"分析设计"—"我的故事板"—"管理费用分析"选项。

2. 新建可视化

（1）单击"可视化"选项，单击"新建"按钮，数据集选择"财务大数据"—"费用分析"—"管理费用统计表"选项，单击"确定"按钮。

（2）修改可视化名称为：增长最大的子项费用（中介机构费用）构成。

（3）维度选择二级子项，指标选择金额。

（4）显示图形，建议选择饼图。

（5）过滤条件设置，按条件添加，一级子项等于中介机构费用，单击"确定"按钮。增长最大的子项费用（中介机构费用）构成饼图如图6-18所示。

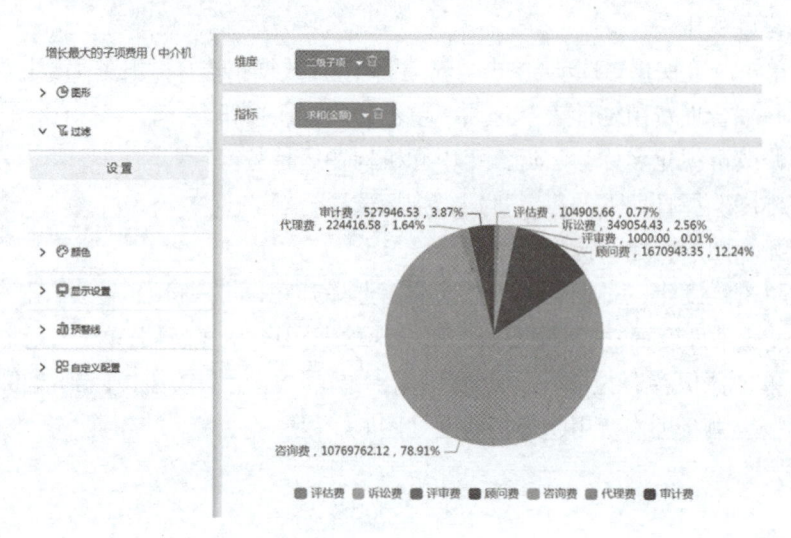

图6-18 增长最大的子项费用（中介机构费用）构成饼图

（6）单击"保存"按钮，保存可视化，单击"退出"按钮，回到故事板界面，单击"保存"按钮。

通过中介机构费用构成的可视化图表可以看出，各子项中咨询费占比最大，高达78.91%，故可对咨询费的历年趋势进行分析。

◆ 任务6.3.6 中介机构费用——咨询费历年趋势分析

1. 新建故事板

单击"分析设计"—"我的故事板"—"管理费用分析"选项。

2. 新建可视化

（1）单击"可视化"选项，单击"新建"按钮，数据集选择"财务大数据"—"费用分析"—"管理费用统计表"选项，单击"确定"按钮。

（2）修改可视化名称为：中介机构费用——咨询费历年趋势。

（3）维度选择日期下的年_日期，指标选择金额。

（4）显示图形，建议选择折线图。

（5）单击维度年_日期处的下拉箭头，选择升序，排序按照年_日期。

（6）过滤条件设置，按条件添加，一级子项等于中介机构费用，继续单击按条件添加，二级子项等于咨询费，单击"确定"按钮。中介机构费用——咨询费历年趋势折线图如图6-19所示。

通过中介机构费用——咨询费历年趋势的可视化图表可以看出，近五年的中介机构费用——咨询费整体呈现上升趋势，且近两年上升幅度较大，因此可对中介机构费用——咨询费费用的去向进一步分析。

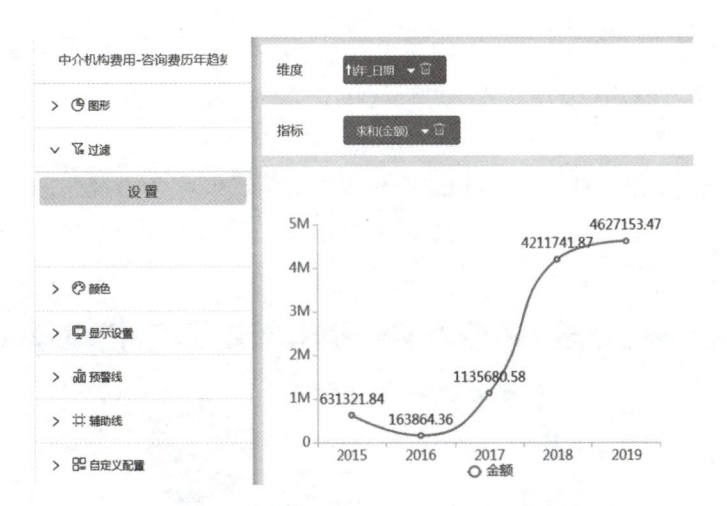

图 6-19　中介机构费用——咨询费历年趋势折线图

◆ 任务 6.3.7 中介机构费用——咨询费费用去向分析

1. 打开故事板

单击"分析设计"—"我的故事板"—"管理费用分析"选项。

2. 新建可视化

（1）单击"可视化"选项，单击"新建"按钮，数据集选择"财务大数据"—"费用分析"—"咨询费明细表（2018—2019）"选项，单击"确定"按钮。

（2）修改可视化名称为：中介机构费用——咨询费费用去向分析。

（3）维度选择咨询费支付单位，指标选择金额。

（4）显示图形，建议选择饼图。

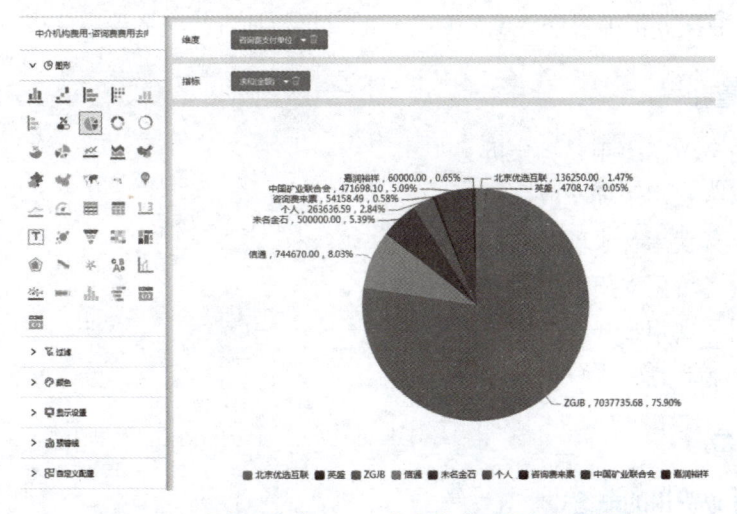

（5）单击"保存"按钮，保存可视化。中介机构费用——咨询费费用去向分析饼图如图 6-20 所示。

图 6-20　中介机构费用——咨询费费用去向分析饼图

通过对中介机构费用——咨询费费用去向的分析可以发现，咨询费用中有75.90%都流向了 ZGJB 公司，故而可查阅相关资料对近两年咨询费骤增的原因进行探究和溯源。

（6）单击"退出"按钮，回到故事板界面，拖曳调整各可视化的位置及大小，尽量做到美观，单击"保存"按钮，保存故事板。管理费用分析故事板如图 6-21 所示。

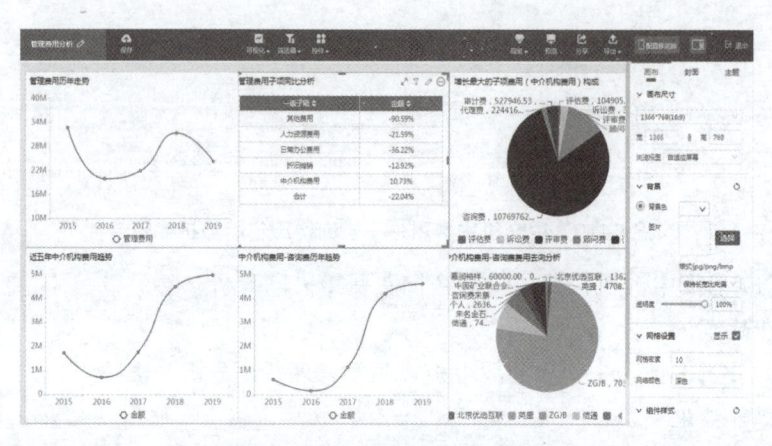

图 6-21 管理费用分析故事板

## 任务四　财务费用分析

**财务费用分析**

### 任务描述

财务大数据分析师根据 AJHXJL 公司的财报数据进行财务费用分析。

### [任务布置]

6.4.1 财务费用历年趋势分析。

6.4.2 财务费用子项构成分析。

6.4.3 财务费用各子项同比增减分析。

6.4.4 财务费用支出项结构分析。

6.4.5 财务费用收入项结构分析。

6.4.6 企业利息收入分布。

### 工作准备

一、财务费用的概念

财务费用是指企业为筹集生产经营所需资金等而产生的费用。

## 二、财务费用的核算范围

（1）利息收支，包括长短期贷款利息、票据贴现利息和存款利息收入等。

（2）汇兑损益，指汇兑业务产生的损失和收益。

（3）银行等相关手续费。

（4）现金折扣等。

## 三、财务费用的分析方法

### （一）趋势分析

根据分析企业连续若干会计期间（至少三期）的数据，比较财务费用的变动情况和发展趋势，从而进一步了解企业财务费用的发展历程和趋势。

### （二）结构分析

通过结构分析反映出财务费用各组成项目的分布情况和相对重要性，了解财务费用的主要去向。

### （三）同比分析

运用对比分析法，将财务费用整体和各子项目与历史数据进行比较，通过分析变动率找出增长或下降的异常值。

### （四）数据洞察

找出增长或下降的异常值后，对对应的该费用的子项目进一步分析原因，也可以对重要的子项目的构成进行重点分析，了解费用发生的真实性和合理性。

## ◆ 任务实施

### ◆ 任务 6.4.1 财务费用历年趋势分析

**1. 新建故事板**

（1）单击"开始任务"选项，进入用友分析云。

（2）单击"分析设计"选项，单击"新建"按钮，新建故事板，故事板命名为：财务费用分析。

**2. 新建可视化**

（1）单击"可视化"选项，单击"新建"按钮，单击"数据集"—"财务大数据"—"财报分析"选项，选择 AJHXJL 利润表，单击"确定"按钮。

（2）修改可视化名称为：财务费用历年走势。

（3）维度选择报表日期下的年_报表日期。

（4）指标选择财务费用。

（5）图形选择，建议选择折线图。

（6）单击维度年_报表日期处的下拉箭头，选择升序，按年_报表日期进行升序排列，财务费用历年走势折线图如图 6-22 所示。

通过可视化图表可以看出，公司近五年的财务费用呈下降趋势，说明近期企业的流动资金充裕，可进一步分析其子项构成。

图 6-22 财务费用历年走势折线图

♦ 任务 6.4.2 财务费用子项构成分析

1. 打开故事板

单击"分析设计"—"我的故事板"—"财务费用分析"选项。

2. 新建可视化

（1）单击"可视化"选项，单击"新建"按钮，数据集选择"财务大数据"—"费用分析"—"财务费用统计表"选项，单击"确定"按钮。

（2）修改可视化名称为：财务费用子项构成。

（3）单击维度右侧的"+"号，选择层级。

（4）层级名称为：子项穿透，选中一级子项、二级子项，单击">"按钮，选中到右侧，单击"确定"按钮，如图 6-23 所示。

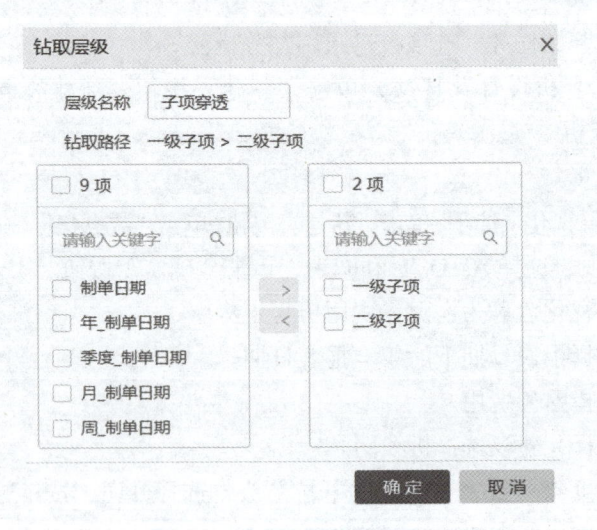

图 6-23 钻取层级设置

（5）维度选择子项穿透，指标选择金额。

（6）图形选择，建议选择条形图，财务费用子项构成条形图如图6-24所示。

图6-24　财务费用子项构成条形图

（7）单击利息收入一级子项，可下钻显示利息收入下的二级子项，利息收入条形图如图6-25所示。

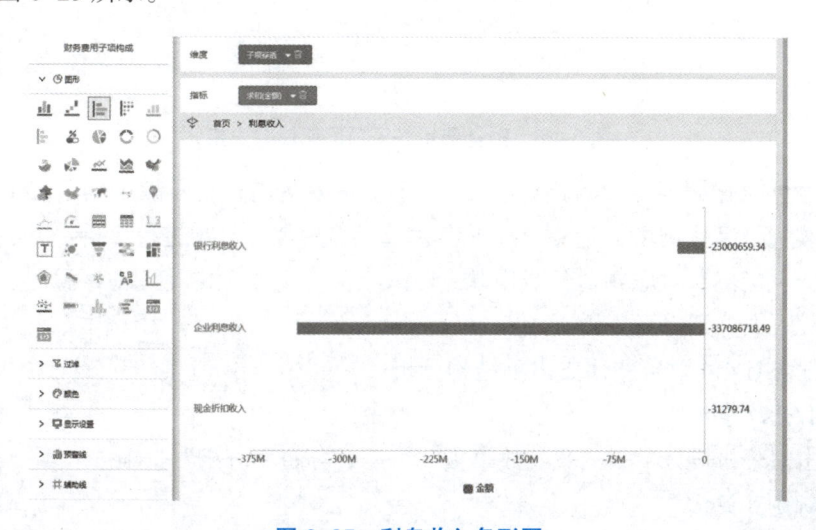

图6-25　利息收入条形图

（8）单击"保存"按钮，保存可视化，单击"退出"按钮，回到故事板界面，单击"保存"按钮，保存故事板。

通过可视化图表可以看出，公司财务费用主要集中在利息支出上，另外还有大部分利息收入相抵。

◆ 任务6.4.3　财务费用各子项同比增减分析

1. 打开故事板

单击"分析设计"—"我的故事板"—"财务费用分析"选项。

2. 新建可视化

（1）单击"可视化"选项，单击"新建"按钮，数据集选择"财务大数据"—"费用分析"—"财务费用统计表"选项,单击"确定"按钮。

(2)修改可视化名称为:财务费用各子项同比增减。

(3)维度选择一级子项,指标选择金额。

(4)单击指标金额处的下拉箭头,选择"高级计算–同比/环比"。

(5)日期字段选择制单日期,类型选择年。

(6)对比类型选择同比。

(7)所选日期5。

(8)计算选择增长率:间隔1年。单击"确定"按钮。

(9)图形选择,建议选择表格,财务费用各子项同比增减表格如图6-26所示。

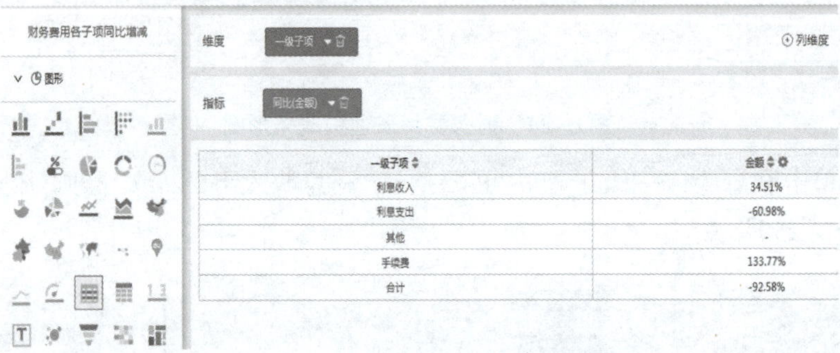

**图6-26 财务费用各子项同比增减表格**

通过可视化图表可以看出,在2019年总财务费用较去年减少的情况下,各子项中手续费呈高比例增长趋势,故可作为最突出子项进一步进行分析,方法可参考前一任务。当然,考虑到财务费用既有收入项又有支出项的特殊性,我们还可将支出项和收入项分别进行分析。

### 任务6.4.4 财务费用支出项结构分析

#### 1. 打开故事板

单击"分析设计"—"我的故事板"—"财务费用分析"选项。

#### 2. 新建可视化

(1)单击"可视化"选项,单击"新建"按钮,数据集选择"财务大数据"—"费用分析"—"财务费用统计表"选项,单击"确定"按钮。

(2)修改可视化名称为:财务费用支出项结构分析。

(3)单击维度右侧的"+"号,选择层级。

(4)层级名称为:子项穿透,选中一级子项、二级子项,单击">"按钮,选中到右侧,单击"确定"按钮。

(5)维度选择子项穿透,指标选择金额。

(6)图形选择,建议选择饼图,财务费用支出项结构分析饼图如图6-27所示。

(7)单击"过滤"—"设置"选项,添加过滤条件,金额大于0,单击"确定"按钮,设置过滤如图6-28所示。

项目六 大数据+费用分析

通过可视化图表可以看出，财务费用支出项由利息支出、手续费和其他支出三部分构成，其中利息支出占比高达98.04%，为主要支出。

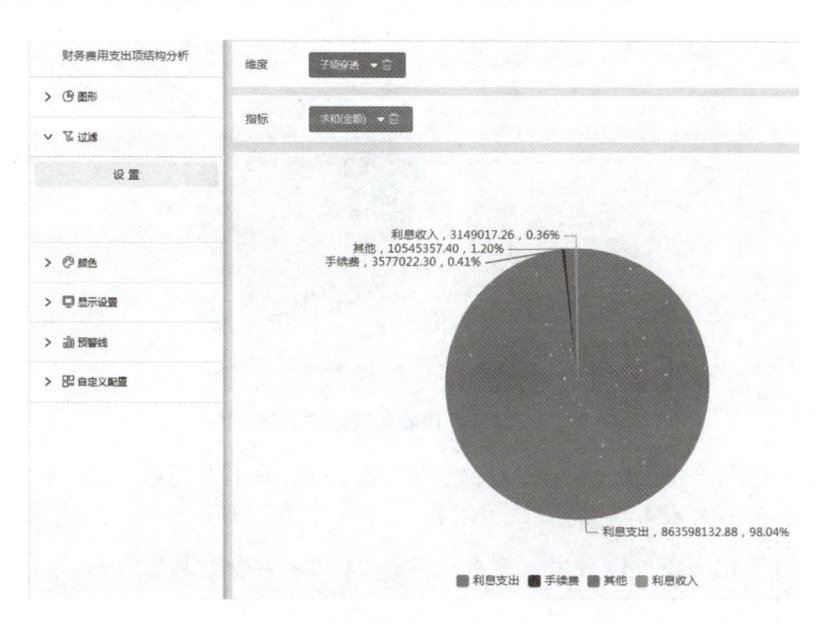

图6-27 财务费用支出项结构分析饼图

图6-28 设置过滤

### ◆ 任务6.4.5 财务费用收入项结构分析

**1. 打开故事板**

单击"分析设计"—"我的故事板"—"财务费用分析"选项。

**2. 新建可视化**

（1）单击"可视化"选项，单击"新建"按钮，数据集选择"财务大数据"—"费用分析"—"财务费用统计表"选项，单击"确定"按钮。

（2）修改可视化名称为：财务费用收入项结构分析。

（3）单击维度右侧的"+"号，选择层级。

（4）层级名称为：子项穿透，选中一级子项、二级子项，单击">"按钮，选中到右侧，单击"确定"按钮。

（5）维度选择子项穿透，指标选择金额。

（6）图形选择，建议选择饼图。

（7）单击"过滤"—"设置"选项，添加过滤条件，金额小于0，单击"确定"按钮。财务费用收入项结构分析饼图如图6-29所示。

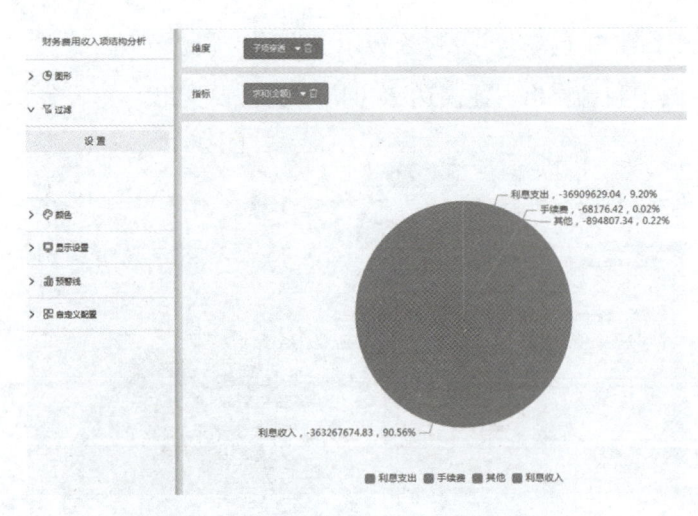

图 6-29　财务费用收入项结构分析饼图

（8）单击利息收入部分，可以穿透到二级子项，查看利息收入的子项构成，设置利息收入，如图 6-30 所示。

通过可视化图表可以看出，收入项中有 92.79% 为企业利息收入，所以需要进一步分析利息收入的分布。

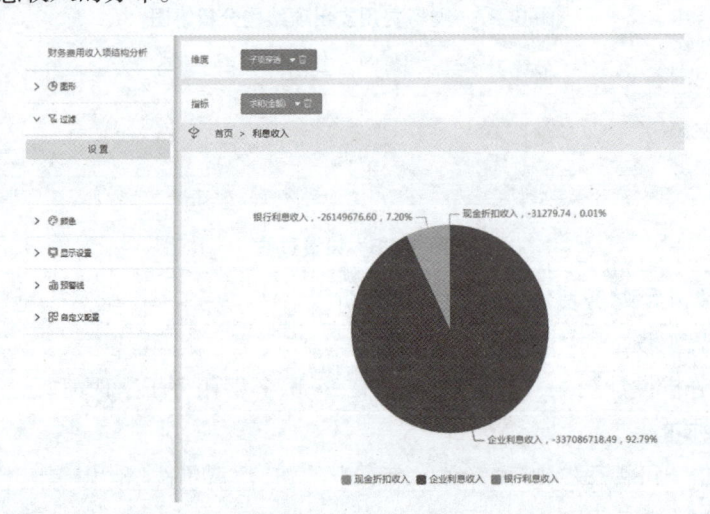

图 6-30　设置利息收入

◆ 任务 6.4.6 企业利息收入分布

1. 打开故事板

单击"分析设计"—"我的故事板"—"财务费用分析"选项。

2. 新建可视化

（1）单击"可视化"选项，单击"新建"按钮，数据集"选择财务大数据"—"费用分析"—"财务费用利息收入明细表"选项，单击"确定"按钮。

（2）修改可视化名称为：企业利息收入分布。

（3）维度选择客户档案名称，指标选择金额。

（4）图形选择，建议选择条形图，企业利息收入分布条形图如图 6-31 所示。

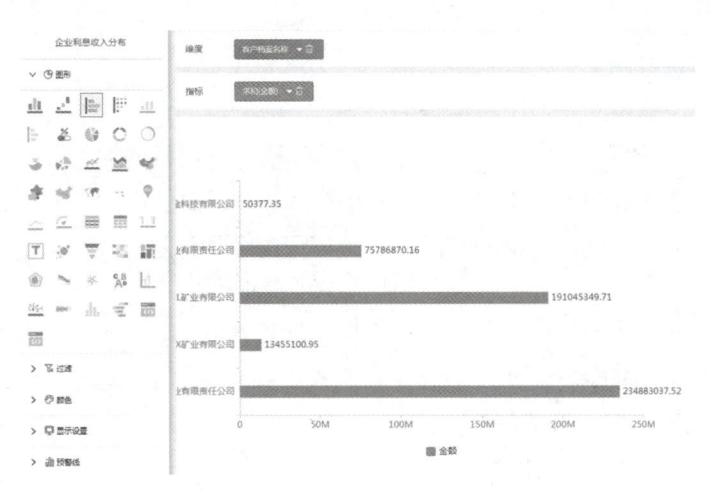

图 6-31　企业利息收入分布条形图

（5）单击"保存"按钮，保存可视化，单击"退出"按钮，回到故事板界面。

（6）拖曳调整可视化的位置及大小，使其显示美观，财务费用分析故事板如图 6-32 所示。

通过对企业利息收入分布的分析可以发现，主要集中在 ABJD 矿业有限责任公司和 LPJL 矿业有限责任公司，故而可查阅相关资料对其原因进行探究和溯源。

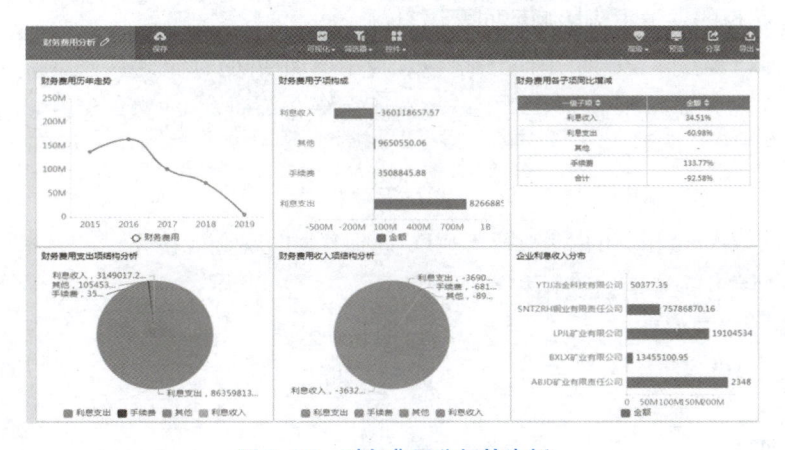

图 6-32　财务费用分析故事板

## 项目小结

本项目主要介绍了费用的概念、费用管理的重要性以及分析方法，对管理费用、销售费用和财务费用的概念和核算范围进行了描述，采用案例实战方式详细介绍了如何进行管理费用、销售费用和财务费用分析数据的获取和可视化呈现，并利用相关财务指标的可视化呈现进行三项费用的分析，引导学生把大数据思维运用到工作和生活中，并培养学生敢于挑战困难和勇于创新的精神。

## 同步练习

**一、单项选择题**

1. 以下关于费用的说法中，错误的是（　　）。
   A. 形成于日常活动中　　　　B. 会导致所有者权益增加
   C. 与所有者安排利润无关　　D. 是经济利益的总流出

2. 下列各项中，企业发生的产品广告费借记的会计科目是（　　）。
   A. 销售费用　　　　　　　　B. 主营业务成本
   C. 管理费用　　　　　　　　D. 其他业务成本

3. 以下会计处理中，应计入主营业务成本的是（　　）。
   A. 出租无形资产的摊销额
   B. 出租固定资产的折旧额
   C. 工业企业销售自产商品所发生的成本
   D. 投资性房地产每月计提的折旧

**二、多项选择题**

1. 以下关于期间费用的说法中，正确的有（　　）。
   A. 当发生现金折扣时，销货方应增加期间费用总额
   B. 当发生现金折扣时，购货方应冲减期间费用总额
   C. 印花税的发生不应影响期间费用总额
   D. 行政管理部门发生的固定资产修理费用增加期间费用总额

2. 财务费用是指企业为筹集生产经营所需资金等而发生的筹资费用。核算的内容包括（　　）。
   A. 利息支出（减利息收入）　　B. 汇兑损益
   C. 与筹集资金相关的手续费　　D. 企业发生的现金折扣等

3. 下列费用属于管理费用核算范围的是（　　）。
   A. 企业管理人员　　　　　　B. 企业办公费
   C. 职工教育经费　　　　　　D. 现金折扣

## 技能训练

假设你是 AJHXJL 公司的财务大数据分析师，请根据 2021 年 AJHXJL 公司的管理费用情况，对公司管理费用管控情况进行分析。

## 项目评价

| 同步练习（15分） | | | 得分： |
|---|---|---|---|
| 计分标准：<br>得分 =2× 单项选择题正确个数 +3× 多项选择题正确个数 ||||
| 学生自评（35分） | | | 得分： |
| 计分标准：初始分 =2×A 的个数 +1×B 的个数 +0×C 的个数<br>　　　　　得分 = 初始分 /30×35 ||||
| 专业能力 | 评价指标 | 自测结果 | 要求<br>（A 掌握；B 基本掌握；C 未掌握） |
| 费用整体分析 | 1. 费用的概念；<br>2. 费用管理的重要性；<br>3. 费用的分析方法 | A☐ B☐ C☐<br>A☐ B☐ C☐<br>A☐ B☐ C☐ | 掌握费用的概念、费用管理的重要性以及相关分析方法 |
| 管理费用分析 | 1. 管理费用的概念；<br>2. 管理费用的核算范围；<br>3. 管理费用的分析方法 | A☐ B☐ C☐<br>A☐ B☐ C☐<br>A☐ B☐ C☐ | 掌握管理费用的概念、核算范围和分析方法 |
| 财务费用分析 | 1. 财务费用的概念；<br>2. 财务费用的核算范围；<br>3. 财务费用的分析方法 | A☐ B☐ C☐<br>A☐ B☐ C☐<br>A☐ B☐ C☐ | 掌握财务费用的概念、核算范围和分析方法 |
| 销售费用分析 | 1. 销售费用的概念；<br>2. 销售费用的核算范围；<br>3. 销售费用的分析方法 | A☐ B☐ C☐<br>A☐ B☐ C☐<br>A☐ B☐ C☐ | 掌握销售费用的概念、核算范围和分析方法 |
| 职业道德思想意识 | 1. 爱岗敬业、认真严谨；<br>2. 遵纪守法、遵守职业道德；<br>3. 顾全大局、团结合作 | A☐ B☐ C☐<br>A☐ B☐ C☐<br>A☐ B☐ C☐ | 专业素质、思想意识得以提升，德才兼备 |
| 小组评价（20分） |||得分： |
| 计分标准：得分 =10×A 的个数 +5×B 的个数 +3×C 的个数 ||||
| 团队合作 | A☐ B☐ C☐ | 沟通能力 | A☐ B☐ C☐ |
| 教师评价（30分） | | | 得分： |
| 教师评语 ||||
| 总成绩 | | 教师签字 | |

# 项目七　大数据+销售分析

## 【知识目标】

1. 了解销售收入分析的思路。
2. 了解客户维度、产品维度、价格维度分析销售收入的意义。
3. 掌握销售分析的相关方法。

## 【技能目标】

1. 能够根据案例资料进行销售收入整体情况分析。
2. 能够根据案例资料进行销售收入客户维度分析。
3. 能够根据案例资料进行销售收入产品维度分析。
4. 能够根据案例资料进行销售收入价格维度分析。

## 【素质目标】

1. 树立学生通过数据思维进行销售分析的意识。
2. 增强学生主动学习的意识，敢于挑战、勇于创新。
3. 提高学生运用理论知识解决实际问题的能力。

## 【知识图谱】

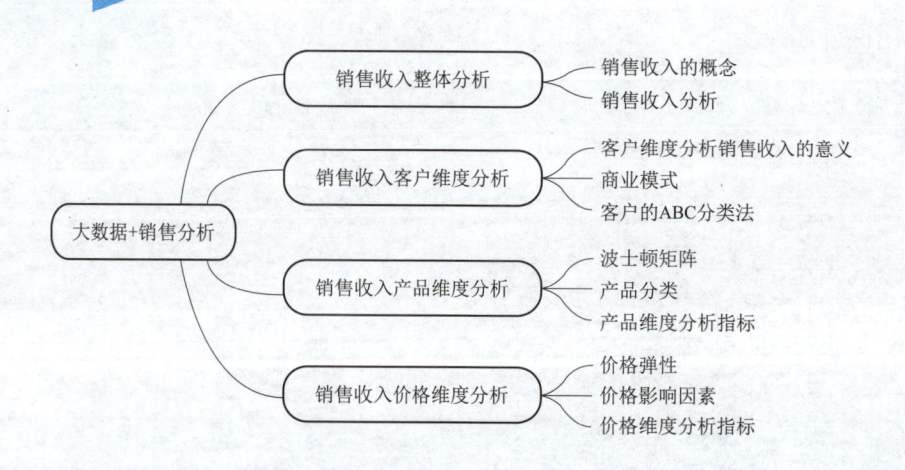

```
                                              ┌── 销售收入的概念
                         ┌── 销售收入整体分析 ─┤
                         │                    └── 销售收入分析
                         │
                         │                         ┌── 客户维度分析销售收入的意义
                         ├── 销售收入客户维度分析 ─┼── 商业模式
                         │                         └── 客户的ABC分类法
  大数据+销售分析 ───────┤
                         │                         ┌── 波士顿矩阵
                         ├── 销售收入产品维度分析 ─┼── 产品分类
                         │                         └── 产品维度分析指标
                         │
                         │                         ┌── 价格弹性
                         └── 销售收入价格维度分析 ─┼── 价格影响因素
                                                   └── 价格维度分析指标
```

## 任务一　销售收入整体分析

**销售收入整体分析**

### ■ 任务描述

财务大数据分析师对 AJHXJL 公司销售收入进行整体分析。

### [任务布置]

7.1.1 本期集团营业收入与各机构收入分析。

7.1.2 母公司营业收入结构分析。

7.1.3 母公司各项产品收入构成分析。

7.1.4 母公司历年营业收入纵向对比分析。

7.1.5 母公司营业收入趋势分析（按季）。

### ■ 工作准备

#### 一、销售收入的概念

销售收入也称营业收入。营业收入按比重和业务的主次及经常性情况，一般可分为主营业务收入和其他业务收入。

（1）主营业务收入包括产成品、代制品、代修品、自制半成品和工业性劳务销售收入等。

（2）其他业务收入包括除商品、产品销售收入以外的其他销售和其他业务收入，如材料销售收入、包装物出租收入以及运输等非工业性劳务收入。

#### 二、销售收入分析

（一）分析思路

分析一个公司的销售收入，可以从销售收入整体情况、客户维度、产品维度和价格维度四个方面进行。

分析企业的销售收入，首先要了解销售收入的整体情况。如本期销售收入总额是多少，本季度销售收入总额是多少，累计销售收入总额是多少，同比去年同期或环比上月的销售收入是增加了还是减少了，这些数据比同行业其他企业的销售收入数据是高还是低？是好还是坏？这些数据指标都是需要分析的。

企业的销售分析，还需要分析其他相关性指标，如销售收入增长率与其他财务指标增长率的关系，如净利润增长率、应收账款增长率以及预收账款增长率等。全面地了解销售收入指标，才能有效地做经营决策，从而提高销售收入以及市场占有率。

### （二）销售收入整体分析方法

#### 1. 总量分析

可分析总销售收入、各产品销售收入和各区域销售收入等。

销售收入是衡量企业经营状况和市场占有能力、预测企业经营业务拓展趋势的重要标志。不断增加的营业收入，是企业生存的基础和发展的条件。分析各产品销售收入可以检索重点产品发展趋势及新产品的市场表现；分析各区域销售收入可以检索重点区域，发现潜在市场，提出下阶段的区域布局策略等。

#### 2. 增长性分析

可进行同比分析和环比分析。

同比指的是与历史同期数据进行比较，环比指的是相邻两期进行比较。二者的侧重点不同：环比会突出显示数据的短期趋势，容易受到季节等因素的影响，而同比侧重反映长期的变化趋势，能规避季节等因素的影响。

#### 3. 对比分析

可进行纵向对比和横向对比。

纵向对比是指将本期的收入数据与以前时期的收入数据进行对比，反映收入的增减变化趋势。横向对比是指将本企业的收入数据与同行业其他企业或行业平均水平、先进水平进行对比，通过横向对比，可以了解企业在行业中的地位及与标杆企业的差距等。

#### 4. 相关比率比较分析

（1）收入增长率与利润增长率。利润增长率反映了企业的利润增长速度，如果高于销售收入增长速度，则说明企业的盈利能力增强。

（2）收入增长率与应收账款增长率。一般来说，应收账款与营业收入存在一定的正相关关系。在较好的经营状况下，应收账款的增长率往往小于营业收入的增长率。反之，则说明营业收入中的大部分属于赊销，资金回笼较慢，企业的资金利用效率有所降低，影响了企业的资产质量，从而加大了经营风险，应收账款的变现速度仍有待加强。

## 任务实施

### ◆任务 7.1.1 本期集团营业收入与各机构收入分析

#### 1. 本期集团营业收入故事板

（1）单击"开始任务"选项，进入用友分析云，选择左侧"分析设计"选项，单击"新建"下方的"新建故事板"选项，如图 7-1 所示。

图 7-1　新建故事板

（2）故事板名称输入"本期集团营业收入"，存放在"我的故事板"下方，单击"确认"按钮，进入本期集团营业收入故事板，如图 7-2 所示。

图 7-2　本期集团营业收入故事板

2. 本期集团营业收入可视化

（1）进入图 7-2 本期集团营业收入故事板以后，需要新建可视化视图，单击"可视化"—"新建"选项，新建可视化如图 7-3 所示。

图 7-3　新建可视化

（2）选择数据集，单击"数据集"—"财务大数据"—"销售分析"选项，选择销售收入汇总表，单击"确定"按钮，销售收入汇总表数据集如图 7-4 所示。

图 7-4 销售收入汇总表数据集

（3）修改可视化名称为：本期集团营业收入，将左侧的金额指标选中以后拖曳到右上方的指标行，本期集团营业收入可视化如图 7-5 所示。

（4）单击"过滤"—"设置"选项，系统弹出过滤条件对话框，单击"按条件添加"选项，单击第一行过滤条件下拉三角箭头，过滤框依次选择"一级子项""包含""主营业务收入"和"其他业务收入"，再次单击"按条件添加"选项，单击第二行过滤条件下拉三角箭头，过滤框依次选择"年_年份""等于""2019"，单击"确定"按钮，添加本期集团营业收入过滤条件如图 7-6 所示。

（5）图形选择指标卡的类型，展示具体的金额，单击右上方"保存"按钮，本期集团营业收入指标卡如图 7-7 所示。

（6）单击"退出"按钮，系统返回到故事板界面。

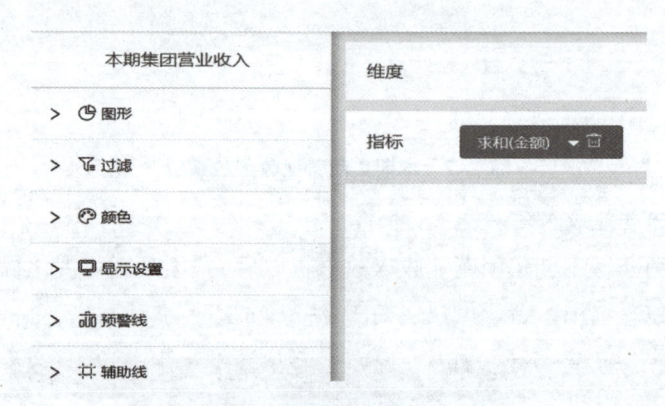

图 7-5 本期集团营业收入可视化

图 7-6 添加本期集团营业收入过滤条件

项目七 大数据+销售分析

图 7-7 本期集团营业收入指标卡

◆ 任务 7.1.2 母公司营业收入结构分析

1. 打开故事板

单击"分析设计"—"我的故事板"—"集团营业收入故事板"选项。

2. 母公司营业收入结构可视化

（1）进入图 7-2 本期集团营业收入故事板以后，单击"可视化"—"新建"选项，新建"母公司营业收入结构"可视化视图。

（2）选择数据集，单击"数据集"—"财务大数据"—"财报分析"选项，选择 AJHXJL 利润表，单击"确定"按钮。

（3）修改可视化名称为：母公司营业收入结构，将左侧的主营业务收入指标和其他业务收入指标选中以后拖曳到右上方的指标行，母公司营业收入结构可视化如图 7-8 所示。

（4）单击"过滤"—"设置"选项，系统弹出过滤条件对话框，单击"按条件添加"选项，单击第一行过滤条件下拉三角箭头，过滤框依次选择"年_报表日期""等于""2019"，单击"确定"按钮，母公司营业收入结构过滤条件如图 7-9 所示。

（5）图形选择环形图，能够显示出具体的金额以及所占的比重，单击右上方"保存"按钮，母公司营业收入结构环形图如图 7-10 所示。

图 7-8 母公司营业收入结构可视化

图 7-9　母公司营业收入结构过滤条件

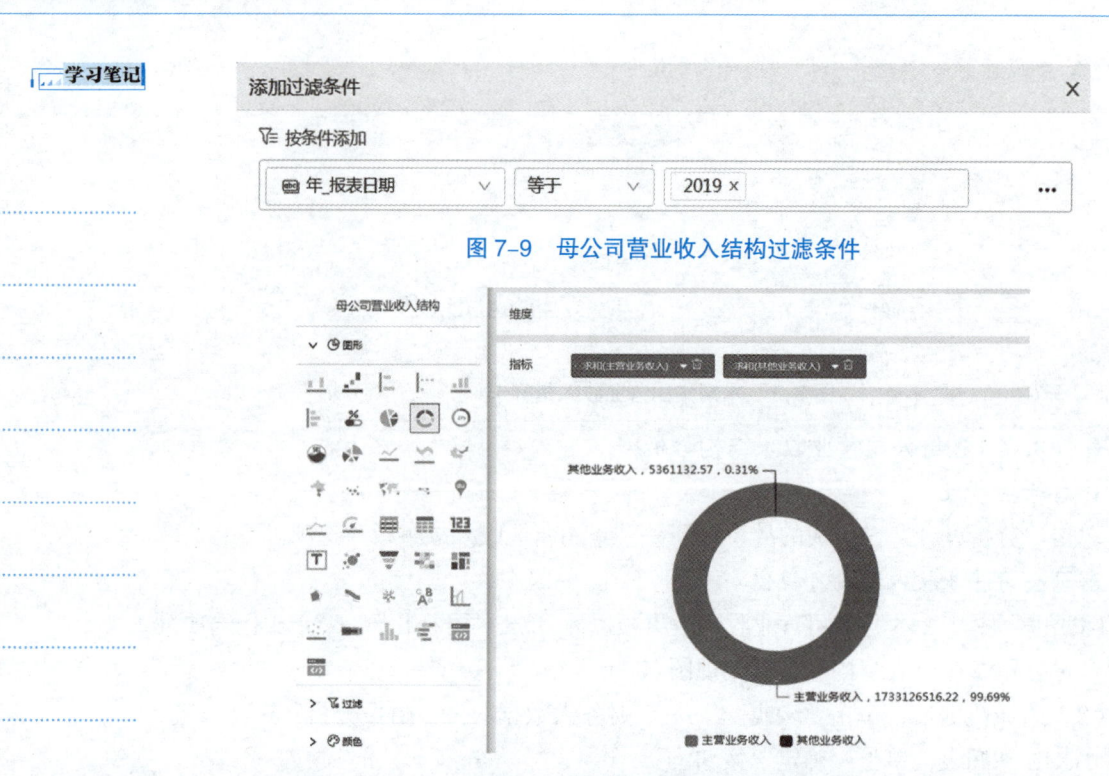

图 7-10　母公司营业收入结构环形图

（6）单击"退出"按钮，系统返回到故事板界面。

通过营业收入结构的可视化图表可以看出，营业收入由主营业务收入和其他业务收入构成。其中，主营业务收入占比高达 99.69%，其余 0.31% 为其他业务收入，说明本企业收入的主要来源就是产品的销售。

◆ 任务 7.1.3 母公司各项产品收入构成分析

1. 打开故事板

单击"分析设计"—"我的故事板"—"集团营业收入故事板"选项。

2. 母公司各项产品的收入构成可视化

（1）进入图 7-2 本期集团营业收入故事板以后，单击"可视化"—"新建"选项，新建"母公司各项产品的收入构成"可视化视图。

（2）选择数据集，单击"数据集"—"财务大数据"—"销售分析"选项，选择母公司主营业务收入数据表，单击"确定"按钮。

（3）修改可视化名称为：母公司各项产品的收入构成，将左侧维度下方的产品名称选中以后拖曳到右上方的维度行，将左侧的金额指标选中以后拖曳到右上方的指标行，母公司各项产品的收入构成可视化如图 7-11 所示。

（4）单击"过滤"—"设置"选项，系统弹出过滤条件对话框，单击"按条件添加"选项，单击第一行过滤条件下拉三角箭头，过滤框依次选择"年_日期""等于""2019"，单击"确定"按钮。

（5）图形选择条形图,能够显示出具体的金额,单击"金额"指标的下拉三角箭头,排列方式选择"升序",单击右上方的"保存"按钮,母公司各项产品的收入构成条形图如图 7-12 所示。

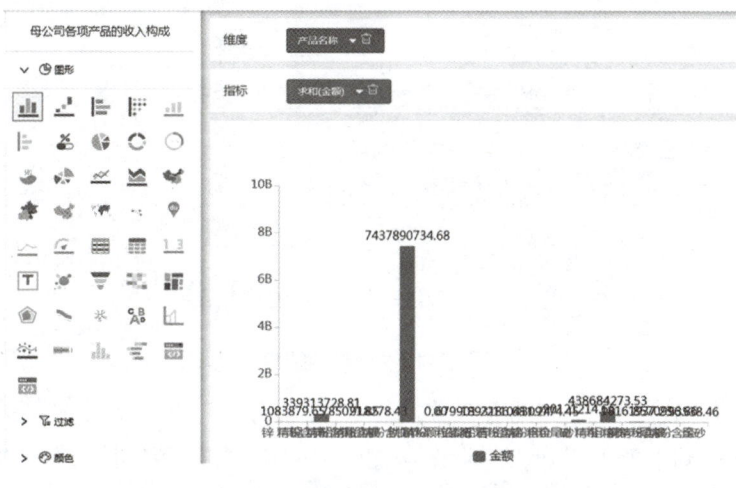

图 7-11　母公司各项产品的收入构成可视化

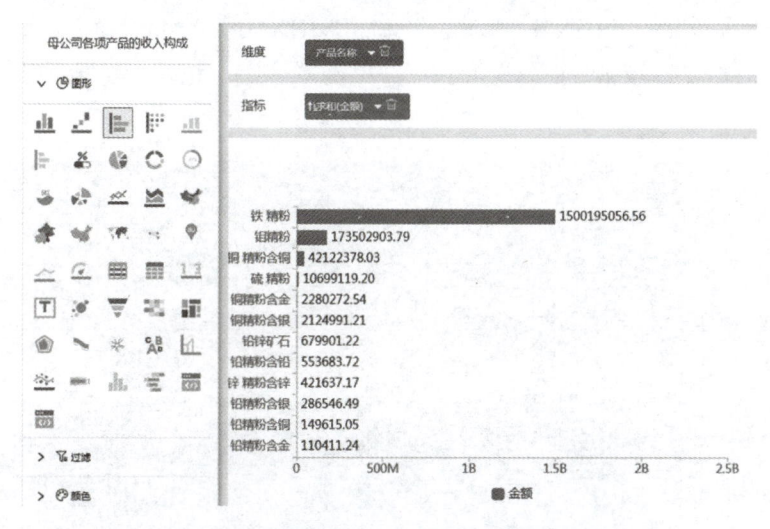

图 7-12　母公司各项产品的收入构成条形图

（6）单击"退出"按钮,系统返回到故事板界面。

通过产品收入构成的可视化图表可以看出,排在首位的是铁精粉的销售收入,金额远超其他产品,占比最高;其次是钼精粉和铜精粉含铜。其余产品的销售额较排名前三的产品差距较大,说明主营业务收入的主要来源是铁精粉的销售。

◆ 任务 7.1.4　母公司历年营业收入纵向对比分析

1. 数据准备

（1）进入用友分析云,单击左侧"数据准备"选项,单击"新建"按钮,选择关联数据集,名称命名为:AJ 资产负债表—利润表,单击"确定"按钮,创建数据集如图 7-13 所示。

图 7-13 创建数据集

（2）选择"数据集"—"财务大数据"—"财报分析"选项，选中左侧的"AJHXJL 利润表"拖曳到上方的空白处，选中左侧的"AJHXJL 资产负债表"拖曳到上方的空白处。

（3）依次单击"AJHXJL 利润表"和"AJHXJL 资产负债表"，系统自动弹出连接对话框，连接方式选择"全连接"，单击"确定"按钮，数据连接如图 7-14 所示。

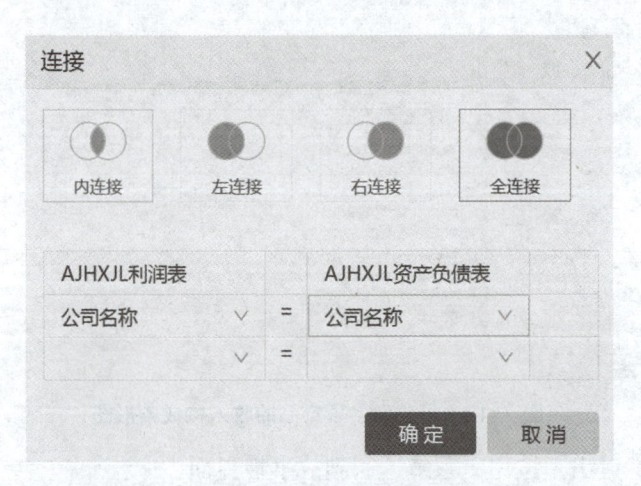

图 7-14 数据连接

（4）单击右上方的"执行"按钮，单击"保存"按钮。

2. 母公司历年营业收入纵向对比可视化

（1）进入本期集团营业收入故事板以后，单击"可视化"—"新建"选项，新建"母公司历年营业收入纵向对比"可视化视图。

（2）选择数据集，单击"我的数据"选项，选择 AJ 利润表–资产负债表数据合集。

（3）修改可视化名称为：母公司历年营业收入纵向对比，将左侧维度下方的"公司名称""年_报表日期"选中以后拖曳到右上方的维度行,将左侧的营业收入指标选中以后拖曳到右上方的指标行。

(4)图形选择柱状图的类型,能够显示出具体的金额,单击"公司名称"指标的下拉三角箭头,排列方式选择"升序",单击"报表日期"指标的下拉三角箭头,排列方式选择"升序",单击右上方的"保存"按钮,母公司历年营业收入纵向对比柱状图如图 7-15 所示。

图 7-15 母公司历年营业收入纵向对比柱状图

(5)单击"退出"按钮,系统返回到故事板界面。

通过可视化图表可以看出,企业销售收入在 2017 年有了大幅提升后,近三年的营业收入又开始呈现递减趋势,可进一步考虑是否是受到经济大环境等因素的影响。也可将收入分析期细化,进一步观察变化趋势。

◆ 任务 7.1.5 母公司营业收入趋势分析(按季)

1. 打开故事板

单击"分析设计"—"我的故事板"—"集团营业收入故事板"选项。

2. 母公司营业收入趋势图(按季)可视化

(1)进入营业收入故事板以后,单击"可视化"—"新建"选项,新建"母公司营业收入趋势图(按季)"可视化视图。

(2)选择数据集,单击"数据集"—"财务大数据"—"财报分析"选项,选择 AJHXJL 利润表数据合集,单击"确定"按钮。

(3)修改可视化名称为:母公司营业收入趋势图(按季),将左侧维度下方的"年_报表日期""季度_报表日期"选中以后拖曳到右上方的维度行,将左侧的营业收入指标选中以后拖曳到右上方的指标行。

財務大數據分析

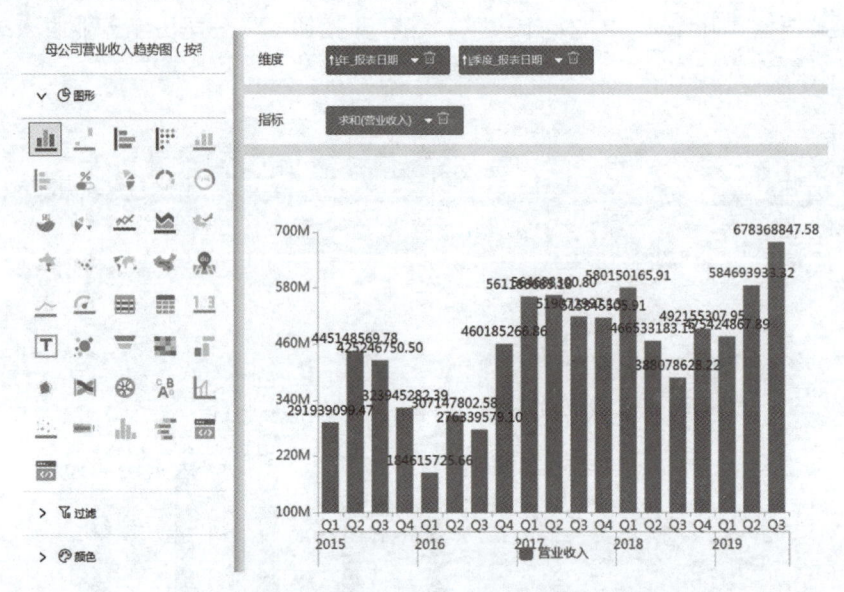

**學習筆記**

（4）圖形選擇柱狀圖的類型，能夠顯示出具體的金額，單擊"年_報表日期"指標的下拉三角箭頭，排列方式選擇"升序"，單擊"季度_報表日期"指標的下拉三角箭頭，排列方式選擇"升序"，單擊右上方"保存"按鈕，母公司營業收入趨勢圖（按季）柱狀圖如圖7-16所示。

图 7-16　母公司营业收入趋势图（按季）柱状图

（5）單擊"退出"按鈕，系統返回到故事板界面。單擊故事板左上方的"保存"按鈕，保存所有的可視化，銷售收入整體分析可視化如圖7-17所示。

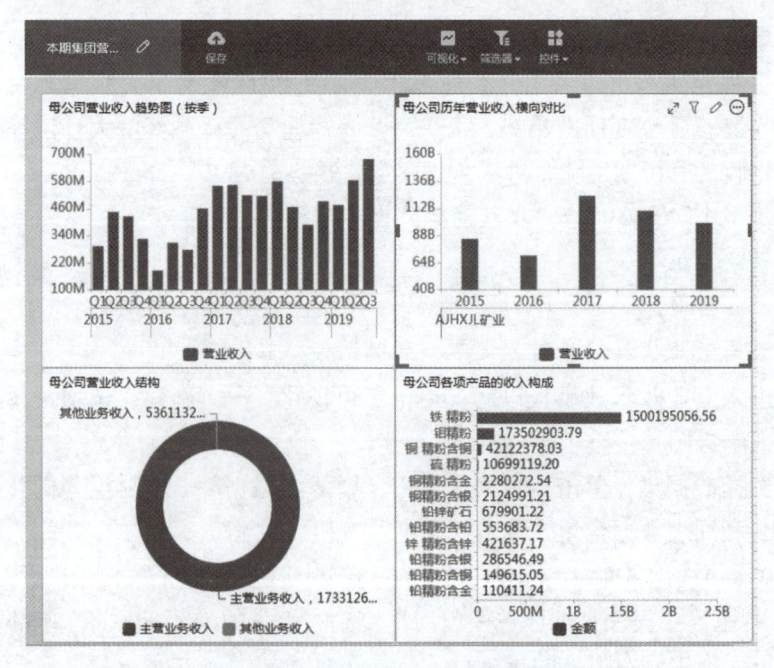

图 7-17　销售收入整体分析可视化

· 188 ·

通过分析细化到季度后的可视化图表可以看出，自 2017 年起，除个别季度外，收入的整体大趋势仍为上升，所以可重点分析下降的个别季度的销售情况，查明具体原因。

## 任务二　销售收入客户维度分析

销售收入客户维度分析

### 任务描述

财务大数据分析师对 AJHXJL 公司进行销售收入客户维度分析。

### [任务布置]

7.2.1 客户数量与客单价分析。

7.2.2 客单价与客户数同比分析。

7.2.3 客户销售地区分布分析。

7.2.4 内外部客户销售额占比分析。

7.2.5 外部客户销售额排名分析。

7.2.6 Top1 客户销售分析。

### 工作准备

#### 一、客户维度分析销售收入的意义

企业经营的目的是盈利，因此它不会以同一标准对待所有客户。企业应按照客户价值将其分成不同的等级和层次，这样企业才能将有限的时间、精力、财力放在高价值的客户身上。

客户分类的依据可以采用客户采购额或者毛利贡献额为指标。根据分类，对不同的客户做不同层级的关系维护，定制专属的销售策略方案，从而达到销售目标。

根据二八原则，20% 的高价值客户创造的价值往往占企业利润的 80%，只有找到这些最有价值的客户并提高他们的满意度，同时剔除负价值客户，企业才会永远充满生机和活力。

#### 二、商业模式

企业不仅仅要给客户做标签，划分二八客户，还要按照客户属性，划分为商业客户或零售客户，也就是常说的 B2B 或 B2C。

（一）B2B

B2B 是 Business-to-Business 的缩写，指的是一个机构将产品或服务销售给另一个机构，使其自行使用或销售给其他企业使用。

## （二）B2C

B2C 是 Business-to-Customer 的缩写，指的是直接面向消费者销售产品和服务，也就是通常说的商业零售。

## （三）B2B 与 B2C 的区别

### 1. 客户规模不同

B2C 业务由于直接面向最终消费者，往往购买者很多，即便是一些定位小众的产品，如果将消费者按照性别、年龄段、购买能力等分类集中，理论上说也是动辄千万级的受众。因此，对任何 B2C 企业来说，与自身产品相关的整个市场体量难以精准统计和预测。

与 B2C 业务相比，B2B 业务主要针对企业、组织、政府等机构型客户，客户面相对较窄。一旦产品参数、用途确定，其所对应的市场体量基本就固定了，不以人的主观意志为转移。因此 B2B 业务比较容易对目标客户群进行精准定位，宏观上有利于把控市场规模、市场分布、行业趋势，微观上有利于专注产品价值、进行个性化营销。

### 2. 关注角度不同

B2B 业务往往客户数量有限，大部分客户都希望能够长期合作下去，因为 B2B 企业更换供应商风险较高。由于双方都是行业专家，更多侧重于互惠互利、长期合作，因此 B2B 业务买卖双方的业务关系密切，是比较稳定的合作伙伴。

B2C 业务大多数客户对价格有较高的敏感度，如果能够有很好的促销政策，配合新颖的活动推广，确实能在短期内促进销售。而 B2B 业务客户对这些促销政策极不敏感。

### 3. 购买流程不同

B2C 业务使用、决策、买单是一个人，在销售过程中涉及这项业务的一般是一个人，与他打好关系基本上就能确定此单生意。

B2B 采购行为是一个过程，购买量较大，不是一个人能做决定的，购买决策受众多人员影响，有时候甚至是企业多个部门或多个组织。

### 4. 决策方式不同

B2C 场景下，消费者个人购买产品或服务，不一定会有很明确的购买计划。有可能是根据自己的消费经验、看见的广告、身边的亲朋意见、同事的一句话、突然心血来潮等，充满感性因素。

B2B 组织购买产品与服务主要用于企业生产、消耗或者贸易，通常是按照计划进行的。采购会有比较明确的决策依据，通常会基于增强盈利能力、降低成本、提高生产率、降低风险等角度做出购买决定，是很理性的决策过程。

### 5. 成交周期不同

B2C 业务大多是最终消费品，能做到一手交钱一手交货，非常灵活。

B2B 业务营销的滞后性非常明显，不管是推广还是销售，当期的努力不会立即见效，要滞后一段时间。一个推广活动，如参加展会，可能要在展会结束后的几个月才能慢慢产生效果；营销人员拜访客户，从初次拜访到最后成交，可能要经过几个月甚至几年的时间。

### 三、客户的 ABC 分类法

ABC 分类法又称帕累托分析法，它是根据事物在技术或经济方面的主要特征，进行分类排队，分清重点和一般，从而有区别地确定管理方式的一种分析方法。

由于它把分析的对象分成 A、B、C 三类，因此又称为 ABC 分析法。其中，A 类占 10% ~ 15%，B 类占 15% ~ 25%，余下为 C 类。A 类为最重要的成熟客户。对客户的分析依据可以采用客户进货额或者毛利贡献额等指标。

## ◼ 任务实施

### ◆ 任务 7.2.1 客户数量与客单价分析

**1. 客户数量故事板**

（1）单击"开始任务"选项，进入用友分析云，选择左侧"分析设计"选项，单击"新建"下方的"新建故事板"选项。

（2）故事板名称输入"客户维度分析"，存放在"我的故事板"下方，单击"确认"按钮，进入客户维度分析故事板。

**2. 客户数量可视化**

（1）进入客户维度分析故事板以后，需要新建可视化视图，单击"可视化"—"新建"选项，新建"客户数量"可视化。

（2）选择数据集，单击"数据集"—"财务大数据"—"销售分析"选项，选择客户销售情况表，单击"确定"按钮。

（3）修改可视化名称为：客户数量，需要新建"客户数量"字段，单击指标右侧的"+"号，系统弹出"添加字段"对话框，名称输入"客户数量"，字段类型为"数字"，表达式选择数学函数下的 distinctcount，光标定位到括号内，然后选择下方的客户销售情况表中的"客户档案名称"，单击"确定"按钮，设置客户数量字段如图 7-18 所示。

（4）将新增的客户数量指标选中以后拖曳到右上方的指标行，将"年_日期"维度选中以后拖曳到维度行，单击"年_日期"维度下拉三角箭头，排列顺序选择升序。

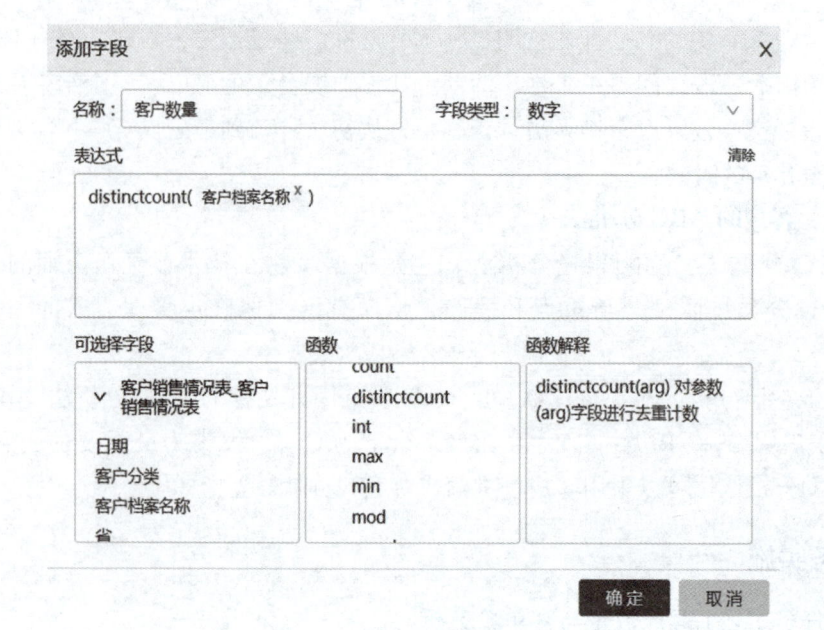

图 7-18　设置客户数量字段

（5）图形选择柱状图的类型，展示具体的数量，单击右上方"保存"按钮，客户数量柱状图如图 7-19 所示。

（6）单击"退出"按钮，系统返回到故事板界面。

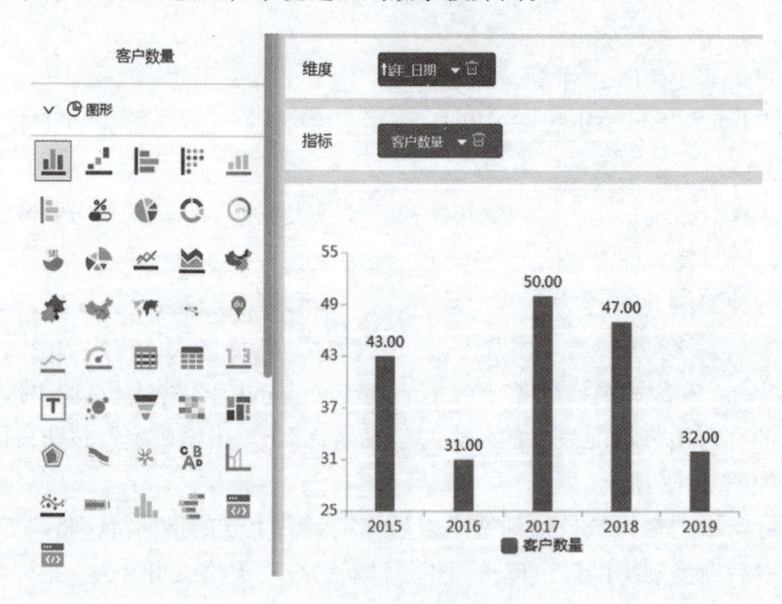

图 7-19　客户数量柱状图

3. 客单价可视化

（1）进入客户维度分析故事板后，需要新建可视化视图，单击"可视化"—"新建"选项，新建"客户单价"可视化视图。

（2）选择数据集，单击"数据集"—"财务大数据"—"销售分析"选项，选择客单价计算表，单击"确定"按钮。

（3）修改可视化名称为：客单价，需要新建"客单价"字段，单击指标右侧的"+"号，系统弹出"添加字段"对话框，名称输入"客单价"，字段类型为"数字"，表达式选择为"销售金额$^x$/客户数量$^x$"，单击"确定"按钮，设置客单价字段如图7-20所示。

（4）将新增的客单价指标选中以后拖曳到右上方的指标行，将"年_日期"维度选中以后拖曳到维度行，单击"年_日期"维度下拉三角箭头，排列顺序选择升序，图形选择柱状图的类型，展示具体的数量，单击右上方"保存"按钮，客单价柱状图如图7-21所示。

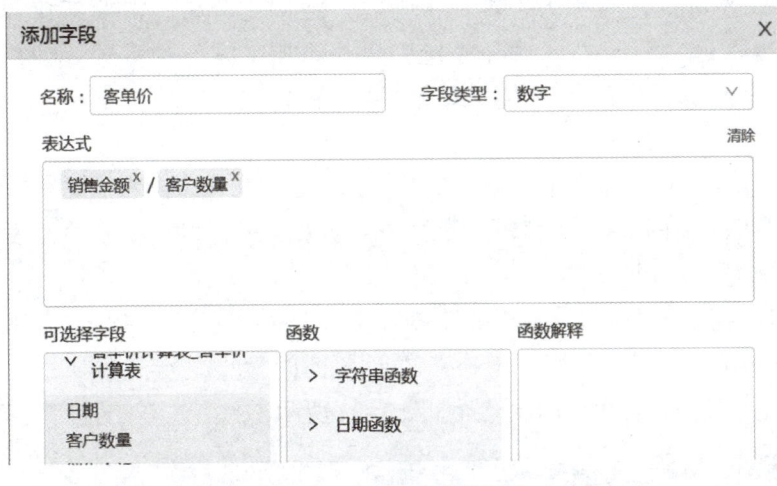

图7-20　设置客单价字段

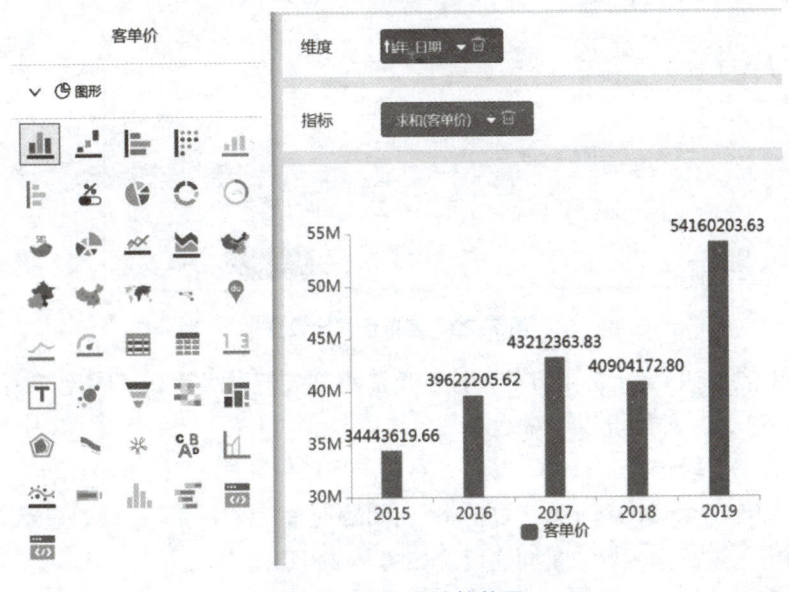

图7-21　客单价柱状图

（5）单击"退出"按钮，系统返回到故事板界面。

◆ **任务 7.2.2 客单价与客户数同比分析**

**1. 打开故事板**

单击"分析设计"—"我的故事板"—"客户维度分析故事板"选项。

**2. 客单价与客户数同比分析可视化**

（1）进入客户维度分析故事板以后，需要新建可视化视图，单击"可视化"—"新建"选项，新建"客单价与客户数同比分析"可视化视图。

（2）选择数据集，单击"数据集"—"财务大数据"—"销售分析"选项，选择客单价计算表，单击"确定"按钮。

（3）修改可视化名称为：客单价与客户数同比分析，需要新建"客单价"字段，单击指标右侧的"+"号，系统弹出"添加字段"对话框，名称输入"客单价"，字段类型为"数字"，表达式选择为"销售金额ˣ/客户数量ˣ"，单击"确定"按钮。

（4）将新增的客单价指标和客户数量指标选中以后拖曳到右上方的指标行，单击客单价指标下方的下拉三角箭头，单击"高级计算－同比／环比"选项，系统弹出"同比／环比设置"对话框。

（5）日期字段选择"日期""年"，对比类型选择"同比"，所选日期为"5"年，日期显示 2019 年，计算选择"增长率"，间隔时间为"1"年，日期显示 2018 年，单击"确定"按钮，客单价同比设置如图 7-22 所示。

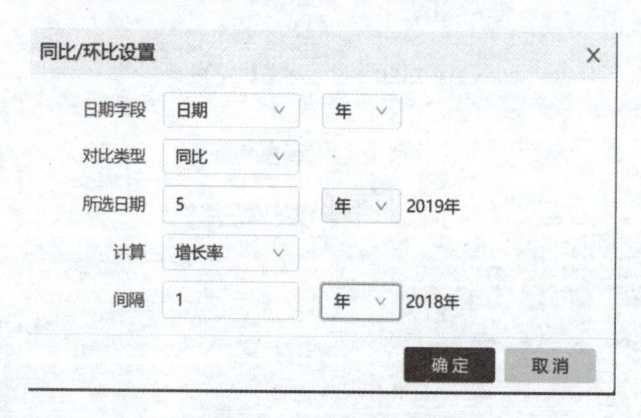

图 7-22　客单价同比设置

（6）单击客户数量指标下方的下拉三角箭头，单击"高级计算－同比／环比"选项，系统弹出"同比／环比设置"对话框。

（7）日期字段选择"日期""年"，对比类型选择"同比"，所选日期为"5"年，日期显示 2019 年，计算选择"增长率"，间隔时间为"1"年，日期显示 2018 年，单击"确定"按钮，客户数量同比设置如图 7-23 所示。

（8）图形选择表格的类型，单击右上方"保存"按钮，客单价与客户数量同比分析表格如图 7-24 所示。

图 7-23　客户数量同比设置

图 7-24　客单价与客户数量同比分析表格

（9）单击"退出"按钮，系统返回到故事板界面。通过分析计算可以看出，客单价同比增加 32.41%，客户数量同比减少 31.91%。

◆ 任务 7.2.3　客户销售地区分布分析

**1. 打开故事板**

单击"分析设计"—"我的故事板"—"客户维度分析故事板"选项。

**2. 客户销售地区分布可视化**

（1）进入客户维度分析故事板以后，需要新建可视化视图，单击"可视化"—"新建"选项，新建"客户销售地区分布"可视化视图。

（2）选择数据集，单击"数据集"—"财务大数据"—"销售分析"选项，选择客户销售情况表，单击"确定"按钮。

（3）修改可视化名称为：客户销售地区分布，将省维度选中以后拖曳到右上方的维度行，将金额指标选中以后拖曳到右上方的指标行，金额排列顺序选择升序，单击"显示设置"选项，选择"显示后""5"，图形选择柱状图的类型，单击右上方"保存"按钮，客户销售情况分布柱状图如图 7-25 所示。

（4）单击"退出"按钮，系统返回到故事板界面。

通过可视化图表可以看出，销售收入按客户销售地区排在前五的分别是河北省、天津市、辽宁省、山东省和内蒙古自治区。其中，河北省客户创收名列前茅，销售收入达 490 121 余万元。

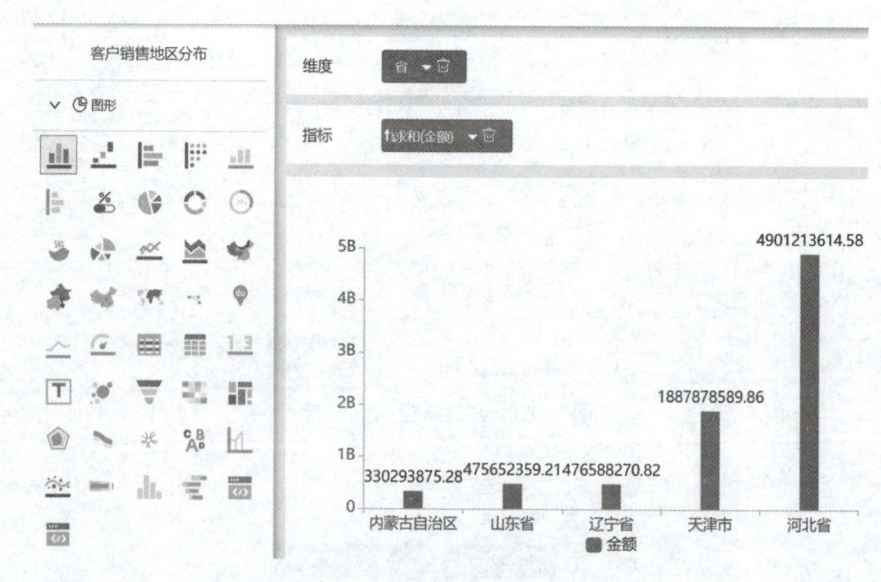

图 7-25 客户销售情况分布柱状图

◆ 任务 7.2.4 内外部客户销售额占比分析

1. 打开故事板

单击"分析设计"—"我的故事板"—"客户维度分析故事板"选项。

2. 内外部客户销售额占比可视化

(1) 进入客户维度分析故事板以后,需要新建可视化视图,单击"可视化"—"新建"选项,新建"内外部客户销售额占比"可视化视图。

(2) 选择数据集,单击"数据集"—"财务大数据"—"销售分析"选项,选择客户销售情况表,单击"确定"按钮。

(3) 修改可视化名称为:内外部客户销售额占比,将客户分类维度选中以后拖曳到右上方的维度行,将金额指标选中以后拖曳到右上方的指标行,图形选择饼图,单击右上方"保存"按钮,内外部客户销售额占比饼图如图 7-26 所示。

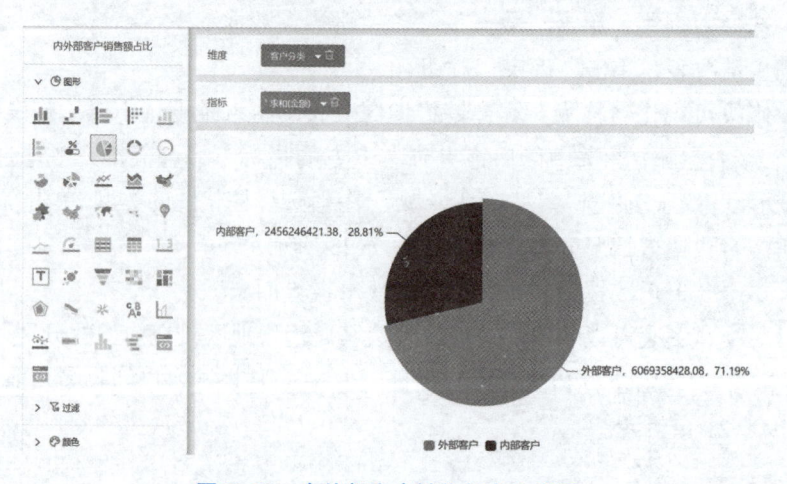

图 7-26 内外部客户销售额占比饼图

（4）单击"退出"按钮，系统返回到故事板界面。

通过可视化图表可以看出，大多数产品销售给外部客户，占比 71.19%；其余 28.81% 销售给内部客户。可将外部客户按销售额情况做进一步分析。

◆ 任务 7.2.5 外部客户销售额排名分析

**1. 打开故事板**

单击"分析设计"—"我的故事板"—"客户维度分析故事板"选项。

**2. 外部客户销售额排名可视化**

（1）进入客户维度分析故事板以后，需要新建可视化视图，单击"可视化"—"新建"选项，新建"外部客户销售额排名"可视化视图。

（2）选择数据集，单击"数据集"—"财务大数据"—"销售分析"选项，选择客户销售情况表，单击"确定"按钮。

（3）修改可视化名称为：外部客户销售额排名，将客户档案名称维度选中以后拖曳到右上方的维度行，将金额指标选中以后拖曳到右上方的指标行，金额按照降序排列，单击"过滤"选项，系统弹出"添加过滤条件"对话框，单击"按条件添加"选项，第一行过滤条件依次选择"年_日期""等于""2019"，第二行过滤条件选择"客户分类""等于""外部客户"，单击"确定"按钮，设置过滤条件如图 7-27 所示。

图 7-27　设置过滤条件

（4）图形选择表格的类型，单击右上方"保存"按钮，外部客户销售额排名表格如图 7-28 所示。

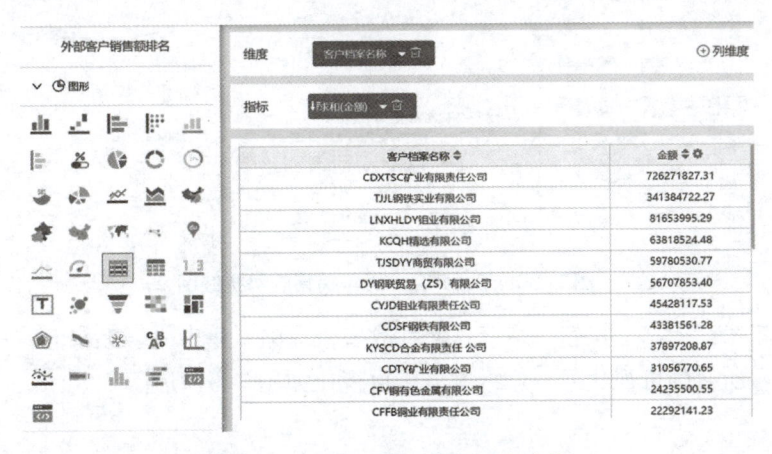

图 7-28　外部客户销售额排名表格

（5）单击"退出"按钮，系统返回到故事板界面。

通过对外部客户销售额排名，找到排名 Top1 的客户，即 CDXTSC 矿业有限责任公司，然后进一步对其进行销售分析。

◆ 任务 7.2.6 Top1 客户销售分析

（1）进入客户维度分析故事板以后，需要新建可视化视图，单击"可视化"—"新建"选项，新建"Top1 客户销售分析"可视化视图。

（2）选择数据集，单击"数据集"—"财务大数据"—"销售分析"选项，选择客户销售情况表，单击"确定"按钮。

（3）修改可视化名称为：Top1 客户历年销售趋势分析，将年_日期维度选中以后拖曳到右上方的维度行，将金额指标选中以后拖曳到右上方的指标行，单击"过滤"选项，系统弹出"添加过滤条件"对话框，单击"按条件添加"选项，过滤条件依次选择"客户档案名称""等于""CDXTSC 矿业有限责任公司"，设置过滤条件如图 7-29 所示。

图 7-29　设置过滤条件

（4）图形选择折线图，年按照升序排列，单击右上方"保存"按钮，Top1 客户历年销售趋势折线图如图 7-30 所示。

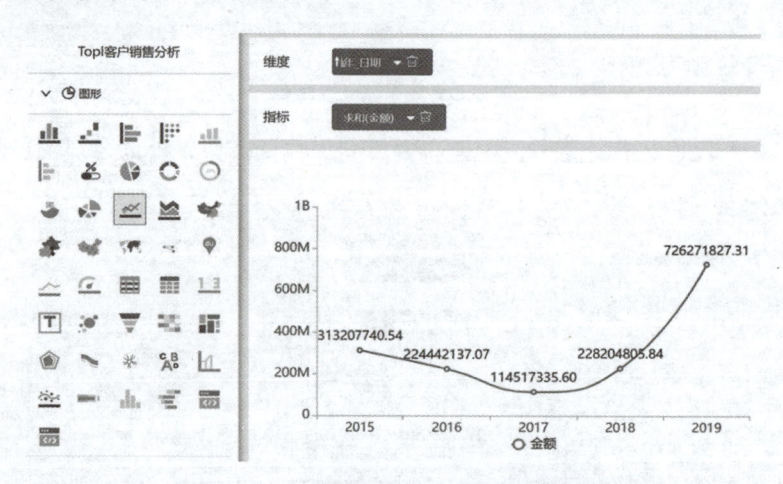

图 7-30　Top1 客户历年销售趋势折线图

（5）单击"退出"按钮，系统返回到故事板界面。单击故事板左上方的"保存"按钮，保存所有的可视化。客户维度分析可视化如图 7-31 所示。

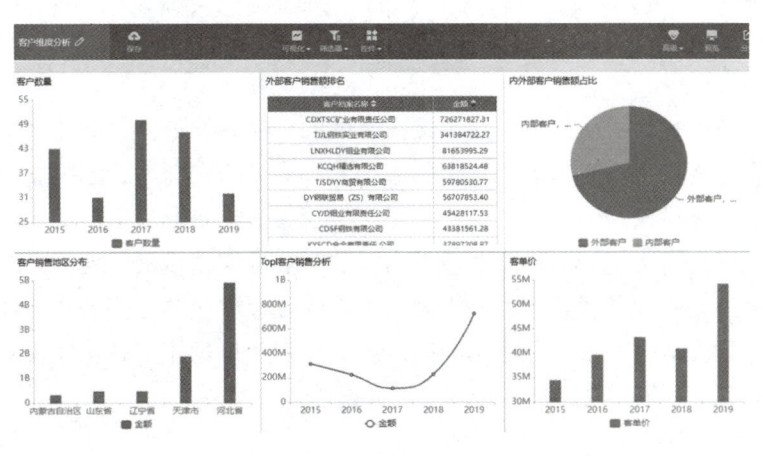

图 7-31　客户维度分析可视化

## 任务三　销售收入产品维度分析

**销售收入产品维度分析**

### ◆ 任务描述

财务大数据分析师对 AJHXJL 公司进行销售收入产品维度分析。

### [任务布置]

7.3.1 产品销售收入、销量、售价排名分析。

7.3.2 营业收入增长趋势与铁精粉增长趋势对比。

7.3.3 产品毛利率分析。

### ◆ 工作准备

产品是企业赖以生存的根本，而产品创新是企业的生命线，产品的优劣对于一个企业的生存和发展是至关重要的。销售收入的增长分析，可以按照客户多维度分析，还可以按照产品多维度分析。在大数据时代，最常用的产品分析方法是使用波士顿矩阵模型来做产品预测。

#### 一、波士顿矩阵

波士顿矩阵，又称市场增长率—相对市场份额矩阵，由美国著名的管理学家、波士顿咨询公司创始人布鲁斯·亨德森于 1970 年首创。

波士顿矩阵是通过把销售增长率（反映市场吸引力的指标）和市场占有率（反映企业实力的指标）作为两个判断指标，将企业现有产品分为四类，针对各类产品的特点及时调整投资方向。分析的四个类型产品结构，分别是明星产品（Stars）、现金牛产品（Cash Cows）、问题产品（Question Marks）和瘦狗产品（Dogs）。

· 199 ·

## 二、产品分类

### （一）明星产品

明星产品指高销售增长率、高市场占有率的产品，发展前景好，竞争力强，需要企业加大投资以支持其发展。这个领域中的产品处于快速增长的市场中并且占有支配地位的市场份额，但不一定会产生正现金流量，还要取决于新工厂、设备和产品开发对投资的需要量。明星型业务是由问题型业务继续投资发展起来的，可以视为高速成长市场的领导者，它将成为公司未来的现金牛业务。但这并不意味着明星型业务一定可以给企业带来源源不断的现金流，因为市场还在高速成长阶段，企业必须继续投资，以保持与市场同步增长，并击退竞争对手。

### （二）现金牛产品

现金牛产品是指低销售增长率、高市场占有率的产品。处在这个领域中的产品产生大量的现金，但未来的增长是有限的。这是成熟市场的领导者，是企业现金的主要来源。由于市场已经成熟，因此企业不必大量投资来扩展市场规模，同时作为市场中的领导者，该业务享有规模经济和高边际利润的优势，因而给企业带来了大量现金流。企业往往用现金牛业务来支付账款并支持其他三种需要大量现金的业务。现金牛业务适合采用战略框架中提到的稳定战略。

### （三）瘦狗产品

瘦狗产品指低销售增长率、低市场份额的产品，这类产品常常是微利甚至是亏损的。这个领域中的产品不能产生大量现金，这些产品没有希望改进其绩效。瘦狗型业务存在的原因更多的是由于感情上的因素，虽然一直微利经营，但像人养了多年的狗一样恋恋不舍而不忍放弃。其实，瘦狗型业务通常要占用很多资源，如资金、管理部门的时间等，多数时候是得不偿失的。瘦狗型业务适合采用战略框架中提到的收缩战略，目的在于出售或清算业务，以便把资源转移到更有利的领域。

### （四）问题产品

问题产品是指高销售增长率、低市场份额的产品，发展前景好但市场开拓不足，需谨慎投资。处在这个领域中的是一些投机性产品，带有较大的风险。这些产品可能利润率很高，但占有的市场份额很小，这往往是一个公司的新业务。为发展问题业务，公司必须建立工厂，增加设备和人员，以便跟上迅速发展的市场，并超过竞争对手，这就意味着需要大量的资金投入。"问题产品"非常贴切地描述了公司对待这类业务的态度，因为这时公司必须谨慎回答"是否继续投资以发展该业务"这个问题。只有那些符合企业发展长远目标、企业具有资源优势、能够增强企业核心竞争力的业务才能得到肯定的回答。

## 三、产品维度分析指标

销售收入产品维度分析指标如表7-1所示。

表 7-1　销售收入产品维度分析指标

| 指标 | 含义 | 数据来源 |
| --- | --- | --- |
| 产品销售收入排名 | 找到公司的拳头产品 | 内部数据 |
| 产品毛利率排名 | 找到公司最赚钱的产品 | 内部数据 |
| 产品收入增长率 | 综合三个指标，找到公司的现金牛、明星、问题和瘦狗产品 | 内部数据 |
| 产品成本增长率 |  | 内部数据 |
| 产品市场占有率 |  | 内部数据 |
| 产品收入增长因素分析 | 分解为价格因素与销量因素 | 内部数据、外部数据 |

## 任务实施

### 任务 7.3.1 产品销售收入、销量、售价排名分析

**1. 产品维度分析故事板**

（1）单击"开始任务"选项，进入用友分析云，选择左侧"分析设计"，单击"新建"下方的"新建故事板"选项，新建"产品维度分析"故事板。

（2）故事板名称输入"产品维度分析"，存放在"我的故事板"下方，单击"确认"按钮，进入产品维度分析故事板。

**2. 产品销售收入可视化**

（1）进入产品维度分析故事板以后，需要新建可视化视图，单击"可视化"—"新建"选项，新建"产品销售收入"可视化视图。

（2）选择数据集，单击"数据集"—"财务大数据"—"销售分析"选项，选择产品销售汇总表，单击"确定"按钮。

（3）修改可视化名称为：产品销售收入排名，将左侧的金额指标选中以后拖曳到右上方的指标行，将左侧的产品名称维度选中以后拖曳到右上方的维度行，金额按照升序排列，添加过滤条件，单击"按条件添加"选项，过滤框依次选择"年份""等于""2019"，单击"确定"按钮，图形选择条形图，产品销售收入排名条形图如图 7-32 所示。

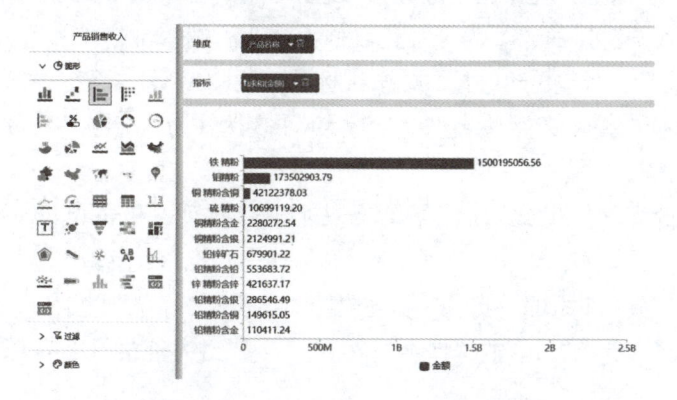

图 7-32　产品销售收入排名条形图

（4）单击"退出"按钮，系统返回到故事板界面。

### 3. 产品销售数量可视化

（1）进入产品维度分析故事板以后，需要新建可视化视图，单击"可视化"—"新建"选项。

（2）选择数据集，单击"数据集"—"财务大数据"—"销售分析"选项，选择产品销售汇总表，单击"确定"按钮。

（3）修改可视化名称为：产品销售数量排名，将左侧的数量指标选中以后拖曳到右上方的指标行，将左侧的产品名称维度选中以后拖曳到右上方的维度行，数量按照升序排列，添加过滤条件，单击"按条件添加"，过滤框依次选择"年份""等于""2019"，单击"确定"按钮，图形选择条形图，产品销售数量排名条形图如图7-33所示。

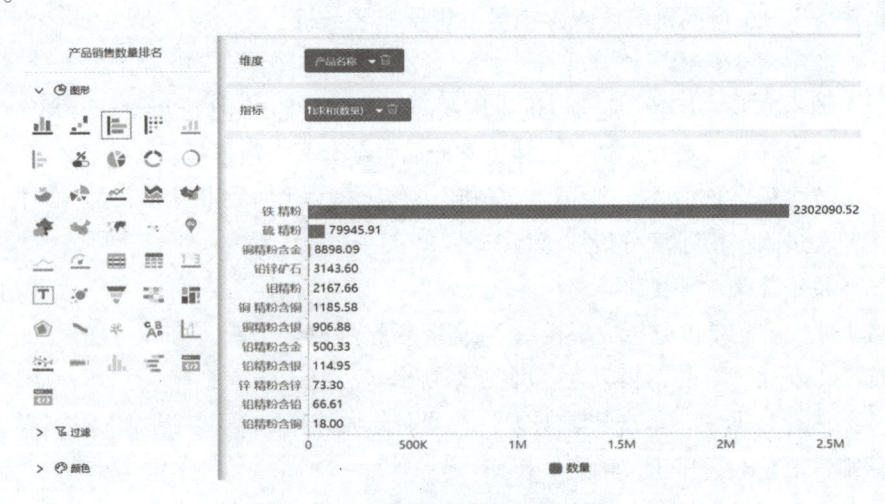

图 7-33 产品销售数量排名条形图

（4）单击"退出"按钮，系统返回到故事板界面。

### 4. 产品销售价格可视化

（1）进入产品维度分析故事板以后，复制产品销售数量排名可视化，单击"编辑"按钮，进入编辑界面，修改可视化名称为：产品销售价格排名可视化，维度不变，删除数量指标，新建单价字段，单击指标右侧的"+"号，系统弹出"添加字段"对话框，名称为"单价"，字段类型为"数字"，表达式为：金额$^x$/数量$^x$，单击"确定"按钮。

（2）将单价字段拖曳到指标行，单价按照升序排列，单击单价下拉三角箭头，选择汇总方式—平均值，单击"过滤"—"设置"选项，系统弹出"添加过滤条件"对话框，单击"按条件添加"选项，依次选择"年份""等于""2019"，单击"确定"按钮，图形选择条形图，单击"保存"按钮，产品销售价格排名条形图如图7-34所示。

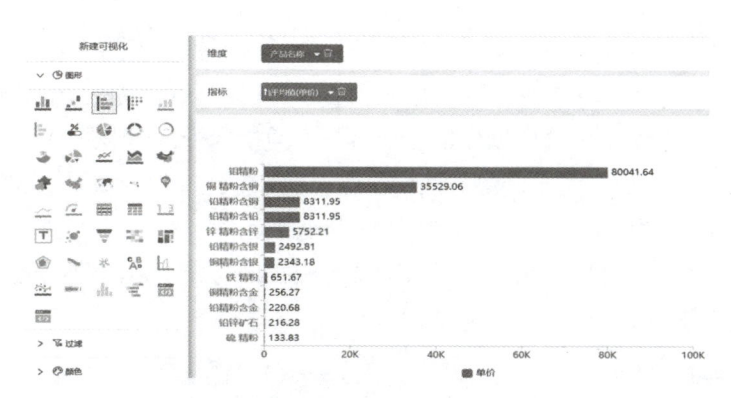

图 7-34　产品销售价格排名条形图

（3）单击"退出"按钮，系统返回到故事板界面。

◆ **任务 7.3.2　营业收入增长趋势与铁精粉增长趋势对比**

**1. 数据准备**

（1）进入用友分析云，单击左侧"数据准备"，单击"新建"按钮，选择关联数据集，名称命名为：营业收入与铁精粉关联数据集，单击"确定"按钮。

（2）选择"数据集"—"财务大数据"—"财报分析"选项，选中左侧的"AJHXJL 利润表"拖曳到上方的空白处，选择"数据集"—"财务大数据"—"销售分析"选项，选中左侧的"铁精粉销售明细表"拖曳到上方的空白处。

（3）依次单击"AJHXJL 利润表"和"铁精粉销售明细表"选项，系统自动弹出连接对话框，连接方式选择"右连接"，AJHXJL 利润表选择报表日期，铁精粉销售明细表选择日期，单击"确定"按钮。

（4）单击右上方"执行"按钮，单击"保存"按钮，数据准备如图 7-35 所示。

图 7-35　数据准备

**2. 营业收入增长趋势与铁精粉增长趋势对比可视化**

（1）单击左侧"分析设计"—"我的故事板"选项，打开产品维度故事板，单击"可视化"—"新建"选项，系统弹出"选择数据集"对话框，选择"我的数据"—"营业收入与铁精粉关联数据集"，单击"确定"按钮，营业收入与铁精粉关联数据集如图 7-36 所示。

（2）修改可视化名称为：营业收入增长趋势与铁精粉增长趋势对比，将左侧维度下方的"年_报表日期"选中以后拖曳到右上方的维度行，按照升序排列，将左侧的营业收入和金额指标选中以后拖曳到右上方的指标行，图形选择柱状图，单击"保存"按钮，营业收入增长趋势与铁精粉增长趋势对比柱状图如图7-37所示。

（3）单击"退出"按钮，系统返回到故事板界面。

通过可视化分析可以看出，近五年来总营业收入与铁精粉的营业收入变化趋势相同，2019年较2018年相比，都有所上升。

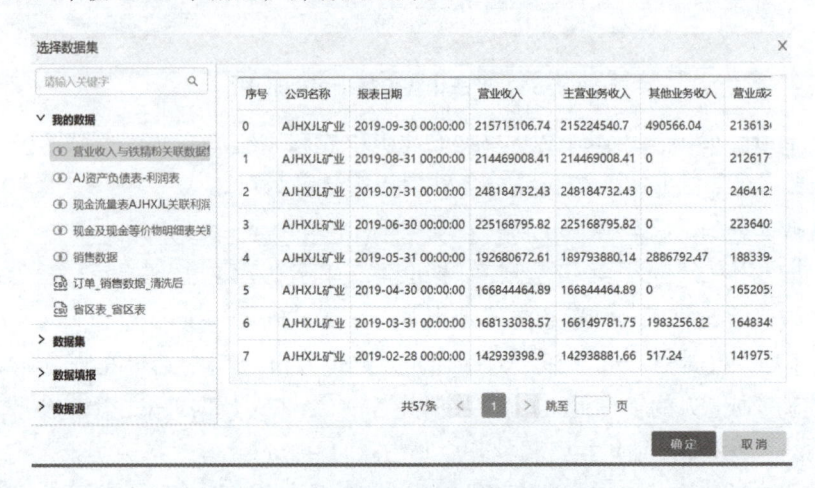

图7-36 营业收入与铁精粉关联数据集

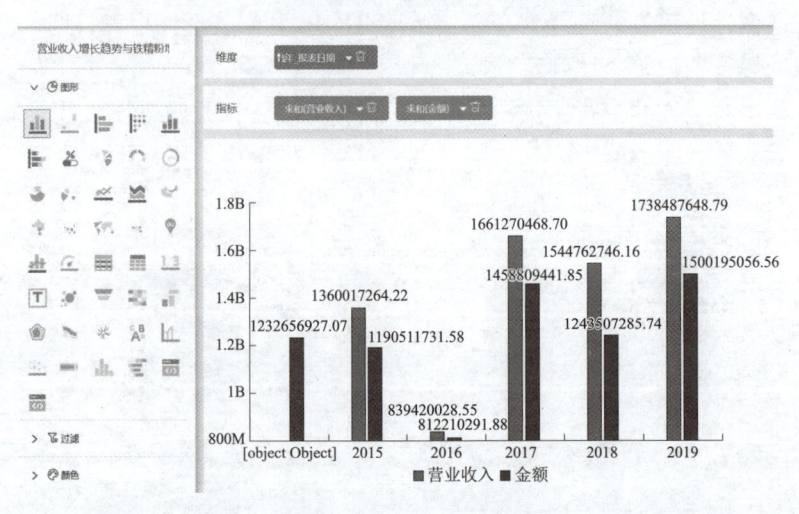

图7-37 营业收入增长趋势与铁精粉增长趋势对比柱状图

### ◆任务7.3.3 产品毛利率分析

**1. 产品毛利率可视化**

（1）进入产品维度分析故事板以后，需要新建可视化视图，单击"可视化"—"新建"选项，新建"产品毛利率"可视化视图。

（2）选择数据集，单击"数据集"—"财务大数据"—"销售分析"选项，选择产品毛利表，单击"确定"按钮。

（3）修改可视化名称为:产品毛利率,需要新建毛利率字段,单击指标右侧的"+"号，系统弹出"添加字段"对话框，名称输入"毛利率"，字段类型为"数字"，表达式为"(avg( 不含税售价 $^x$ )-avg( 制造成本 $^x$ ))/avg( 不含税售价 $^x$ )"，单击"确定"按钮，设置毛利率字段如图 7-38 所示。

（4）将新增的毛利率字段拖曳到指标行，将左侧的产品名称维度选中以后拖曳到右上方的维度行，单击"过滤"—"设置"选项，系统弹出"添加过滤条件"对话框，单击"按条件添加"选项，依次选择"年_时间""等于""2019"，单击"确定"按钮，图形选择柱状图，单击"保存"按钮，产品毛利率柱状图如图 7-39 所示。

图 7-38　设置毛利率字段

图 7-39　产品毛利率柱状图

（5）单击"退出"按钮，系统返回到故事板界面。

### 2. 产品毛利增长趋势可视化

（1）复制产品毛利率可视化，单击"编辑"按钮，修改可视化名称为"产品毛利增长趋势"，删除产品名称维度，将左侧的"年_时间"维度选中以后拖曳到右上方的维度行，图形选择表格，单击维度行的"列维度"，系统增加列维度，产品名称为列维度,将左侧的毛利率指标选中以后拖曳到右上方的指标行,单击"过滤"—"设置"选项，系统弹出添加过滤条件对话框，删除该过滤条件，单击"确定"按钮，图形选择表格，单击"保存"按钮，产品毛利增长趋势如图7-40所示。

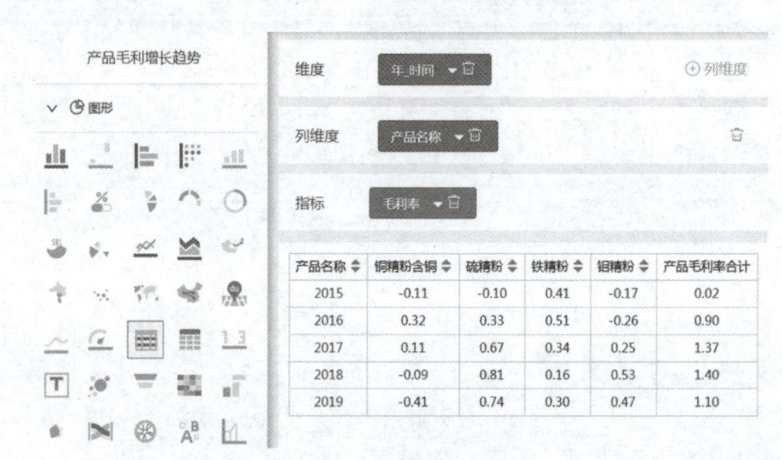

图7-40 产品毛利增长趋势

（2）单击"退出"按钮，系统返回到故事板界面，单击故事板左上方的"保存"按钮，保存所有的可视化图表，如图7-41所示。

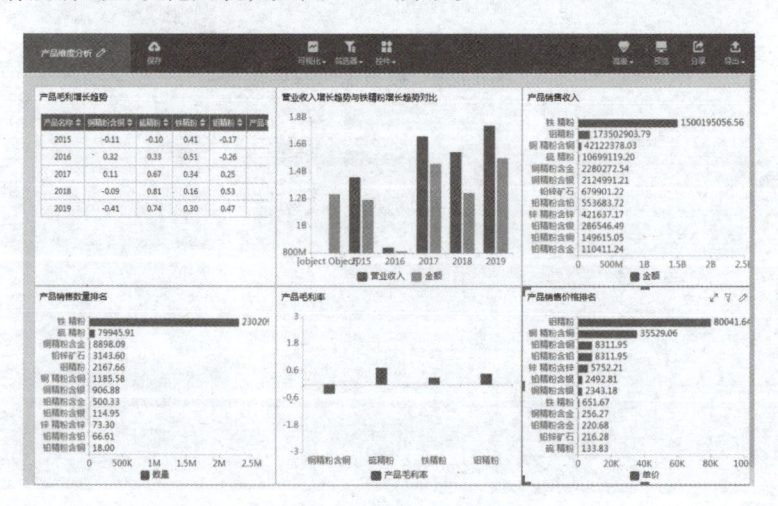

图7-41 所有的可视化图表

## 任务四　销售收入价格维度分析

**销售收入价格维度分析**

### ■ 任务描述

财务大数据分析师对 AJHXJL 公司进行销售收入价格维度分析。

### ［任务布置］

7.4.1 现金牛产品的销售价格历史趋势分析。
7.4.2 明星产品的销售价格历史趋势分析。
7.4.3 现金牛产品的市场价格历史趋势分析。
7.4.4 明星产品的市场价格历史趋势分析。

### ■ 工作准备

增加销售收入的途径之一，就是提高产品价格。但如何提高，提高多少是顾客可接受的？价格过高，会导致客户的流失，价格过低，会导致销售收入的减少，从而导致到相关财务指标降低，影响企业的整体运营表现。可见，价格的变化会导致产品需求量的变化。

#### 一、价格弹性

价格弹性是指价格变动引起的市场需求量的变化程度。它是企业决定产品提价或降价的主要依据。一般来讲，在需求曲线具有弹性的情况下，企业可以采取降价策略；反之，则可以采取提价策略，以保证企业收益不断增加。产品本身的价格、消费者的收入、产品替代品的价格，以及消费者的喜好等因素都会影响客户对产品的需求量，价格弹性是指在这些因素保持不变的情况下，该产品本身价格的变化引起的需求量变化。

#### 二、价格影响因素

（一）成本

对产品价格而言，成本是一个关键因素。产品售价以成本为最低界限，只有价格高于成本，企业才能获得一定的利润。

（二）供需关系

产品价格受供给与需求相互关系的影响。当市场需求大于供给时，价格会上涨；当市场需求小于供给时，价格会下跌。

（三）市场竞争

市场竞争也是影响价格制定的重要因素，根据竞争程度不同，企业定价策略会有所不同。一般来讲，产品的价格与竞争成反比例关系。竞争越激烈，价格越低；

反之，越缺乏竞争，价格越高。

### 三、价格维度分析指标

销售收入价格维度分析指标如表 7-2 所示。

表 7-2 销售收入价格维度分析指标

| 指标 | 含义 | 数据来源 |
| --- | --- | --- |
| 主营产品的销售价格历史趋势 | 比较其价格与市价的关系，判断其市场地位 | 内部数据 |
| 主营产品市场价格历史趋势 | | 外部数据 |
| 主营产品的采购价格历史趋势 | 比较进销差价，判断其盈利区间 | 内部数据 |
| 主营产品的进销差价对比 | | 内部数据 |
| 主营产品的厂商数量 | 判断竞争程度 | 外部数据 |
| 主营产品的国内外政策影响 | 判断政策对价格的影响 | 外部数据 |

## 任务实施

◆ 任务 7.4.1 现金牛产品的销售价格历史趋势分析

1. 现金牛产品销售价格历史趋势故事板

（1）单击"开始任务"选项，进入用友分析云，选择左侧"分析设计"，单击"新建"下方的"新建故事板"选项，新建"现金牛产品销售价格历史趋势"故事板。

（2）故事板名称输入"产品市场价格分析"，存放在"我的故事板"下方，单击"确认"按钮，进入产品市场价格分析故事板。

2. 现金牛产品销售价格历史趋势可视化

（1）进入产品市场价格分析故事板以后，需要新建可视化视图，单击"可视化"—"新建"选项，新建"现金牛产品销售价格历史趋势"可视化视图。

（2）选择数据集，单击"数据集"—"财务大数据"—"销售分析"选项，选择铁精粉市场价格，单击"确定"按钮。

（3）修改可视化名称为：现金牛产品销售价格历史趋势，单击维度右侧的"+"号，单击"层级"选项，系统弹出"钻取层级"对话框，层级名称输入"层级"，钻取路径勾选"年_日期""月_日期"，单击">"按钮，单击"确定"按钮，设置层级如图 7-42 所示。

（4）将左侧的市场单价指标选中以后拖曳到右上方的指标行，将左侧的层级维度选中以后拖曳到右上方的维度行，层级按照"升序—年_日期"排列，单击某一年，系统出现该年份每个月的单价，单击"层级"下方的下拉三角箭头，选择"升序—月_日期"排列，单击"保存"按钮，图形选择柱状图，现金牛产品销售价格柱状图如图 7-43 所示。

图 7-42 设置层级

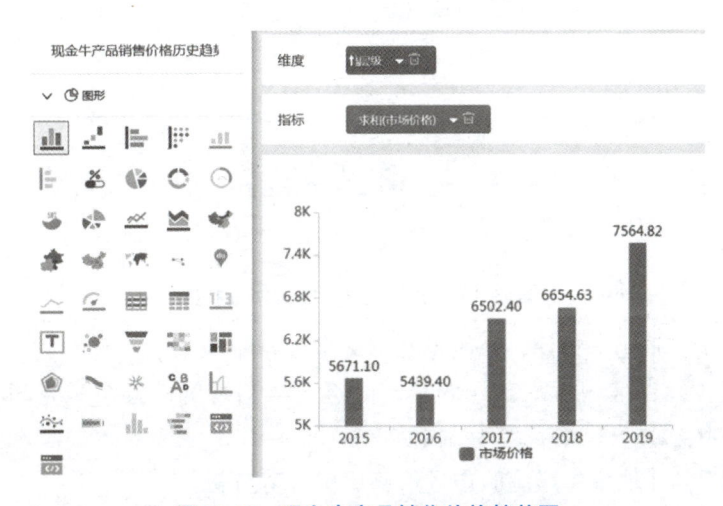

图 7-43 现金牛产品销售价格柱状图

通过可视化图表可以看出，现金牛产品近几年的销售价格呈上升趋势，2019 年较 2018 年增长幅度较大，增长率为 13.68%。

◆ 任务 7.4.2 明星产品的销售价格历史趋势分析

1. 打开故事板

单击"分析设计"—"我的故事板"—"产品市场价格分析故事板"选项。

2. 明星产品销售价格历史趋势可视化

（1）进入产品市场价格分析故事板以后，需要新建可视化视图，单击"可视化"—"新建"选项，新建"明星产品销售价格历史趋势"可视化视图。

（2）选择数据集，单击"数据集"—"财务大数据"—"销售分析"选项，选择钼精粉销售收入表，单击"确定"按钮。

（3）修改可视化名称为：明星产品销售价格历史趋势，单击维度右侧的"+"号，单击"层级"选项，系统弹出"钻取层级"对话框，层级名称输入"层级"，钻取路径勾选"年_日期""月_日期"，单击">"按钮，单击"确定"按钮。

（4）将左侧的单价指标选中以后拖曳到右上方的指标行，将左侧的层级维度选中以后拖曳到右上方的维度行，层级按照"升序 – 年 _ 日期"排列，单击某一年，系统出现该年份每个月的单价，单击"层级"下方的下拉三角箭头，选择"升序 – 月 _ 日期"排列，单击"保存"按钮，图形选择柱状图，明星产品销售价格柱状图如图 7–44 所示。

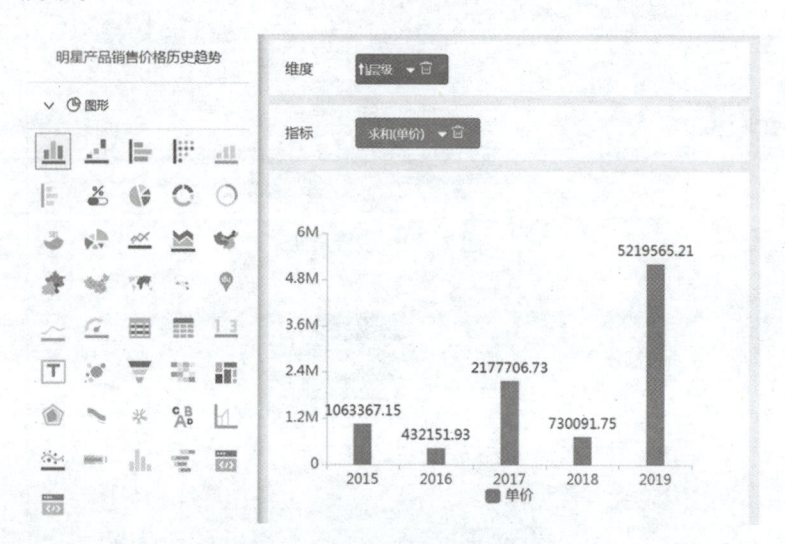

图 7–44　明星产品销售价格柱状图

（5）单击"退出"按钮，系统返回到故事板界面。

通过可视化图表可以看出，明星产品近五年销售价格有明显波动。2019 年较 2018 年有巨大幅提升，增长率为 614.92%。

### ◆ 任务 7.4.3　现金牛产品的市场价格历史趋势分析

**1. 打开故事板**

单击"分析设计"—"我的故事板"—"产品市场价格分析故事板"选项。

**2. 现金牛产品市场价格趋势可视化**

（1）进入产品市场价格分析故事板以后，需要新建可视化视图，单击"可视化"—"新建"选项，新建"现金牛产品市场价格趋势"可视化视图。

（2）选择数据集，单击"数据集"—"财务大数据"—"销售分析"选项，选择铁精粉市场价格，单击"确定"按钮。

（3）修改可视化名称为：现金牛产品市场价格趋势，单击维度右侧的"+"号，单击"层级"选项，系统弹出"钻取层级"对话框，层级名称输入"层级"，钻取路径勾选"年 _ 日期""月 _ 日期"，单击">"按钮，单击"确定"按钮。

（4）将左侧的市场价格指标选中以后拖曳到右上方的指标行，将左侧的层级维度选中以后拖曳到右上方的维度行，层级按照"升序—年 _ 日期"排列，单击某一年，系统出现该年份每个月的市场价格，单击"层级"下方的下拉三角箭头，选择"升序 – 月 _ 日期"排列，单击"保存"按钮，图形选择柱状图，现金牛产品市场价格柱状图如图 7-45 所示。

**图 7-45 现金牛产品市场价格柱状图**

（5）单击"退出"按钮，系统返回到故事板界面。

◆ 任务 7.4.4 明星产品的市场价格历史趋势分析

1. 打开故事板

单击"分析设计"—"我的故事板"—"产品市场价格分析故事板"选项。

2. 明星产品市场价格趋势可视化

（1）进入产品市场价格分析故事板以后，需要新建可视化视图，单击"可视化"—"新建"选项，新建"明星产品市场价格趋势"可视化视图。

（2）选择数据集，单击"数据集"—"财务大数据"—"销售分析"选项，选择钼精粉市场价格，单击"确定"按钮。

（3）修改可视化名称为：明星产品市场价格趋势，单击维度右侧的"+"号，单击"层级"选项，系统弹出"钻取层级"对话框，层级名称输入"层级"，钻取路径勾选"年_日期""月_日期"，单击">"按钮，单击"确定"按钮。

（4）将左侧的市场价格指标选中以后拖曳到右上方的指标行，将左侧的层级维度选中以后拖曳到右上方的维度行，层级按照"升序—年_日期"排列，单击某一年，系统出现该年份每个月的市场价格，单击"层级"下方的下拉三角箭头，选择"升序—月_日期"排列，单击"保存"按钮，图形选择柱状图，明星产品市场价格柱状图如图 7-46 所示。

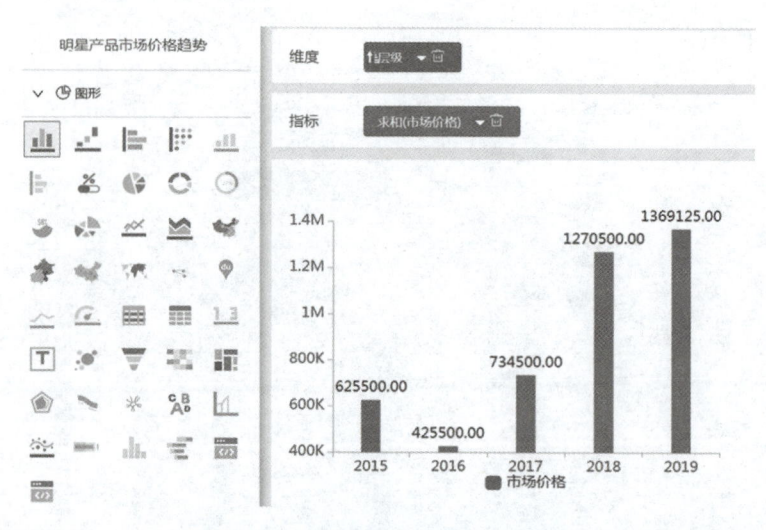

图 7-46　明星产品市场价格柱状图

（5）单击"退出"按钮，系统返回到故事板界面，单击故事板左上方的"保存"按钮，保存所有的可视化图表，如图 7-47 所示。

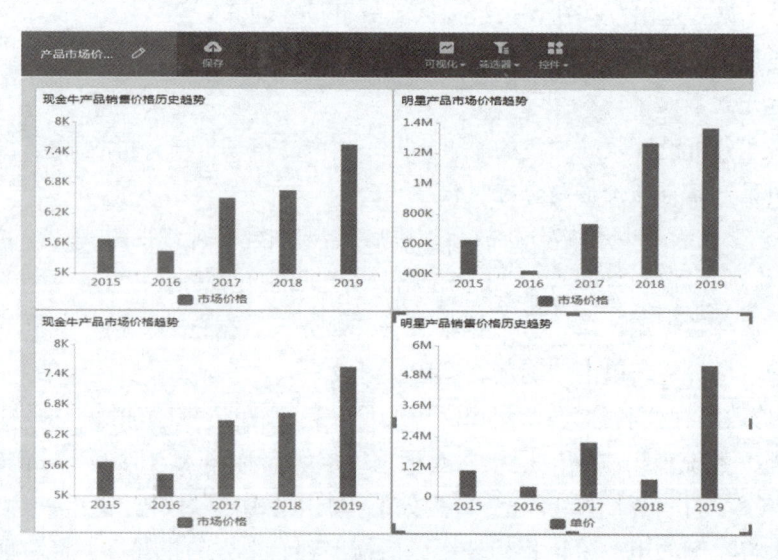

图 7-47　所有的可视化图表

## 项目小结

本项目主要介绍了销售收入的概念、销售收入分析的思路以及分析方法。重点讲述了企业的销售收入整体分析、销售收入客户维度分析、销售收入产品维度分析、销售收入价格维度分析。本项目通过案例实战详细讲述了销售收入整体分析以及三个维度分析的数据获取和可视化呈现，通过实战任务培养学生运用相关知识解决实际问题的能力。

## 同步练习

### 一、单项选择题

1.( ) 是由问题型业务继续投资发展起来的,可以视为高速成长市场中的领导者,它将成为公司未来的现金牛型业务。

　　A. 明星型业务　　　　　　　　B. 现金牛型业务

　　C. 瘦狗型业务　　　　　　　　D. 问题型业务

2. 客单价的公式等于( )。

　　A. 销售金额 / 客户数量　　　　B. 营业利润 / 营业收入

　　C. 利润总额 / 成本费用总额　　D.(销售收入 – 销售成本)/ 销售收入

3. 对( )来说,处在这个领域中的产品产生大量的现金,但未来的增长是有限的。

　　A. 明星产品　　　B. 现金牛产品　　　C. 瘦狗产品　　　D. 问题产品

4. 毛利率公式等于( )。

　　A. 净利润 / 平均所有者权益　　B. 负债 / 资产

　　C. 毛利 / 销售收入　　　　　　D. 净利润 / 销售收入

### 二、多项选择题

1. 明星型业务的特点有( )。

　　A. 低增长　　　　B. 低市场份额　　　C. 高增长　　　　D. 高市场份额

2. 问题型业务的特点有( )。

　　A. 低增长　　　　B. 低市场份额　　　C. 高增长　　　　D. 高市场份额

3. 影响产品价格的因素有( )。

　　A. 成本　　　　　B. 市场竞争　　　　C. 政策　　　　　D. 经济

4. 分析一个公司的销售收入,可以从( )部分分析。

　　A. 整体销售情况　B. 客户维度　　　　C. 产品维度　　　D. 价格维度

> 学习笔记

## 📊 项目评价

| 同步练习（20分） | | | | 得分： |
|---|---|---|---|---|
| 计分标准：<br>得分 =2× 单项选择题正确个数 +3× 多项选择题正确个数 | | | | |
| 学生自评（30分） | | | | 得分： |
| 计分标准：初始分 =2×A 的个数 +1×B 的个数 +0×C 的个数<br>　　　　得分 = 初始分 /26×30 | | | | |
| 专业能力 | 评价指标 | 自测结果 | 要求<br>（A 掌握；B 基本掌握；C 未掌握） | |
| 销售收入整体分析 | 1. 销售收入分析思路；<br>2. 销售收入整体分析方法 | A□　B□　C□<br>A□　B□　C□ | 掌握销售整体分析的内容及分析维度 | |
| 客户维度分析 | 1. 客户维度分析的意义；<br>2. 商业模式；<br>3. 客户的 ABC 分类法 | A□　B□　C□<br>A□　B□　C□<br>A□　B□　C□ | 掌握客户维度下销售分析的具体内容 | |
| 产品维度分析 | 1. 产品分类；<br>2. 产品维度分析指标 | A□　B□　C□<br>A□　B□ | 掌握产品维度下销售分析的具体内容 | |
| 价格维度分析 | 1. 价格弹性；<br>2. 价格影响因素；<br>3. 价格维度分析指标 | A□　B□　C□<br>A□　B□　C□<br>A□　B□　C□ | 掌握价格维度下销售分析的具体内容 | |
| 职业道德思想意识 | 1. 爱岗敬业、认真严谨；<br>2. 遵纪守法、遵守职业道德；<br>3. 顾全大局、团结合作 | A□　B□　C□<br>A□　B□　C□<br>A□　B□　C□ | 专业素质、思想意识得以提升，德才兼备 | |
| 小组评价（20分） | | | | 得分： |
| 计分标准：得分 =10×A 的个数 +5×B 的个数 +3×C 的个数 | | | | |
| 团队合作 | | A□　B□　C□ | 沟通能力 | A□　B□　C□ |
| 教师评价（30分） | | | | 得分： |
| 教师评语 | | | | |
| 总成绩 | | | 教师签字 | |

# 项目八　大数据+资金分析

## 【知识目标】

1. 了解资金存量的概念、形式及分析指标。
2. 了解资金的来源结构。
3. 了解债务的构成。

## 【技能目标】

1. 能够依据案例资料分析企业资金状况。
2. 能够依据案例资料进行资金存量可视化分析。
3. 能够依据案例资料进行资金来源可视化分析。
4. 能够依据案例资料进行债务分析与预警可视化。

## 【素质目标】

1. 树立学生通过数据思维进行数据分析的意识。
2. 增强学生自主学习的能力和勇于创新的精神。
3. 强化学生独立钻研数据分析以及开展实操的职业素养。

## 【知识图谱】

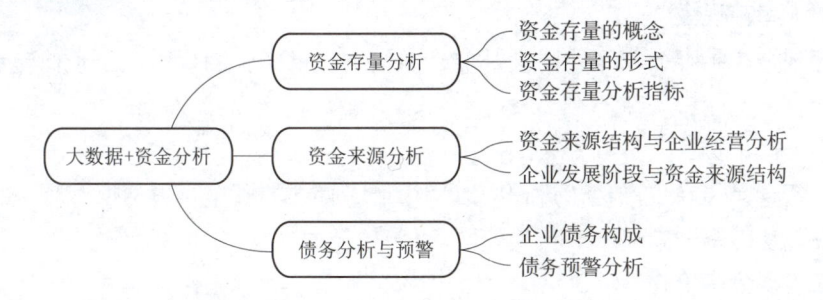

```
                    ┌─ 资金存量分析 ─┬─ 资金存量的概念
                    │                 ├─ 资金存量的形式
                    │                 └─ 资金存量分析指标
                    │
大数据+资金分析 ────┼─ 资金来源分析 ─┬─ 资金来源结构与企业经营分析
                    │                 └─ 企业发展阶段与资金来源结构
                    │
                    └─ 债务分析与预警 ┬─ 企业债务构成
                                      └─ 债务预警分析
```

# 任务一　资金存量分析

### ▶ 任务描述

财务大数据分析师对 AJHXJL 公司资金存量进行分析。

### [任务布置]

8.1.1 集团资金存量 N1 分析。

8.1.2 各机构资金存量分析。

8.1.3 母公司其他货币资金明细构成分析。

8.1.4 母公司保证金占用分析。

8.1.5 母公司保证金与应付票据的比率分析。

8.1.6 母公司银行存款流入流出对比。

### ▶ 工作准备

#### 一、资金存量的概念

资金存量是指企业持有的现金量，也就是资产负债表中的货币资金量，其中货币资金是指可以立即投入流通，用以购买商品或劳务，或用以偿还债务的交换媒介物。

在流动资产中，货币资金的流动性最强，并且是唯一能够直接转化为其他任何资产形态的流动性资产，也是唯一能代表企业现实购买力水平的资产。为了确保生产经营活动的正常进行，企业必须拥有一定数量的货币资金，以便进行购买材料、交纳税金、发放工资、支付利息及股利或进行投资等活动，企业所拥有的货币资金量是分析判断企业偿债能力与支付能力的重要指标。

#### 二、资金存量的形式

（一）库存现金

库存现金是指存放于企业财会部门、由出纳人员经管的货币，是企业流动性最强的资产。

（二）货币资金

货币资金是指在生产经营过程中以货币形态存在的资金，包括库存现金、银行存款和其他货币资金等。

（三）现金等价物

现金等价物是指企业持有的期限短、流动性强、易于转换为已知金额现金、价值变动风险很小的投资。如投资日起三个月到期的国库券、商业本票、货币市场基金、可转让定期存单、商业本票及银行承兑汇票等皆可列为现金等价物。

### （四）受限资金

受限资金主要指的是保证金、不能随时用于支付的存款、在法律上被质押或者以其他方式设置了担保权利的货币资金。其主要来源是各种保证金存款。例如，在银行开具承兑汇票或其他票据时所支付的保证金，在票据到期前仍存于保证金账户，可以在账户余额中查到，期末也要在报表中体现，但是其使用受到限制，在票据到期后会自动支付对价。受限资金不可随意使用，在分析资金存量时要重点关注。

### 三、资金存量分析指标

资金是企业赖以生存和发展的基础，其运转不仅涉及企业生产经营活动的各方面，还与企业的管理水平和经济效益密切相关。不同的财务指标，反映了企业资金运营的好坏。资金存量分析主要包括资金存量总量分析、资金存量使用效率分析及资金存量偿债能力分析三个方面。

#### （一）资金存量总量分析

企业资金存量的总量分析，是纵览全局首先要掌握的一个指标，反映了企业的直接支付能力。

货币资金过低，将影响企业的正常经营活动，制约企业发展，进而影响企业的商业信誉。货币资金过高，则意味着企业正在丧失潜在的投资机会，也可能表明企业的管理人员生财无道。

常用分析指标：

（1）$N1$：公司货币资金储备，反映公司直接支付的能力。

$$N1 = 库存现金 + 银行存款 + 其他货币资金$$

（2）$N2$：公司货币资金储备，反映公司直接支付的能力。

$$N2 = N1 + 交易性金融资产 + 应收票据$$

#### （二）资金存量使用效率分析

资金存量的使用效率，是评价资金使用效果的一个参数，反映了资产使用的有效性和充分性。常用的分析指标为货币资金占总资产的比重。

"货币资金"占总资产比重越高，说明本企业的资金储备率越高，经营风险越小，偿债能力越强；"货币资金"占总资产比重越低，说明企业的资金链有一定风险，且偿债能力也越弱。

常用分析指标：

（1）$N1$占总资产的比重，反映资金使用效率，指标较高说明资金使用效率低，指标较低可能导致支付风险。

$N1$ 占总资产比重 $=N1/$ 总资产

（2）$N2$ 占总资产的比重，反映资金使用效率，指标较高说明资金使用效率低，指标较低可能导致支付风险。

$N2$ 占总资产比重 $=N2/$ 总资产

### （三）资金存量偿债能力分析

在进行企业资金存量的偿债能力分析中，常用的分析指标是货币资金占流动负债的比重，这也是衡量企业短期偿债能力的重要指标之一。

对于债权人，该比率越高越好。对于经营者，该比率不宜过高。货币资金是企业资产中获利能力最差的，将资金过多地保留在货币资金上，将使企业失去很多获利机会，从而降低获利能力。

常用分析指标：

（1）货币资金与流动负债的比率，反映企业现时直接偿债能力，该指标高表明偿债能力强，该指标低表明支付、偿债风险高。

公式：$N1/$ 流动负债。

（2）可用资金与流动负债的比率，反映企业直接偿债能力，部分货币性资金可能需要一定时间转化才能使用。该指标高表明偿债能力强，该指标低表明支付、偿债风险高。

公式：$N2/$ 流动负债。

## 任务实施

### ◆任务 8.1.1 集团资金存量 $N1$ 分析

数据表：资金分析 $N1$。

**1. 新建故事板**

（1）单击"开始任务"选项，进入用友分析云。

（2）单击"分析设计"选项，单击"新建"，新建故事板，故事板命名为：资金存量分析。

**2. 新建可视化**

（1）单击"可视化"选项，单击"新建"按钮，数据集选择"财务大数据"—"资金分析"—"资金分析 $N1$"选项，单击"确定"按钮。

（2）修改可视化名称为：集团资金存量 $N1$。

（3）维度无。

（4）指标选择期末余额。

（5）图形选择，建议选择指标卡，集团资金存量 $N1$ 指标卡如图 8-1 所示。

图 8-1　集团资金存量 $N1$ 指标卡

（6）单击"保存"按钮，保存可视化，单击"退出"按钮，回到故事板界面，单击"保存"按钮，保存故事板。

◆ 任务 8.1.2　各机构资金存量分析

1. 打开故事板

单击"分析设计"—"我的故事板"—"资金存量分析"选项。

2. 新建可视化

（1）单击"可视化"选项，单击"新建"按钮，数据集选择"财务大数据"—"资金分析"—"资金分析 $N1$"选项，单击"确定"按钮。

（2）修改可视化名称为：各机构资金存量。

（3）单击维度右侧的"+"号，选择层级。

（4）层级名称输入"机构穿透"，选中机构名称，单击">"按钮，选中到右侧，再选中科目名称，单击">"按钮，选中到右侧，单击"确定"按钮，钻取层级如图 8-2 所示。

图 8-2　钻取层级

（5）维度选择机构穿透，指标选择期末余额。

（6）图形选择，建议选择条形图，各机构资金存量条形图如图 8-3 所示。

（7）单击 AJHXJL 矿业科技有限公司，穿透到该机构资金存量 $N1$，选择显示图形为环形图，各机构资金存量环形图如图 8-4 所示。

（8）单击"保存"按钮，保存可视化，单击"退出"按钮，回到故事板界面，单击"保存"按钮，保存故事板。

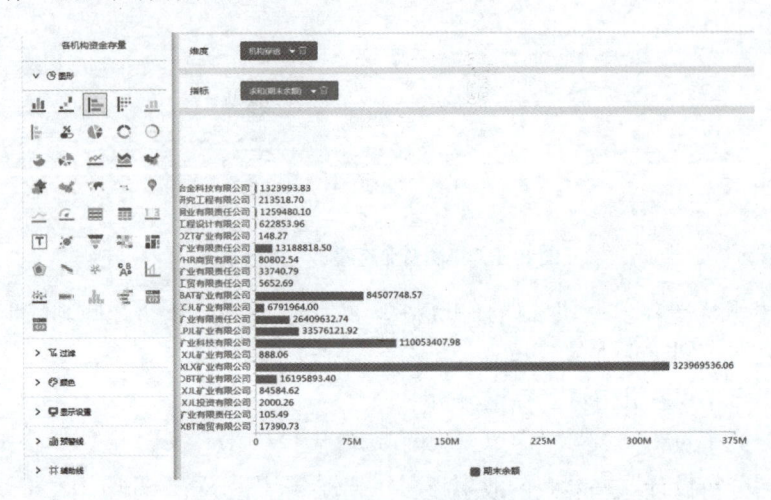

图 8-3　各机构资金存量条形图

通过母公司 AJHXJL 矿业科技有限公司的资金结构可视化图表可以看出其他货币资金占比较大，为了了解这一现象是否正常，需要进一步分析母公司 AJHXJL 矿业科技有限公司的其他货币资金构成情况。

图 8-4　各机构资金存量环形图

◆ 任务 8.1.3 母公司其他货币资金明细构成分析

1. 新建故事板

（1）单击"开始任务"选项，进入用友分析云。

（2）单击"分析设计"选项，单击"新建"按钮，新建故事板，故事板命名为：母公司资金结构分析。

2. 新建可视化

（1）单击"可视化"选项，单击"新建"按钮，数据集选择"财务大数据"—"资金分析"—"北京华夏其他货币资金构成（2019年9月）"选项，单击"确定"按钮。

（2）修改可视化名称为：母公司其他货币资金明细构成。

（3）维度选择科目名称。

（4）指标选择期末余额。

（5）图形选择，建议选择环形图，母公司其他货币资金明细构成环形图如图 8-5 所示。

通过图 8-5 可以看出，北京华夏的其他货币资金全部是银行承兑汇票的保证金，该资金属于受限资金，流动性较差，所以可从历史趋势及其与应付票据的占比去分析该资金的占用是否合理。

图 8-5 母公司其他货币资金明细构成环形图

◆ 任务 8.1.4 母公司保证金占用分析

1. 打开故事板

单击"分析设计"—"我的故事板"—"母公司资金结构分析"选项。

2. 新建可视化

（1）单击"可视化"选项，单击"新建"按钮，数据集选择"财务大数据"—"资金分析"—"银行承兑汇票保证金历史趋势（5年）"选项，单击"确定"按钮。

（2）修改可视化名称为：母公司保证金占用分析。

（3）维度选择年、月。

（4）指标选择余额。

（5）图形选择，建议选择折线图，母公司保证金占用分析折线图如图8-6所示。

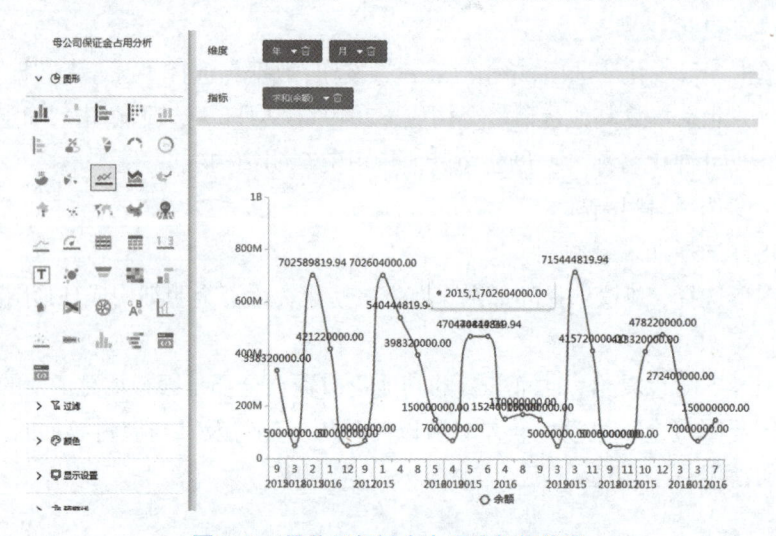

图8-6 母公司保证金占用分析折线图

（6）单击年右侧的下拉箭头，选择升序—年，按年的升序排序。单击月右侧的下拉箭头，选择高级排序，排序字段选择月，单击10月右侧的向下箭头，将10月调整到9月后面，依次调整11月和12月，将月份按升序排列，母公司保证金占用分析升序排列如图8-7所示。

图8-7 母公司保证金占用分析升序排列

项目八　大数据 + 资金分析

（7）单击指标余额的下拉箭头，选择数据格式，缩放率选择 10 000，将余额显示调整为万元，数据显示格式如图 8-8 所示。

图 8-8　数据显示格式

（8）单击指标余额的下拉箭头，选择设置显示名，将名称改为余额（万元），母公司保证金占用分析设置显示名如图 8-9 所示。

图 8-9　母公司保证金占用分析设置显示名

（9）单击"保存"按钮，保存可视化，单击"退出"按钮，回到故事板界面，单击"保存"按钮，保存故事板。母公司保证金占用分析折线图可视化如图 8-10 所示。

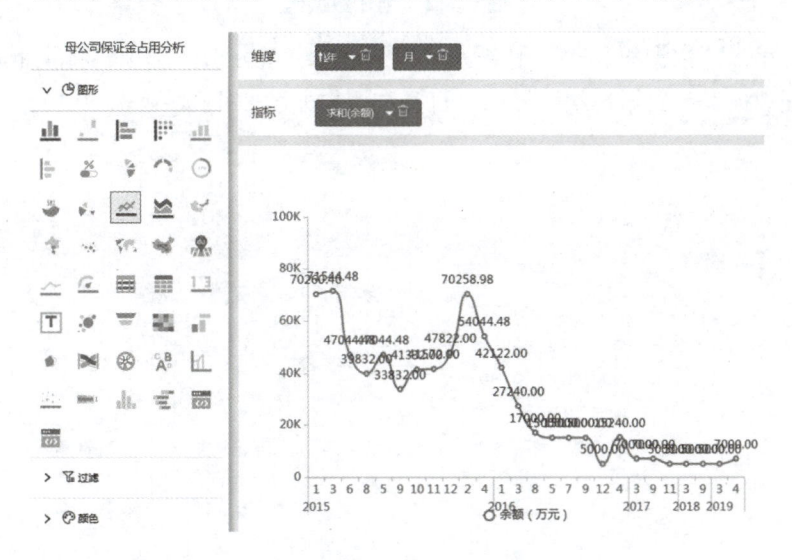

图 8-10　母公司保证金占用分析折线图可视化

从历史趋势可视化图表来看，近五年保证金的金额一直呈下降趋势，为了判断是否由企业资金管理的效率提高所导致，可进一步分析保证金与应付票据的比率。

### ◆ 任务 8.1.5 母公司保证金与应付票据的比率分析

#### 1. 新建数据集

（1）在故事板界面单击"退出"按钮，回到分析云主界面。

（2）单击"数据准备"选项。

（3）单击"新建"按钮，在创建数据集界面，选择"关联数据集"，名称为：现金及现金等价物明细表关联资产负债表，文件夹选择"我的数据"，创建数据集如图 8-11 所示。

图 8-11 创建数据集

（4）单击"数据集"—"财务大数据"—"资金分析"选项，将现金及现金等价物明细表拖曳到数据集编辑界面，打开数据集如图 8-12 所示。

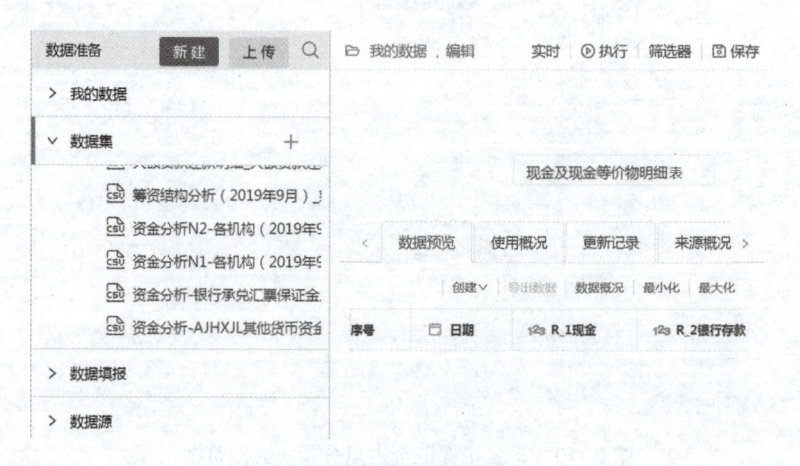

图 8-12 打开数据集

（5）单击"数据集"—"财务大数据"—"财报分析"选项，将 AJHXJL 资产负债表拖曳到数据集编辑界面。

（6）分别用鼠标单击两个数据表，单击数据表如图 8-13 所示。

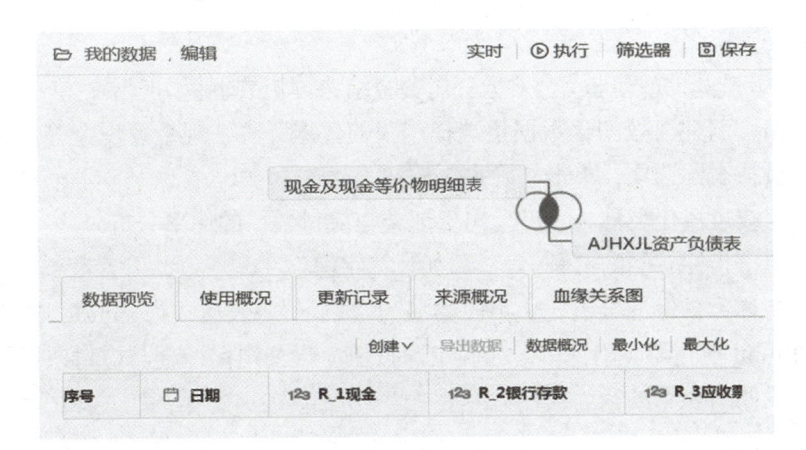

图 8-13　单击数据表

（7）在弹出的连接设置界面，选择连接方式为内连接，连接字段 AJHXJL 资产负债表报表日期＝现金及现金等价物明细表日期，连接设置如图 8-14 所示。

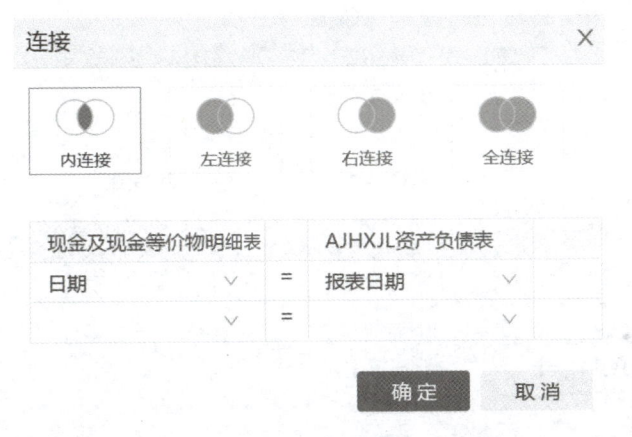

图 8-14　连接设置

（8）单击界面右上角"执行"按钮，将两个数据表连接起来，单击"保存"按钮，数据表连接如图 8-15 所示。

图 8-15　数据表连接

· 225 ·

## 2. 新建可视化

（1）单击"我的故事板"—"母公司资金结构分析故事板"选项。单击"可视化"选项，单击"新建"按钮，数据集选择"我的数据"—"现金及现金等价物明细表关联资产负债表"选项，单击"确定"按钮。

（2）修改可视化名称为：母公司保证金与应付票据的比率分析。

（3）单击指标右侧的"+"号，添加计算字段。

（4）名称为：保证金占比，字段类型为"数字"，表达式为 sum(R_45 银行承兑保证金 $^x$)/sum( 应付票据 $^x$)，单击"确定"按钮。母公司保证金与应付票据的比率分析添加字段如图 8-16 所示。

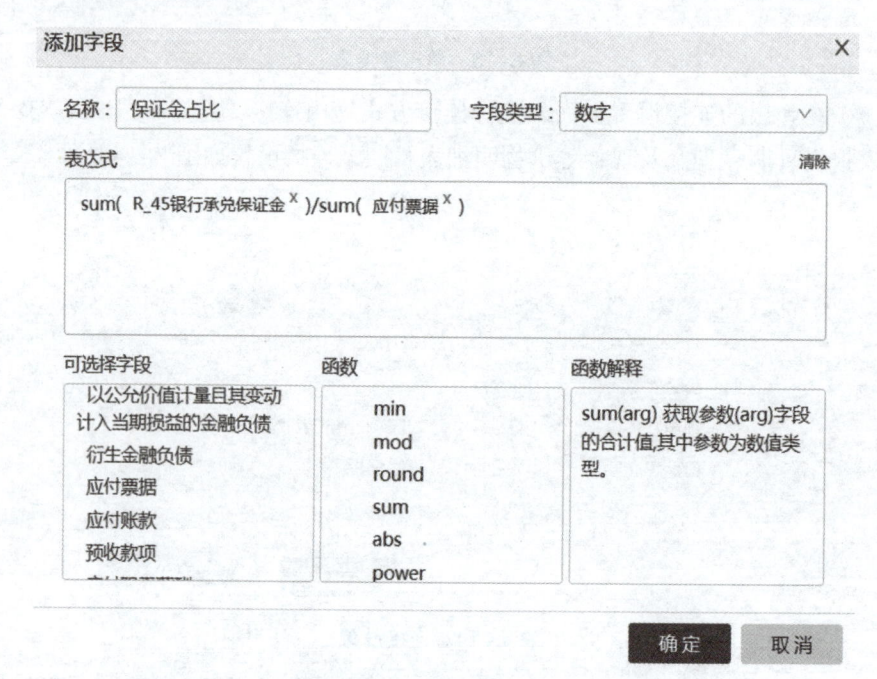

图 8-16 母公司保证金与应付票据的比率分析添加字段

（5）维度选择报表日期下的年_报表日期、月_报表日期。

（6）指标选择保证金占比。

（7）图形选择，建议选择折线图。

（8）单击维度年_报表日期右侧下拉箭头，选择升序，按照年_报表日期升序排列，单击月_报表日期右侧下拉箭头，选择升序，按照月_报表日期升序排列。母公司保证金与应付票据的比率分析可视化如图 8-17 所示。

（9）单击"保存"按钮，保存可视化，单击"退出"按钮，回到故事板界面，单击"保存"按钮，保存故事板。母公司资金结构分析故事板如图 8-18 所示。

项目八　大数据＋资金分析

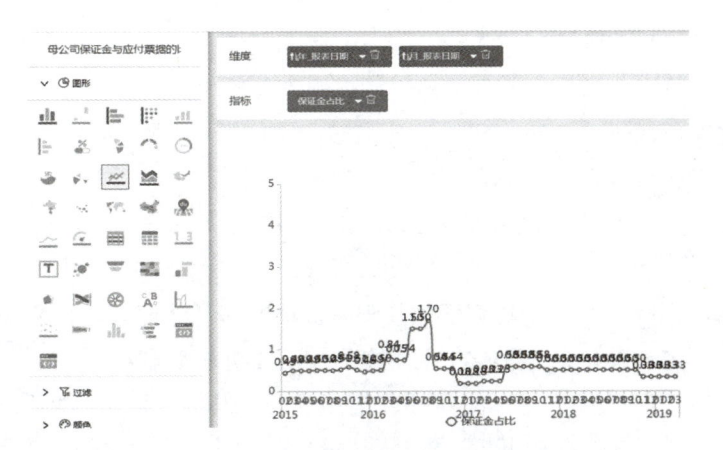

图 8-17　母公司保证金与应付票据的比率分析可视化

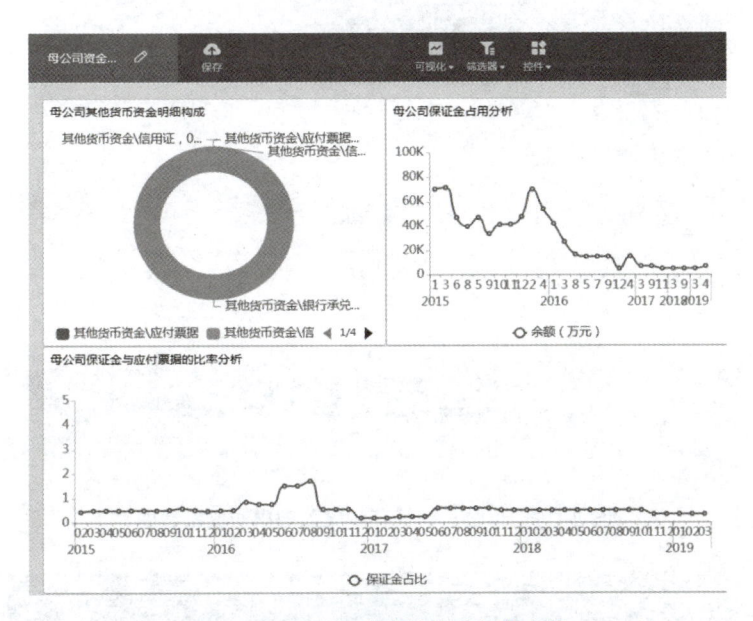

图 8-18　母公司资金结构分析故事板

通过保证金占比的历年趋势分析可视化图表可以看出，保证金与应付票据比率在近期也呈下降趋势，说明该公司的资金管理效率提高了，资金的管理能力也有所增强。下面可对资金管理效益做进一步分析。

◆任务 8.1.6 母公司银行存款流入流出对比

1. 新建故事板

（1）单击"开始任务"选项，进入用友分析云。

（2）单击"分析设计"选项，单击"新建"按钮，新建故事板，故事板命名为：资金管理效益分析。

2. 新建可视化

（1）单击"可视化"选项，单击"新建"按钮，数据集选择"财务大数据"—"资金分析"—"银行存款序列表 2015—2019（按月整理）"选项，单击"确定"按钮。

（2）修改可视化名称为：母公司银行存款流入流出对比。

（3）维度选择年_日期、月_日期。

（4）指标选择收入、支出。

（5）图形选择，建议选择折线图，母公司银行存款流入流出对比折线图如图 8-19 所示。

（6）单击维度年_日期右侧下拉箭头，选择升序，按照年_日期升序排列，单击月_日期右侧下拉箭头，选择升序，按照月_日期升序排列。

（7）单击"保存"按钮，保存可视化，单击"退出"按钮，回到故事板界面，单击"保存"按钮，保存故事板。资金管理效益分析故事板如图 8-20 所示。

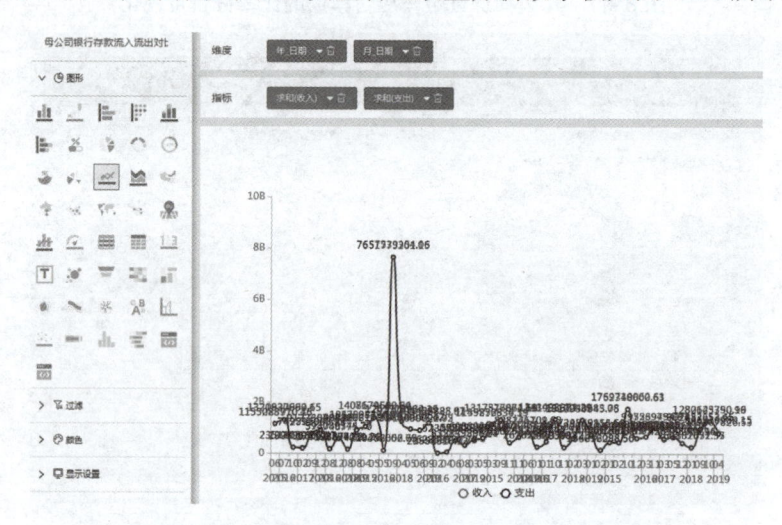

图 8-19　母公司银行存款流入流出对比折线图

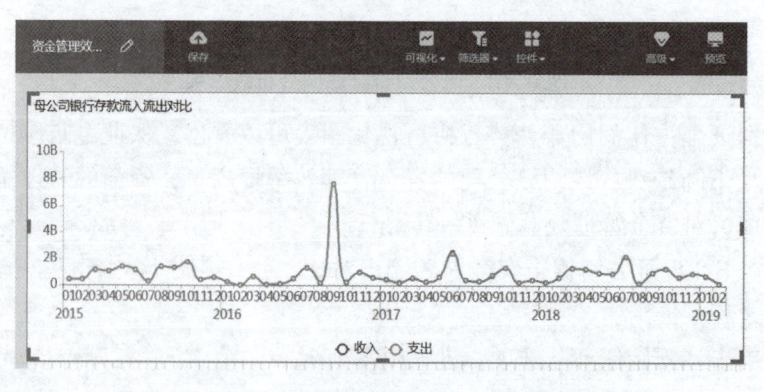

图 8-20　资金管理效益分析故事板

通过观察可视化图表，分析流入和流出之间是否有时间差，进一步分析资金的利用效率。从图 8-20 来看，企业的资金流入和流出有细微差别，曲线升降幅度一致，说明资金的流入和流出较同步，不存在时间差，企业资金的使用效益较高。

## 任务二　资金来源分析

**资金来源分析**

### ◆ 任务描述

财务大数据分析师对 AJHXJL 公司资金来源进行分析。

### [ 任务布置 ]

8.2.1 现金流量构成分析。

8.2.2 资金流入项目分析。

8.2.3 资金流出项目分析。

8.2.4 流入项目深入洞察。

8.2.5 销售获现比分析。

8.2.6 盈利现金比率分析。

### ◆ 工作准备

现金流量表是反映一定时期内（如月度、季度或年度）企业经营活动、投资活动和筹资活动对其现金及现金等价物所产生影响的财务报表。从现金流量表来看，资金来源主要有三部分：经营活动产生的现金流量、投资活动产生的现金流量和筹资活动产生的现金流量。

#### 一、资金来源结构与企业经营分析

资金的三个来源处于不同的状态，代表企业的不同经营情况。资金来源结构与企业经营分析详见表 8-1。

表 8-1　资金来源结构与企业经营分析

| 经营现金净流量 | 投资现金净流量 | 筹资现金净流量 | 企业经营分析 |
| --- | --- | --- | --- |
| 正 | 正 | 正 | 经营和投资收益状况较好，这时仍可以进行融资，通过找寻新的投资机会来避免资金的闲置性浪费 |
| 正 | 正 | 负 | 经营和投资活动良性循环，筹资活动虽然进入偿还期，但财务状况仍比较安全 |
| 正 | 负 | 正 | 经营状况良好，在内部经营稳定进行的前提下，通过筹集资金进行投资，往往是处于扩展时期，应着重分析投资项目的盈利能力 |

续表

| 经营现金净流量 | 投资现金净流量 | 筹资现金净流量 | 企业经营分析 |
| --- | --- | --- | --- |
| 正 | 负 | 负 | 经营状况良好，一方面在偿还以前债务，另一方面又要继续投资，应关注经营状况的变化，防止经营状况恶化导致整个财务状况恶化 |
| 负 | 正 | 正 | 靠借债维持生产经营的需要。财务状况可能恶化，应着重分析投资活动现金流是来自投资收益还是收回投资，如果是后者，则形势严峻 |
| 负 | 正 | 负 | 经营活动已经发出危险信号，如果投资活动现金收入主要来自收回投资，则已经处于破产边缘，应高度警惕 |
| 负 | 负 | 正 | 靠借债维持日常经营和生产规模的扩大，财务状况很不稳定。如果是处于投产期的企业，一旦渡过难关还可能有发展。如果是成长期或稳定期的企业，则非常危险 |
| 负 | 负 | 负 | 财务状况非常危急，这种情况往往发生在企业高速扩张时期，由于市场变化导致经营状况恶化，加上扩展时投入了大量资金，使企业陷入困境 |

## 二、企业发展阶段与资金来源结构

分析一家企业的经营情况时，还需考虑该企业处于什么发展阶段。企业处于不同的发展阶段，对资金的需求也是不同的，企业发展阶段与资金来源结构具体情况见表8-2。

表8-2 企业发展阶段与资金来源结构

| 企业发展阶段 | 资金来源结构 | 企业经营分析 |
| --- | --- | --- |
| 初创期 | 经营活动现金净流量为负<br>投资活动现金净流量为负<br>筹资活动现金净流量为正 | 借款人需要投入大量资金，形成生产能力，开拓市场，其资金来源只有举债、融资等筹资活动 |
| 发展期 | 经营活动现金净流量为正<br>投资活动现金净流量为负<br>筹资活动现金净流量为正 | 经营活动中大量现金回笼，为扩大市场份额，借款人仍需追加投资，仅靠经营活动现金流量净额可能无法满足投资，须筹集必要的外部资金作为补充 |
| 成熟期 | 经营活动现金净流量为正<br>投资活动现金净流量为正<br>筹资活动现金净流量为负 | 销售市场稳定，已进入投资回收期，但很多外部资金需要偿还 |
| 衰退期 | 经营活动现金净流量为负<br>投资活动现金净流量为正<br>筹资活动现金净流量为负 | 市场萎缩，占有率下降，经营活动现金流入小于流出，同时借款人为了应付债务不得不大规模收回投资以弥补现金的不足 |

## 任务实施

### ◆ 任务 8.2.1 现金流量构成分析

**1. 新建故事板**

（1）单击"开始任务"选项，进入用友分析云。

（2）单击"分析设计"选项，单击"新建"按钮，新建故事板，故事板命名为：资金来源构成。

**2. 新建可视化**

（1）单击"可视化"选项，单击"新建"按钮，数据集选择"财务大数据"—"资金分析"—"现金流量表 AJHXJL"选项，单击"确定"按钮。

（2）修改可视化名称为：现金流量构成分析。

（3）维度选择年_日期、月_日期。

（4）指标选择经营活动产生的现金流量净额、投资活动产生的现金流量净额、筹资活动产生的现金流量净额。

（5）图形选择，建议选择表格。

（6）单击"过滤"—"设置"选项，筛选月份2019年9月，单击按条件添加，年_日期=2019，月_日期=9月，单击"确定"按钮，现金流量构成分析过滤设置如图 8-21 所示。

图 8-21 现金流量构成分析过滤设置

（7）单击"保存"按钮，保存可视化，单击"退出"按钮，回到故事板界面，单击"保存"按钮，保存故事板。现金流量构成分析可视化如图 8-22 所示。

通过分析，2019 年 9 月三大活动的资金构成中，对本月资金贡献度最大的资金来源是经营活动产生的现金流量。

图 8-22　现金流量构成分析可视化

◆ **任务 8.2.2　资金流入项目分析**

**1. 打开故事板**

单击"分析设计"—"我的故事板"—"资金来源构成"选项。

**2. 新建可视化**

（1）单击"可视化"选项，单击"新建"按钮，数据集选择"财务大数据"—"资金分析"—"现金流量表 AJHXJL"选项，单击"确定"按钮。

（2）修改可视化名称为：资金流入项目分析。

（3）维度无。

（4）指标选择经营活动现金流入小计、投资活动现金流入小计、筹资活动现金流入小计。

（5）图形选择，建议选择饼图。

（6）过滤设置，筛选月份 2019 年 9 月，单击按条件添加，年_日期=2019，月_日期=9月，单击"确定"按钮。

（7）单击"保存"按钮，保存可视化，单击"退出"按钮，回到故事板界面，单击"保存"按钮，保存故事板。资金流入项目分析饼图如图 8-23 所示。

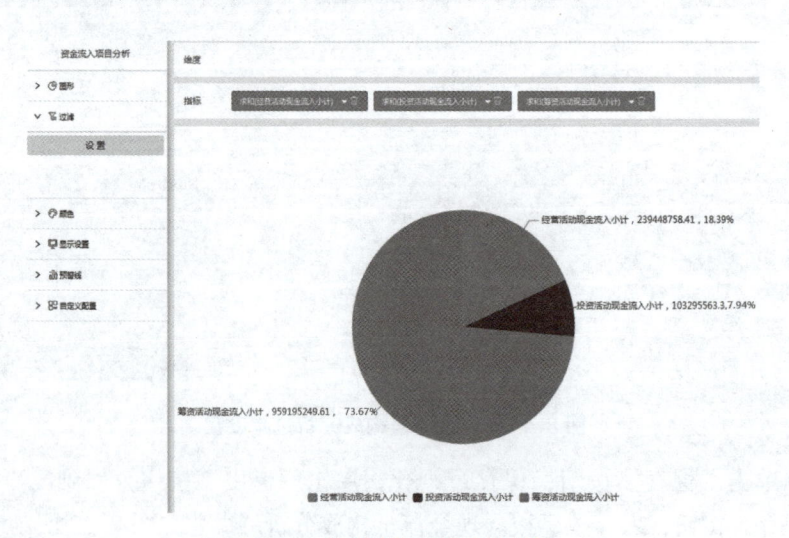

图 8-23　资金流入项目分析饼图

通过各现金流入项目金额比例的可视化图表可以看出，2019 年 9 月，资金流入主要是筹资活动产生的现金流入，占比 73.67%；其次为经营活动产生的现金流入,占比 18.39%;再次是投资活动产生的现金流入,占比 7.94%。故而可进一步分析筹资活动的各现金流入项目(详见下文"任务 8.2.4 流入项目深入洞察")。

◆ **任务 8.2.3 资金流出项目分析**

1. 打开故事板

单击"分析设计"—"我的故事板"—"资金来源构成"选项。

2. 新建可视化

(1)单击"可视化"选项,单击"新建"按钮,数据集选择"财务大数据"—"资金分析"—"现金流量表 AJHXJL"选项,单击"确定"按钮。

(2)修改可视化名称为:资金流出项目分析。

(3)维度无。

(4)指标选择经营活动现金流出小计、投资活动现金流出小计、筹资活动现金流出小计。

(5)图形选择,建议选择饼图。

(6)单击"过滤"—"设置"选项,筛选月份 2019 年 9 月,单击"按条件添加"选项,年_日期=2019,月_日期=9 月,单击"确定"按钮,资金流出项目分析饼图如图 8-24 所示。

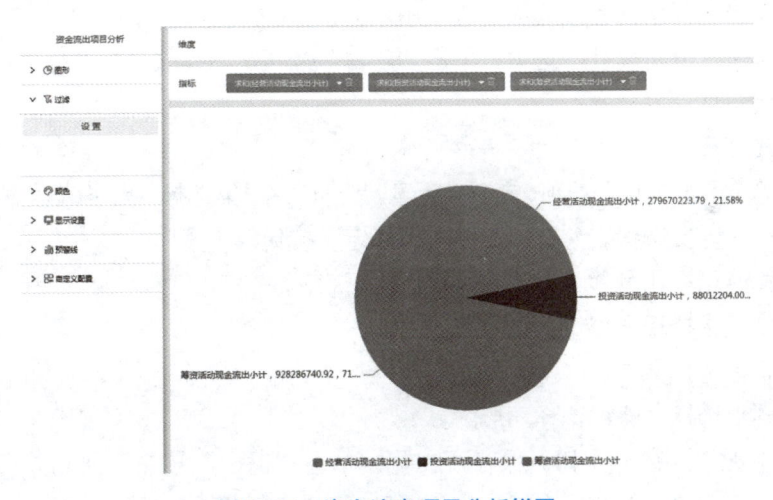

**图 8-24 资金流出项目分析饼图**

(7)单击"保存"按钮,保存可视化,单击"退出"按钮回到故事板界面,单击"保存"按钮,保存故事板。资金来源构成故事板如图 8-25 所示。

通过各现金流出项目金额比例的可视化图表可以看出,2019 年 9 月,资金流出主要集中在筹资活动,占比 71.63%;其次为经营活动产生的现金流出,占比 21.58%;再次是投资活动产生的现金流出,占比 6.79%。

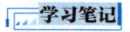

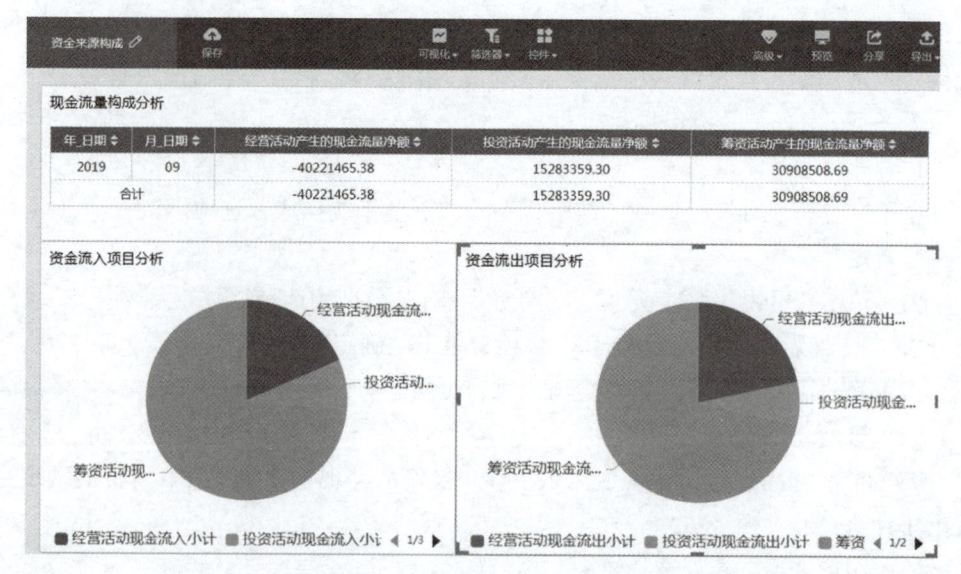

图 8-25　资金来源构成故事板

◆ **任务 8.2.4　流入项目深入洞察**

**1. 新建故事板**

（1）单击"开始任务"选项，进入用友分析云。

（2）单击"分析设计"选项，单击"新建"按钮，新建故事板，故事板命名为：资金来源健康性评测。

**2. 新建可视化**

（1）单击"可视化"选项，单击"新建"按钮，数据集选择"财务大数据"—"资金分析"—"筹资结构表"选项，单击"确定"按钮。

（2）修改可视化名称为：流入项目深入洞察。

（3）维度选择现金流量项目。

（4）指标选择借方。

（5）图形选择，建议选择环形图。

（6）单击"保存"按钮，保存可视化，单击"退出"按钮，回到故事板界面，单击"保存"按钮，保存故事板。流入项目深入洞察环形图如图 8-26 所示。

通过筹资活动现金流入结构的可视化图表可以看出，筹资活动现金流入主要来源于非金融机构无息借款，占比 72.16%。

◆ **任务 8.2.5　销售获现比分析**

**1. 新建数据集**

（1）在故事板界面单击"退出"按钮，回到分析云主界面。

（2）单击"数据准备"选项，数据准备如图 8-27 所示。

图 8-26　流入项目深入洞察环形图

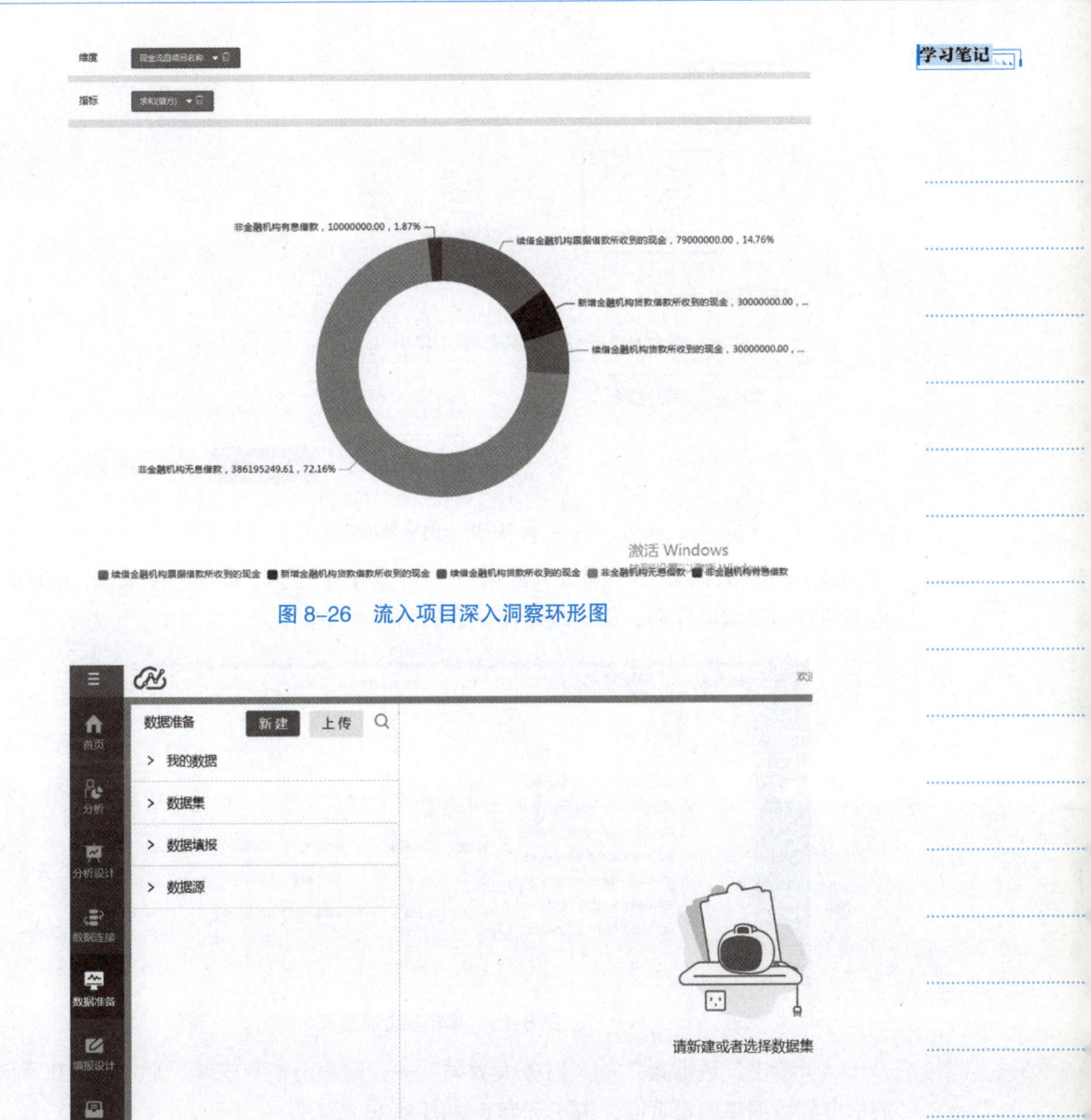

图 8-27　数据准备

（3）单击"新建"按钮，在创建数据集界面，选择"关联数据集"，名称为：现金流量表 AJHXJL 关联利润表 AJHXJL，文件夹选择"我的数据"，创建数据集如图 8-28 所示。

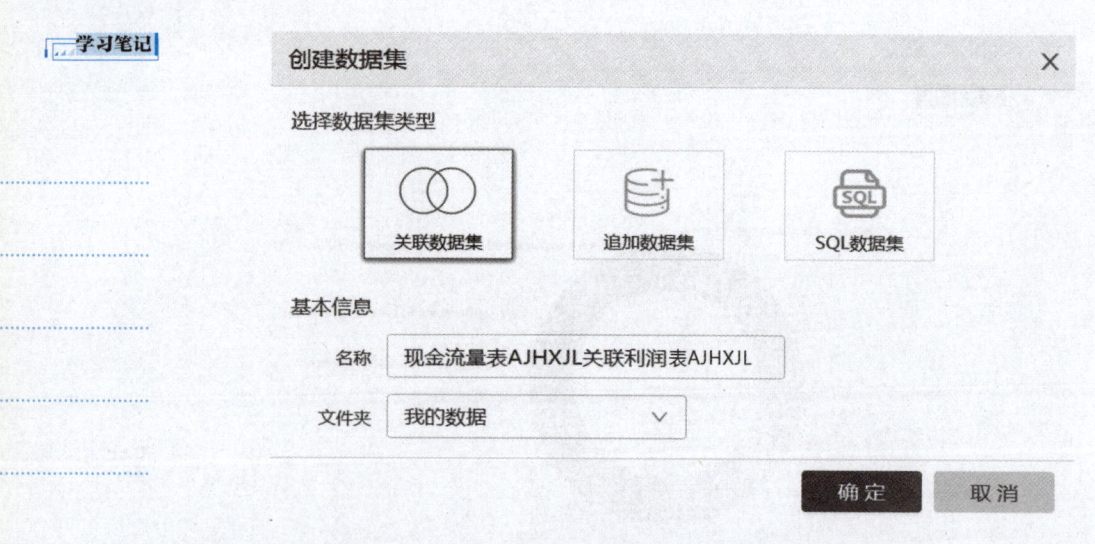

图 8-28 创建数据集

（4）单击"数据集"—"财务大数据"—"资金分析"选项，将现金流量表-AJHXJL拖曳到数据集编辑界面，编辑现金流量表如图 8-29 所示。

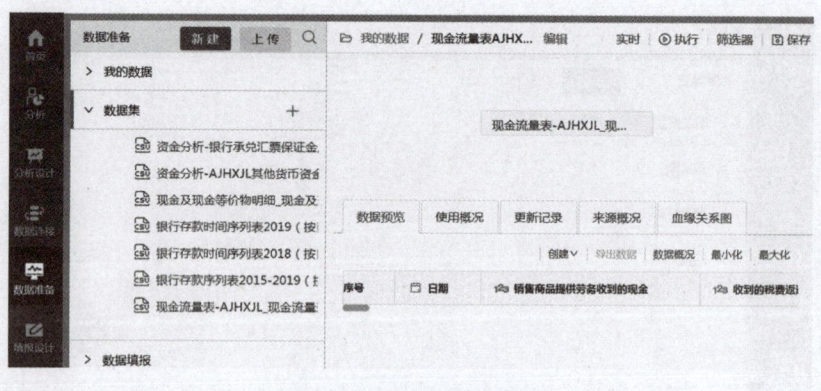

图 8-29 编辑现金流量表

（5）单击"数据集"—"财务大数据"—"财报分析"选项，将AJHXJL利润表拖曳到数据集编辑页面，编辑利润表如图 8-30 所示。

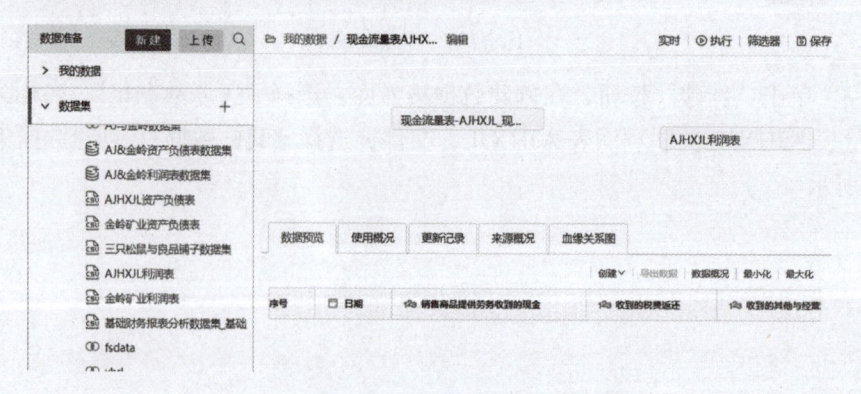

图 8-30 编辑利润表

（6）分别用鼠标单击两个数据表。

（7）在弹出的连接设置界面，选择连接方式为内连接，连接字段 AJHXJL 利润表报表日期 = 现金流量表 AJHXJL 日期，现金流量表 AJHXJL 与 AJHXJL 利润表连接方式如图 8-31 所示。

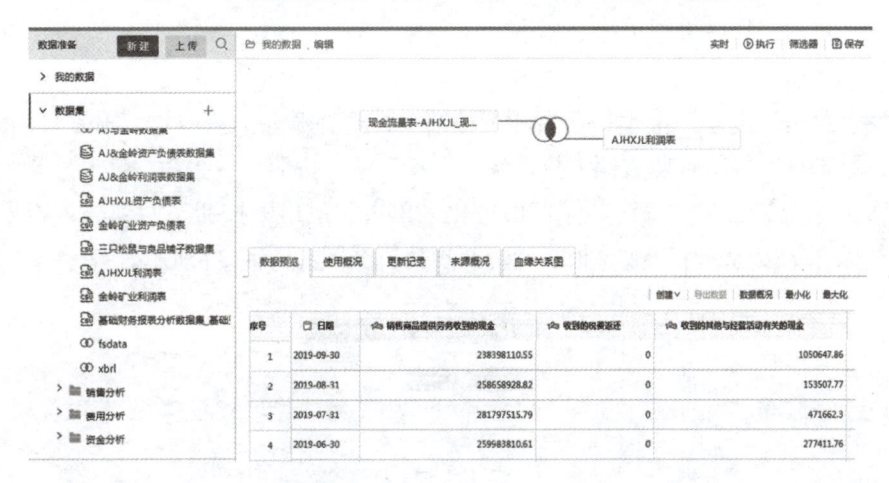

（8）单击界面右上角的"执行"按钮，将两个数据表连接起来，单击"保存"按钮，现金流量表 AJHXJL 与 AJHXJL 利润表连接如图 8-32 所示。

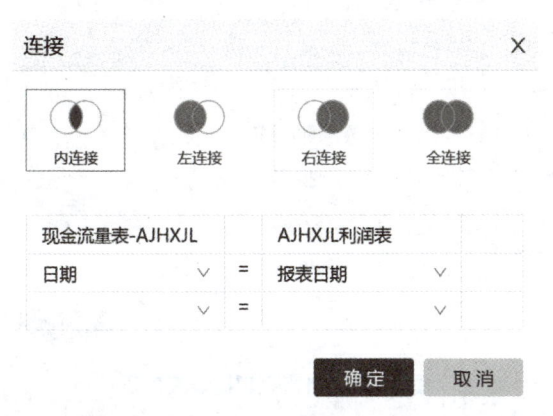

图 8-31　现金流量表 –AJHXJL 与 AJHXJL 利润表连接方式

图 8-32　现金流量表 –AJHXJL 与 AJHXJL 利润表连接

### 2. 新建可视化

（1）单击"我的故事板"—"资金来源健康性评测故事板"选项。单击"可视化"选项，单击"新建"按钮，数据集选择"我的数据"—"现金流量表 AJHXJL 关联 AJHXJL 利润表"选项，单击"确定"按钮。

（2）修改可视化名称为：销售获现比。

（3）单击左侧"指标"的"+"号，添加计算字段。

（4）名称为：销售获现比，字段类型为"数字"，公式为"销售商品提供劳务收到的现金$^x$/ 主营业务收入$^x$"，单击"确定"按钮，销售获现比设置字段如图 8-33

所示。

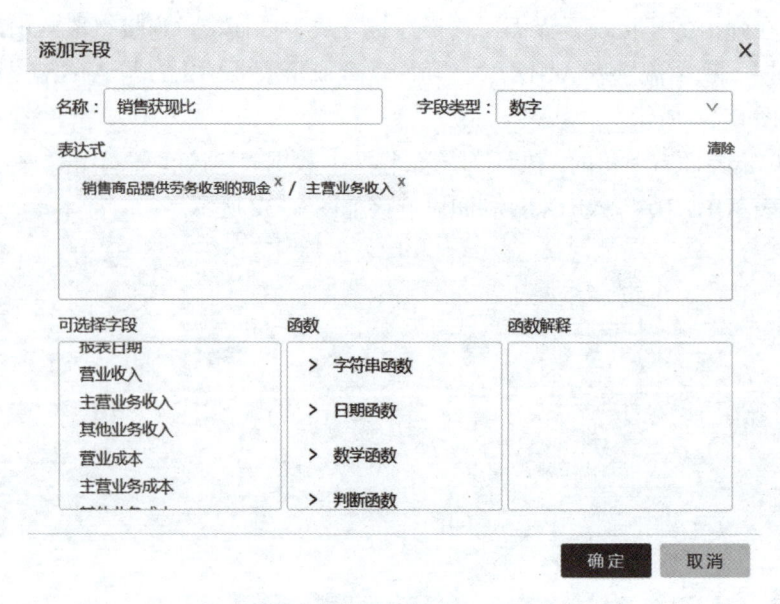

图 8-33 销售获现比设置字段

（5）维度选择报表日期下的年_报表日期、月_报表日期。

（6）指标选择销售获现比。

（7）图形选择，建议选择折线图。

（8）单击维度年_报表日期右侧下拉箭头，选择升序，按照年_报表日期升序排列，单击月_报表日期右侧下拉箭头，选择升序，按照月_报表日期升序排列。

（9）单击"保存"按钮，保存可视化，单击"退出"按钮，回到故事板界面，单击"保存"按钮，保存故事板。销售获现比折线图如图 8-34 所示。

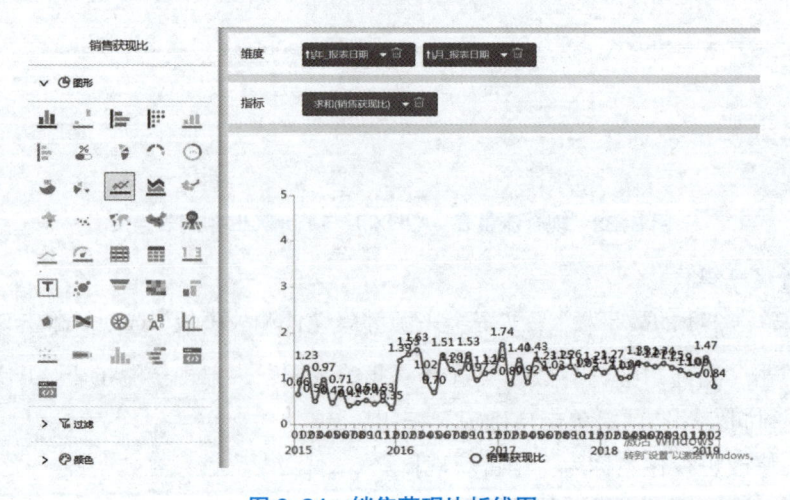

图 8-34 销售获现比折线图

销售获现比为销售商品或提供劳务所收到的现金与主营业务收入的比，反映企业现金收入所占的比重。从历史趋势看,该比率是上升的,说明企业的信用政策较好,收款力度较强。

◆ 任务 8.2.6 盈利现金比率分析

1. 打开故事板

单击"分析设计"—"我的故事板"—"资金来源健康性评测"选项。

2. 新建可视化

(1)单击"可视化"选项,单击"新建"按钮,数据集选择"我的数据"—"现金流量表 AJHXJL 关联 AJHXJL 利润表"选项,单击"确定"按钮。

(2)修改可视化名称为:盈利现金比率。

(3)单击左侧"指标"的"+"号,添加计算字段。

(4)名称输入"盈利现金比率",字段类型选择"数字",公式为"经营活动产生的现金流量净额$^x$/净利润$^x$",单击"确定"按钮,盈利现金比率添加字段如图 8-35 所示。

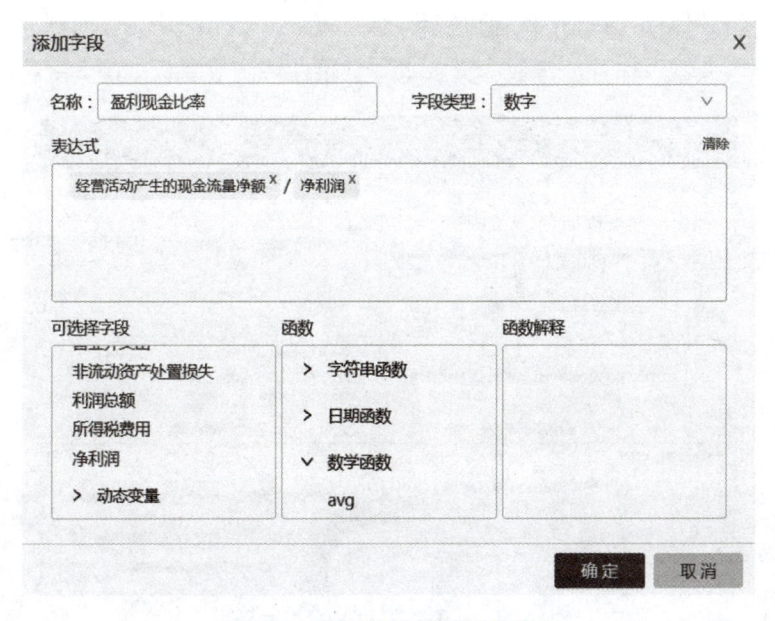

图 8-35　盈利现金比率添加字段

(5)维度选择报表日期下的年_报表日期、月_报表日期。

(6)指标选择盈利现金比率。

(7)图形选择,建议选择折线图。

(8)单击维度年_报表日期右侧下拉箭头,选择升序,按照年_报表日期升序排列,单击月_报表日期右侧下拉箭头,选择升序,按照月_报表日期升序排列,盈利现金比率折线图如图 8-36 所示。

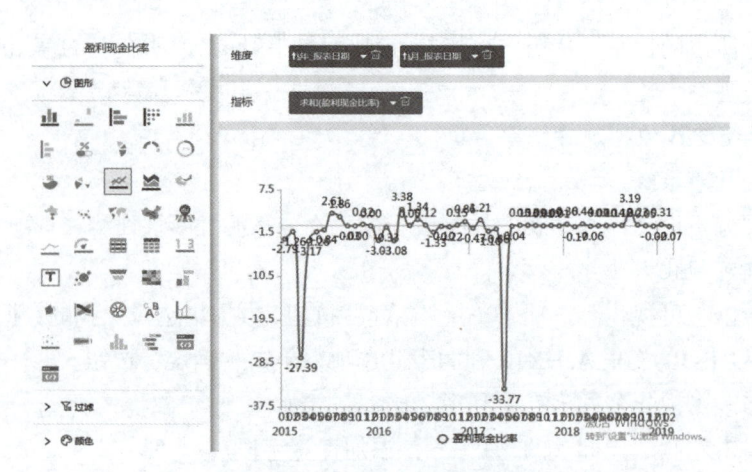

图 8-36　盈利现金比率折线图

盈利现金比率为经营活动产生的现金流与净利润之比，反映净利润中现金的占比情况。从整体趋势上看，该比率较为稳定，说明企业发展的健康性良好。

（9）单击"保存"按钮，保存可视化图表，单击"退出"按钮，回到故事板界面，单击"保存"按钮，保存故事板。资金来源健康性评测故事板如图 8-37 所示。

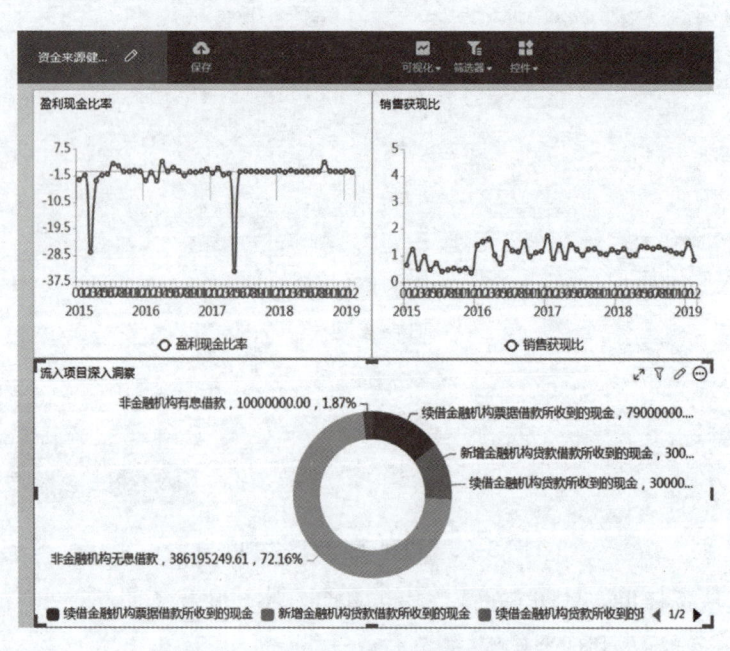

图 8-37　资金来源健康性评测故事板

## 任务三　债务分析与预警

**债务分析与预警**

### ▸ 任务描述

财务大数据分析师对 AJHXJL 公司债务进行分析。

### [任务布置]

8.3.1 显示短期借款金额、长期借款金额。

8.3.2 显示未还本金。

8.3.3 未还款情况分析。

### ▸ 工作准备

#### 一、企业债务构成

企业债务一般包括短期借款、长期借款和应付项目。

（一）短期借款

1. 概念

短期借款是因企业短期资金不足而借入的，是指企业根据生产经营的需要，从银行或其他金融机构借入的，偿还期在一年以内的各种借款，包括生产周转借款、临时借款等。

2. 优点

（1）可以自由控制余额。在规定时间内可以根据自己的资金使用需求进行期限和额度的自由搭配，还款压力小，贷款归还后还可以继续循环使用。

（2）可借款额度高，用款方式灵活，可以解决短期内急需资金周转的需要。

（3）周期不长，可以节约利息和成本。

3. 缺点

（1）需要在短期内进行归还，无法满足长期资金需求。

（2）如未能按期偿还，会按罚息计算复利，当无法偿还时，会发生债务日益恶化的局面。

（二）长期借款

1. 概念

长期借款是企业战略性发展需要而筹措的长期债务。是指企业向银行或其他金融机构等借入的期限在 1 年以上（不含 1 年）的各种款项。

2. 优点

（1）筹资速度快。

（2）资金成本较低。

（3）弹性较大。

（4）具有财务杠杆作用。

3. 缺点

（1）财务风险较大。

（2）限制条款较多。

（3）筹资数量有限。

### （三）经营性应付项目

经营性应付项目包括应付账款、应付票据、其他应付款、预收账款、应付职工薪酬和应交税费等，在计算时要扣除非经营活动的影响。

## 二、债务预警分析

企业在运营时要做到了解本企业的债务情况，并对其进行有效监控及预警。在大数据技术下，由于数据时效性强，数据可视化被广泛应用，可以一目了然地看到企业短期借款、长期借款的组成以及未还本金是多少，预警机制也逐渐被有效地设置。另外，除了短期及长期借款，还需要监控大额贷款的使用情况，形成监控机制。根据企业的规模，设置对应的监控数据指标，并对资金使用有效性进行分析。

## ◆ 任务实施

### ◆ 任务 8.3.1 显示短期借款金额、长期借款金额

1. 新建故事板

（1）单击"开始任务"选项，进入用友分析云。

（2）单击"分析设计"选项，单击"新建"按钮，新建故事板，故事板命名为：债务分析与预警。

2. 新建可视化

（1）单击"可视化"选项，单击"新建"按钮，数据集选择"财务大数据"——"财报分析"——"AJHXJL 资产负债表"选项，单击"确定"按钮。

（2）修改可视化名称为：短期借款金额、长期借款金额。

（3）维度无。

（4）指标选择短期借款、长期借款。

（5）图形选择，建议选择指标卡。

（6）过滤设置，筛选月份 2019 年 9 月，单击"按条件添加"选项，年_报表日期=2019，月_报表日期=9月，单击"确定"按钮，短期借款金额、长期借款金额指标卡如图 8-38 所示。

（7）单击"保存"按钮，保存可视化，单击"退出"按钮，回到故事板界面，单击"保存"按钮，保存故事板。

图 8-38　短期借款金额、长期借款金额指标卡

◆ 任务 8.3.2　显示未还本金

1. 打开故事板

单击"分析设计"—"我的故事板"—"债务分析与预警"选项。

2. 新建可视化

（1）单击"可视化"选项，单击"新建"按钮，数据集选择"财务大数据"—"资金分析"—"银行贷款明细表"选项，单击"确定"按钮。

（2）修改可视化名称为：未还本金。

（3）维度无。

（4）指标选择未还本金。

（5）图形选择，建议选择指标卡。

（6）单击"保存"按钮，保存可视化，单击"退出"按钮，回到故事板界面，单击"保存"按钮，保存故事板，未还本金指标卡如图 8-39 所示。

图 8-39　未还本金指标卡

### ◆ 任务 8.3.3 未还款情况分析

**1. 新建故事板**

单击"分析设计"—"我的故事板"—"债务分析与预警"选项。

**2. 新建可视化**

（1）单击"可视化"选项，单击"新建"按钮，数据集选择"财务大数据"—"资金分析"—"银行贷款明细表"选项，单击"确定"按钮。

（2）修改可视化名称为：未还款情况分析。

（3）单击维度右侧的"+"号，选择层级。

（4）层级名称为：机构穿透，选中"贷款单位"，单击">"按钮，选中到右侧，再选中"结束日期"，单击">"按钮，选中到右侧，单击"确定"按钮，未还款情况分析钻取层级如图 8-40 所示。

（5）维度选择机构穿透。

（6）指标选择未还本金。

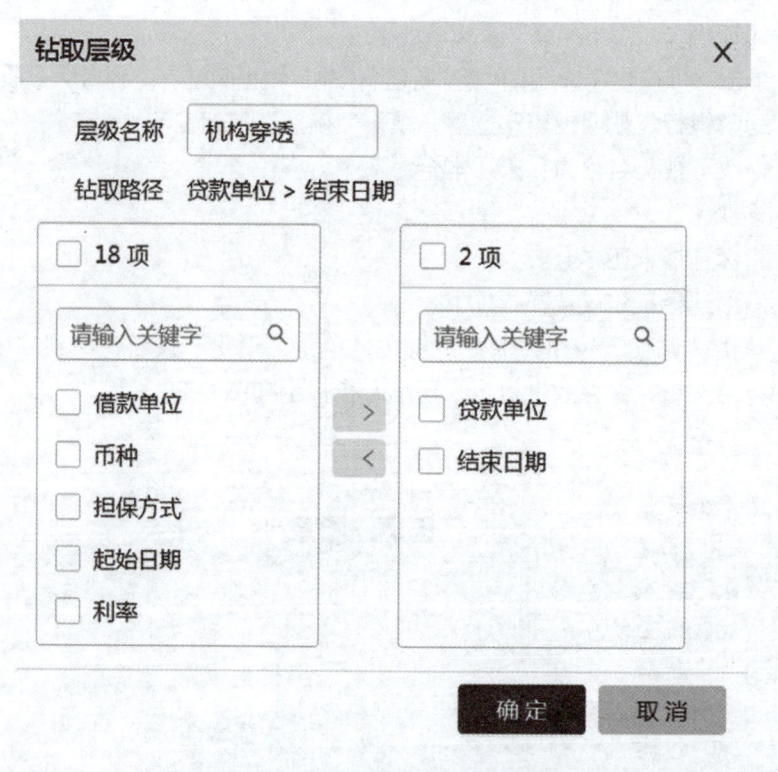

图 8-40 未还款情况分析钻取层级

（7）图形选择，建议选择条形图，未还款情况分析条形图如图 8-41 所示。

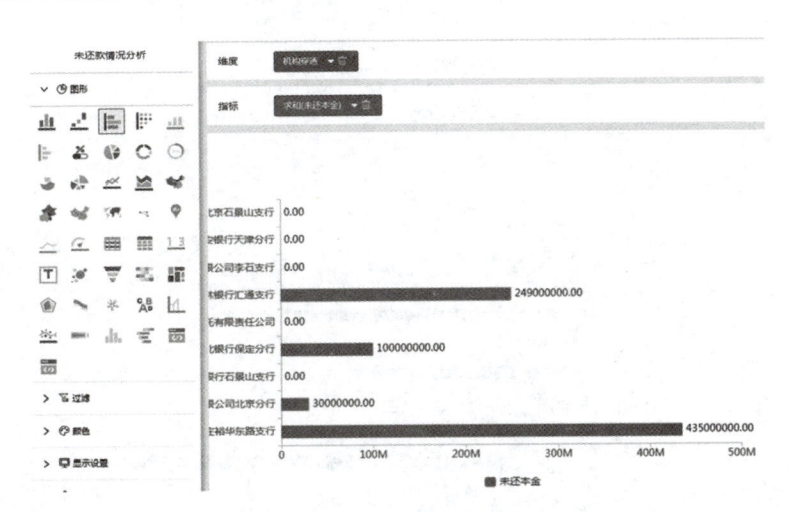

图 8-41　未还款情况分析条形图

（8）单击图形穿透到子项，图形选择折线图，未还款情况子项折线图如图 8-42 所示。

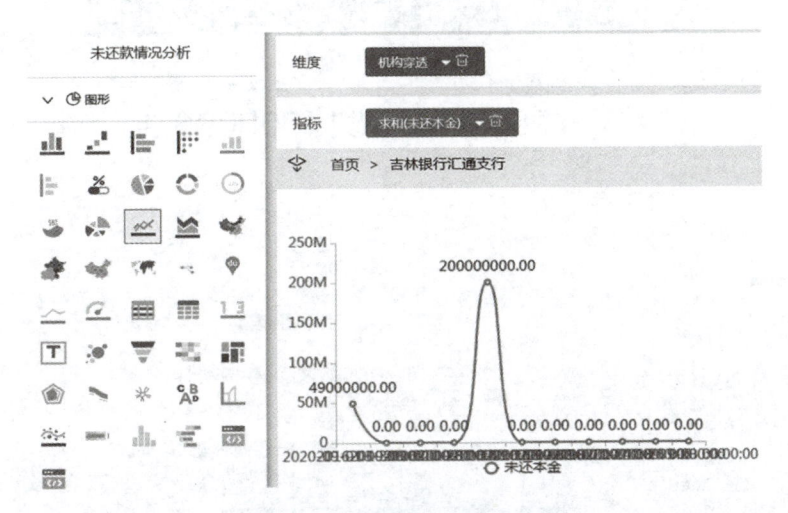

图 8-42　未还款情况子项折线图

（9）单击预警线，将左侧指标下未还金额拖到预警线字段内，单击"添加条件格式"选项，预警规则条件设置为未还金额大于 100 000 000，单击"下一步"按钮。

（10）设置预警人员，选择 BQ 管理员，单击"→"，选到指标右侧，单击"下一步"按钮。

（11）预警级别选择"重要"。

（12）单击"确认"按钮。

（13）单击"保存"按钮，保存可视化图表，未还款情况分析可视化图表如图 8-43 所示。单击"退出"按钮，回到故事板界面，单击"保存"按钮，保存故事板，债务分析与预警故事板如图 8-44 所示。

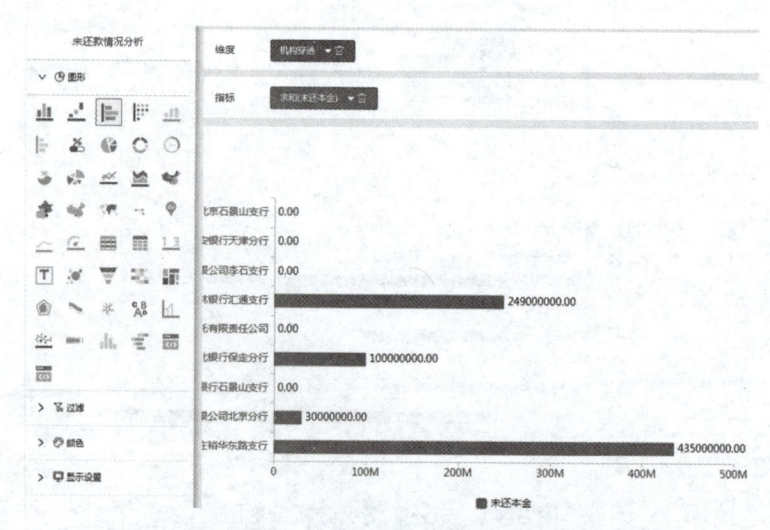

图 8-43　未还款情况分析可视化图表

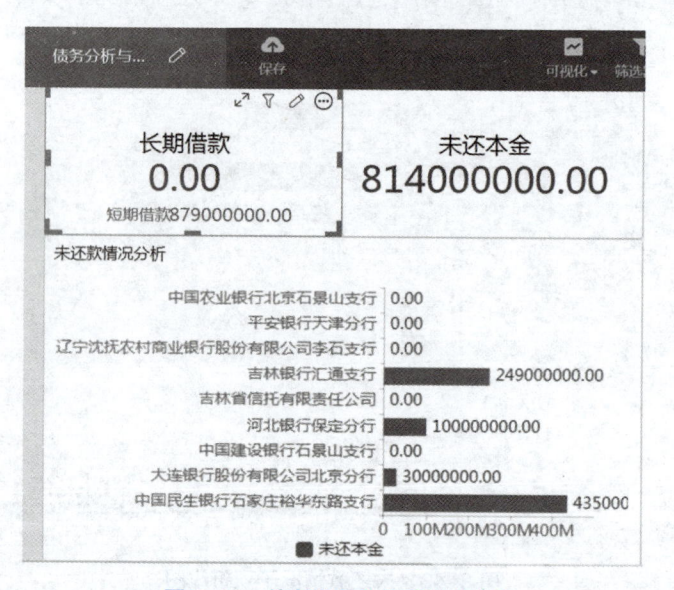

图 8-44　债务分析与预警故事板

## 项目小结

本项目详细介绍了资金存量的概念、形式以及分析指标，介绍了企业资金的三个来源，重点讲述了企业资金来源结构与经营分析、企业发展阶段与资金来源结构、债务预警分析等。本项目采用案例实战方式，详细讲述了如何利用相关指标对资金存量进行可视化呈现，如何通过操作获取资金来源数据并进行分析，如何进行债务分析与预警。通过本项目的学习，力求培养学生的大数据思维，并同时提高学生发现问题、分析问题和解决问题的能力。

## 同步练习

### 一、单项选择题

1. 企业置存现金的原因，主要是为了满足（　　）。
   A. 交易性、预防性、收益性需要　　　B. 交易性、投机性、收益性需要
   C. 交易性、预防性、投机性需要　　　D. 预防性、收益性、投机性需要

2. 在其他因素不变的情况下，企业采用积极的收账政策，可能导致的后果是（　　）。
   A. 坏账损失增加　　　　　　　　　B. 应收账款投资增加
   C. 收账费用增加　　　　　　　　　D. 平均收账期延长

3. 成本分析模式下的最佳现金持有量是使（　　）之和最小的货币资金持有量。
   A. 机会成本和转换成本　　　　　　B. 机会成本和短缺成本
   C. 持有成本和转换成本　　　　　　D. 持有成本、短缺成本和转换成本

### 二、多项选择题

1. 根据借款期限的长短不同，借款可以分为（　　）。
   A. 流动借款　　　　　　　　　　　B. 经营借款
   C. 短期借款　　　　　　　　　　　D. 长期借款

2. 下列属于长期借款优点的是（　　）。
   A. 筹资迅速　　　　　　　　　　　B. 借款弹性大
   C. 成本低　　　　　　　　　　　　D. 发挥财务杠杆作用

3. 商业承兑汇票是由（　　）的票据。
   A. 收款人签发并承兑　　　　　　　B. 付款人签发并承兑
   C. 收款人签发，付款人承兑　　　　D. 付款人签发，收款人承兑

## 技能训练

通过平台内案例企业投资活动各流入项目和各流出项目的占比，分析企业投资活动现金流入和现金流出的主要原因。

## 项目评价

| 同步练习（15分） | | | 得分： |
|---|---|---|---|
| 计分标准：<br>得分 =2× 单项选择题正确个数 +3× 多项选择题正确个数 | | | |
| 学生自评（35分） | | | 得分： |
| 计分标准：初始分 =2×A 的个数 +1×B 的个数 +0×C 的个数<br>　　　　　得分 = 初始分 /26×35 | | | |

| 专业能力 | 评价指标 | 自测结果 | 要求<br>（A 掌握；B 基本掌握；C 未掌握） |
|---|---|---|---|
| 资金存量分析 | 1. 资金存量的概念；<br>2. 资金存量的形式；<br>3. 资金存量分析指标 | A□　B□　C□<br>A□　B□　C□<br>A□　B□　C□ | 掌握资金存量的概念、形式及分析指标 |
| 资金来源分析 | 1. 三大活动产生的现金流量；<br>2. 资金来源结构与经营分析；<br>3. 发展阶段与资金来源结构 | A□　B□　C□<br>A□　B□　C□<br>A□　B□　C□ | 掌握产生现金流量的三种经济活动及其主要内容。会利用相关指标的可视化呈现对资金存量和资金来源进行分析 |
| 债务分析与预警 | 1. 短期借款；<br>2. 长期借款；<br>3. 债务预警分析 | A□　B□　C□<br>A□　B□　C□<br>A□　B□　C□ | 能利用相关操作进行债务分析与预警 |
| 技能训练 | 投资活动产生的现金流量分析 | A□　B□　C□ | 能通过操作获取资金分析的相关数据并进行现金流量分析 |
| 职业道德思想意识 | 1. 爱岗敬业、认真严谨；<br>2. 遵纪守法、遵守职业道德；<br>3. 顾全大局、团结合作 | A□　B□　C□<br>A□　B□　C□<br>A□　B□　C□ | 专业素质、思想意识得以提升，德才兼备 |

| 小组评价（20分） | | | 得分： |
|---|---|---|---|
| 计分标准：得分 =10×A 的个数 +5×B 的个数 +3×C 的个数 | | | |
| 团队合作 | A□　B□　C□ | 沟通能力 | A□　B□　C□ |

| 教师评价（30分） | 得分： |
|---|---|
| 教师评语 | |
| 总成绩 | 教师签字 |

# 参考文献

[1] 黑马程序员. Python 快速编程入门. 2 版. 北京：人民邮电出版社，2021.

[2] 张新民，钱爱民. 财务报表分析［M］. 5 版. 北京：中国人民大学出版社，2019.

[3] 陆兴凤. 财务报表分析. 北京：高等教育出版社，2018.

[4] 高翠莲，乔冰琴，王建虹. 财务大数据基础［M］. 北京：高等教育出版社，2021.

[5] 曹军. 财务报表分析［M］. 4 版. 北京：高等教育出版社，2021.

[6] 中国注册会计师协会. 财务成本管理［M］. 北京：中国财政经济出版社，2021.

[7] 姬潮心，王媛. 大数据时代下的企业财务管理研究［M］. 北京：中国水利水电出版社，2018.

[8] 王佳东，王文信. 商业智能工具应用与数据可视化［M］. 北京：电子工业出版社，2020.

[9] 张俊清，郭红秋. 财务报表分析［M］. 北京：中国人民大学出版社，2021.